电子商务类专业
创新型人才培养系列教材

U0734529

农产品电商运营实战

微课版

韩英 高明 杨晨 / 主编　宋胜梅 申晨彦 张志英 赵敏 白虎雯 / 副主编　厦门网中网软件有限公司 / 组编

E-COMMERCE

人民邮电出版社
北　京

图书在版编目（CIP）数据

农产品电商运营实战：微课版 / 韩英，高明，杨晨
主编. -- 北京：人民邮电出版社，2024. --（电子商务
类专业创新型人才培养系列教材）. -- ISBN 978-7-115
-65660-5

Ⅰ. F724.72

中国国家版本馆 CIP 数据核字第 20249WA055 号

内 容 提 要

　　本书以项目任务式的讲解方式介绍了农产品电商运营的相关知识，主要内容包括初识农产品电商、农产品电商日常运营、制作农产品营销内容、农产品新媒体营销、农产品短视频营销、农产品直播营销、农产品客户服务等。同时，本书结合 1+X《农产品电商运营》证书的职业技能等级标准，以一个水果品牌为例，通过任务带动电商运营活动的实施，化理论为实践、化抽象为具体，旨在培养学生的动手能力，帮助学生尽快掌握农产品电商运营的操作技能。

　　本书既可以作为职业院校和本科院校电子商务、市场营销等专业相关课程的教材，也可供农产品电商的从业人员以及有志于进入农产品电商领域的创业者学习参考。

◆ 主　　编　韩　英　高　明　杨　晨

　　副主编　宋胜梅　申晨彦　张志英　赵　敏　白虎雯

　　责任编辑　王　振

　　责任印制　王　郁　彭志环

◆ 人民邮电出版社出版发行　　北京市丰台区成寿寺路 11 号

　　邮编　100164　电子邮件　315@ptpress.com.cn

　　网址　https://www.ptpress.com.cn

　　三河市兴达印务有限公司印刷

◆ 开本：787×1092　1/16

　　印张：13　　　　　　　　　　2024 年 12 月第 1 版

　　字数：314 千字　　　　　　　2024 年 12 月河北第 1 次印刷

定价：49.80 元

读者服务热线：(010)81055256　印装质量热线：(010)81055316

反盗版热线：(010)81055315

广告经营许可证：京东市监广登字 20170147 号

前　言

党的二十大报告强调要全面推进乡村振兴，这也表明乡村振兴战略进入了新阶段。近年来，随着农村基础设施的逐步完善与一系列扶持农产品电商的政策的出台，农产品电商呈现迅猛发展的势头。农产品电商让农产品可以通过网络销往全国甚至全世界，有效地带动了农村的发展，在乡村振兴中发挥了非常重要的作用。各大电商平台也看好农产品电商的发展潜力，因此投入大量资金布局农产品电商。在这样的大背景下，社会对农产品电商专业人才的需求越来越大。

为推动对专业人才的培养，缓解技能型人才需求缺口，教育部、国家发展改革委、财政部、市场监管总局于 2019 年联合印发《关于在院校实施"学历证书+若干职业技能等级证书"制度试点方案》，部署启动"学历证书+若干职业技能等级证书"（简称 1+X 证书）制度试点工作。截至目前，1+X 证书制度试点工作已启动 4 批，《农产品电商运营》证书便属于第 4 批，表明国家非常重视农产品电商的发展与专业人才的培养。

基于以上原因，我们在充分研究农产品电商的基础上，结合 1+X《农产品电商运营》证书的职业技能等级标准，编写了《农产品电商运营实战（微课版）》一书，旨在为农产品电商从业人员和院校的农产品电商人才培养提供指导用书。

本书在以下 4 个方面进行了精心设计与编排。

1. 情景设计，贯通全书

本书以一家网络科技公司帮助水果品牌"晴妹鲜果"开展农产品电商运营为主线，通过农产品电商运营工作中的各种场景引入各项目教学主题，并将情景贯穿全书，旨在让学生了解相关知识点在实际工作中的应用，从而做到理论与实际相结合。

本书设置的情景角色如下。

公司：北京荣邦网络科技有限公司。该公司是一家大型网络科技公司，主营业务包括计算机软件与技术开发、商务信息咨询、电子商务运营、网络商务服务等。

人物：小张——电商运营部门新员工；老李——电商运营部门主管。

2. 任务驱动，实操性强

本书采用项目任务式结构，符合职业教育对技能型人才的培养要求，具体特征如下。

● **流程清晰**：本书围绕"晴妹鲜果"品牌开展农产品电商运营活动布局任务，并按流程推进，包括起步阶段的选择农产品运营模式和平台、组建农产品运营团队、农产品选品、农产品开店与订单管理，中期的制作营销内容、微信营销、微博营销、社群营销、短视频营销、直播营销，最后提供农产品客户服务，帮助学生全面系统地厘清运营思路。

● **任务明确**：本书每个项目都通过"学习目标"栏目给出具体的目标，然后明确为实现目标所需要完成的任务。每个任务通过"任务描述"给出明确的任务背景和实施方法，再通过"任务实施"下的各项活动完成任务。

● **步骤连贯**：本书操作步骤清晰、连贯，且配有图片和说明性图注，可以帮助学生清楚地了解活动过程中的每个步骤，使学生能够根据清晰的操作步骤描述完成任务。

● **理实结合**：本书理论知识丰富且与实践紧密结合，用理论指导实践，以实践验证理论，从而不断激发学生的学习兴趣，增强学生的实操能力和创新思维。并且，每个项目末尾均安排了"综合实训"板块，以进一步提升学生的综合能力。

3. 板块丰富，巩固提升

本书在板块设计上注重培养学生的思考能力和动手能力，努力做到"学思用贯通"与"知信行统一"相融合。例如，在正文讲解与操作步骤中穿插了以下多种栏目。

● **行业点拨**：深入点拨正文内容，分享行业洞察与实践经验。

● **素养课堂**：与素养目标相呼应，充分融入社会责任感、奋斗精神、诚实守信、遵法守法、国家情怀等，引导学生树立正确的人生观、价值观。

● **技能练习**：穿插于"任务演练"中，旨在让学生练习任务相关的操作，从而提升学生的动手能力。

● **知识拓展**：穿插于正文中，补充介绍与正文相关的其他知识点，以拓展学生的知识面。

4. 配套多样，资源丰富

本书提供精美的 PPT 课件、课程标准、电子教案、模拟题库等教学资源，可以登录人邮教育社区网站（www.ryjiaoyu.com），搜索本书书名下载使用。

本书还配有二维码，二维码内容既包括对书中知识点的说明、补充和扩展，又有对农产品电商相关操作步骤的视频讲解。学生可直接扫描书中二维码查看相关知识。

本书由晋中职业技术学院的韩英、高明、杨晨担任主编，宋胜梅、申晨彦、张志英、赵敏、白虎雯担任副主编。

由于编者水平有限，书中难免存在不足之处，恳请广大读者批评指正。

编者
2024 年 9 月

目 录

项目一
初识农产品电商

学习目标

【知识目标】

1. 掌握农村电商的含义与分类。
2. 掌握农产品电商的作用以及运营模式。
3. 熟悉农产品电商的发展历程、现状，以及趋势。

【技能目标】

1. 能够根据实际情况，选择合适的农产品电商运营模式。
2. 能够根据农产品电商的发展情况制订合理的运营方案。

【素养目标】

1. 深刻理解乡村振兴战略的重要意义，充分发挥自己的专业优势和创新精神，为乡村发展贡献力量。
2. 明确农产品电商对乡村振兴的推动作用，兼顾商业利益和社会公共福祉。

项目导读

在传统商业模式下，农产品产出后需要经过收购商、产地批发市场、经销商、销地批发市场、超市或菜市场等多个环节才能到达用户手中，这不仅会导致农产品层层加价，而且影响了农产品的新鲜度。随着农产品电商的出现，农产品实现了从田间到餐桌的高效直达：农产品在成熟或收获前即在电商平台销售；用户下单后，产地快速完成分拣、加工、包装等作业，借助物流网络直接送至用户手中，有效地缩减了销售环节、降低成本，确保农产品新鲜、低价，提升消费体验。晴妹出生于盛产水果的广西钦州，自小与水果种植打交道，大学专业是电子商务，她毕业后选择回到家乡创业，打算通过农产品电商将家乡的水果销往全国。由于缺少实际电商运营经验，晴妹委托北京荣邦网络科技有限公司替自己承担一段时间的运营工作。该公司将任务分派到运营部，老李作为部门经理，准备带着部门的新人小张来完成这项任务。

任务一　走进农产品电商

任务描述

刚接手任务时，老李便安排小张先熟悉农产品电商的相关理论知识，然后帮助晴妹选择农产品电商的运营模式和平台（见表1-1）。

表 1–1　　　　　　　　　　　　　　　　　任务单

任务名称	选择农产品电商运营模式和运营平台	
任务背景	农产品电商运营模式多样，需要根据晴妹的实际情况进行选择，以确定整个运营工作的大方向	
任务类别	■ 选择农产品电商运营模式和平台　　□ 制订农产品电商创业计划	
工作任务		
任务内容	任务说明	
任务演练：选择农产品电商运营模式和平台	对比不同运营模式/平台，结合实际情况选择	

任务总结：

知识准备

一、农村电商的含义与分类

农村电商一般指利用互联网（包括移动互联网），通过计算机、移动终端等设备，采用多媒体、自媒体等技术，为涉农领域的生产经营主体提供在网上完成农产品或服务的销售、购买和电子支付等业务交易的过程，涵盖对接电商平台、建立电商基础设施、培训电商知识、搭建电商服务体系、出台电商支撑政策等。根据这个概念可以看出，农村电商是与农业、农产品相关的电子化交易和管理活动，属于电商在农村地区的应用。

由于农村电商具有涵盖面广的特点，因此可以依据不同标准对其进行分类，常见的分类标准包括根据产品流通方向分类、根据服务对象分类。

（一）根据产品流通方向分类

根据产品流通方向，农村电商可分为农产品上行和工业品下行。

（1）农产品上行

农产品上行指将农产品、手工产品、加工产品、特色旅游资源等从农村向外部市场进行输出的电商模式。农产品上行是当前主要的农村电商模式，该模式依托当地特有的资源，采取标准化、品牌化的发展路径，以提升产品附加值和增强市场竞争力为重点，旨在解决农产品滞销问题，从而帮助农户实现收入的增加。

（2）工业品下行

工业品下行指将产品、服务等向农村输入的电商模式。工业品下行通常会在县域设立县级服务中心，在乡镇建立服务站点，这些服务中心和站点构成了一个完善的服务网络，用于向农村地区输入生活用品、服务项目等，以确保互联网发展的成果能够惠及广大农户群体。

（二）根据服务对象分类

根据服务对象，可将农村电商分为农产品电商、农资电商、农村旅游电商和农村金融电商。

（1）农产品电商

农产品电商指在农产品生产、销售、管理等环节全面导入电商系统，利用信息技术发布与收集供求、价格等信息，以网络为媒介，依托农产品生产基地与物流配送系统，快速、安全地实现农产品交易与货币支付的一种新型商业模式。

（2）农资电商

农资电商通过在线平台为农户提供农业生产所需的种子、化肥、农药等农资产品。农户可以通过网络方便地浏览、比较和购买各类农资产品，从而实现一站式采购。农资电商有效地提高了农业生产资料的获取效率，同时也为农资生产商和经销商提供了更为广泛的市场。目前，我国主要的农资电商平台有淘农网、惠农网等。

（3）农村旅游电商

农村旅游电商通过在线平台推广和销售农村的特色旅游资源。一方面，一些农村旅游电商平台通过推广农村独特旅游资源（如自然风光、民俗文化等）并策划特色活动（如种植地参观、水果采摘等），吸引更多游客前往农村旅游，图1-1所示为乐乡游旅行网提供的乡村旅游项目。另一方面，农村旅游电商平台还为游客提供了方便的线上预订服务，如线上预订民宿等，能提高游客出游的便捷性。

图1-1　乐乡游旅行网提供的乡村旅游项目

（4）农村金融电商

农村金融电商指在农村地区运用电商平台和技术手段，为农户提供各类金融服务和产品，包括小额贷款服务、农村支付服务、理财产品销售、金融教育与培训等。推广农村金融电商有助于解决农村金融支持不足的问题，能够有效促进农村金融的普及和发展，同时为农户提供更便捷、安全、高效的金融服务。

二、农产品电商的作用

农产品电商是电商在农产品生产和销售领域的延伸与应用。发展农产品电商，不仅能加速农业信息的流通、拓宽农产品销售渠道，还能创新农产品营销模式。

（1）提高交易效率与降低流通成本。我国农产品销售长期面临销售渠道窄、费用成本高、环节多等问题。而在农产品电商中，电商平台提供一站式交易服务，包括在线展示、下单、支付、物流跟踪等，可以简化交易程序，缩短交易周期，提高了农产品流通效率。此外，减少中间环节也有助于降低成本，可以使农产品价格更具竞争力，同时让农户获得更多收益。

（2）扩大市场与有效触达用户。农产品电商打破了地域限制，使得偏远地区的优质农产品可以直接面向全国乃至全球用户销售，显著扩大了市场覆盖范围，增加了潜在用户数量。通过电商平台，农户可以绕过传统分销链条中的中间环节，直接对接用户，从而实现对用户的精准触达。

（3）优化资源配置与风险防控。电商平台汇集了大量市场信息和交易数据，有助于农户及时获取价格、市场需求等市场动态，从而减少信息不对称的情况，实现供需有效匹配，优化资源配置。通过预售、订单农业等方式，农户可以提前锁定销售，降低市场波动带来的风险，从而保障自身收入的稳定性。

（4）促进农村产业升级与新业态发展。农产品电商带动了农村物流、仓储、包装、冷链配送等相关服务业的发展，促进了农村基础设施建设和产业链条的完善。此外，通过数据分析，农产品电商可以帮助农户更好地把握市场需求，指导农户开展科学种植与养殖，从而推动农业的精细化、标准化和智能化生产。

（5）创新农产品营销模式。传统农业的营销发展十分滞后，在营销创新方面，农产品远远落后于工业消费品。因此，农产品电商为农产品的营销提供了新的方向和思路，可以非常高效地对农产品进行包装设计、网络销售等。

知识拓展

农产品创新营销模式包括以下6种。

（1）农产品预售。通过网络平台，农产品商家提前一段时间发布农产品信息，用户在了解信息后，先付款生成订单，农产品商家按订单备货，并在承诺时间内完成发货。

（2）直播带货。农产品商家可以利用直播平台进行现场采摘、烹饪演示、农场参观等互动式直播，让用户直观地感受农产品的品质与生产环境，以增强其购买信心并完成销售。

（3）短视频带货。制作和分享短视频，展示农产品种植过程、收获过程、产地故事等内容，通过视觉冲击力和情感共鸣吸引用户关注，从而让用户产生购买行为。

（4）农产品众筹。支持者将资金提供给众筹发起人（农产品商家）用以生产某种优质特色农产品，在该农产品开始对外销售或已经具备对外销售条件后，众筹发起人按照众筹双方的约定，用开发完成的农产品回报支持者。该模式是一种既销售又融资的模式。

（5）跨界合作与 IP（Intellectual Property，知识产权）联名。与其他行业品牌、名人等进行跨界合作，推出联名款农产品，借助对方的影响力拓宽销售渠道，吸引不同圈层的用户；结合地方文化、旅游资源，开发农产品周边商品或体验活动，如农业旅游、亲子采摘、烹饪工作坊等，丰富农产品的销售形态。

（6）农产品认养。用户预付生产费用，农产品商家为用户提供对应的农产品。在该模式下，用户可以远程认养特定的农作物、家禽或牲畜。虽然用户无法亲自参与日常的农业活动，但可以通过现代技术手段（如视频直播）监控认养对象的生长情况。

三、农产品电商的运营模式

随着农产品电商的发展，各种不同的运营模式开始出现。目前，国内农产品电商的运营模式主要有商家对用户（Business to Customer，B2C）、商家对商家（Business to Business，B2B）、用户对用户（Consumer to Consumer，C2C）、社区团购、线上线下一体化（Online to Offline，O2O）、用户对商家（Customer to Business，C2B）和厂商对用户（Factory to Customer，F2C）等。

（一）B2C 模式

B2C 模式是目前农产品电商领域的主流运营模式，该模式又可以分为平台型 B2C 模式和垂直型 B2C 模式。

（1）平台型 B2C 模式。平台型 B2C 模式即农产品商家入驻综合电商平台（如京东、淘宝、拼多多等），然后作为第三方卖家将农产品销售给用户，并自行负责物流配送。这种模式的优势是农产品商家所入驻的电商平台知名度较高，拥有规模较大的用户群体和完善的支付系统，劣势是电商平台竞争激烈，流量获取成本高。

（2）垂直型 B2C 模式。垂直型 B2C 模式即专业的农产品电商平台直接从优质供应商处采购农产品，然后以自营的方式将农产品销售给用户，典型代表有我买网、顺丰优选、本来生活等。

（二）B2B 模式

电商平台通过整合上游农业生产者、下游分销商，以及零售商资源，可以提供一站式采购、分销服务，优化供应链管理，降低整体运营成本。该模式的典型代表是美菜网。美菜网瞄准餐饮行业食材采购痛点（如采购成本高、效率低、品质不稳定、供应链复杂等），通过互联网平台化运营，为中小餐饮企业提供便捷、高效、透明的采购方案。

（三）C2C 模式

C2C 模式是生产农产品的个体农户直接将农产品销售给用户的模式。近年来，随着移动互联网的普及，越来越多农户掌握了智能手机的使用方法，开始在生产农产品之余借助智能手机销售农产品，该模式因此得到快速发展。在该模式下，个体农户主要借助微信、淘宝网等平台开展网上销售活动，并通过自己的小货车或第三方物流配送农产品。这种模式适合农产品生产量较小的个体农户，销售的农产品主要是农户自家生产的特色农产品，如水果、鸡蛋等。但由于个体农户的运营能力有限，农产品销售量小，以及缺乏相应监管等，因此这一模式的市场发展空间较小，物流配送成本相对较高，且农产品质量无法得到保证。

（四）社区团购模式

社区团购模式是以小区为基本单位，以社群、微信小程序等网络平台为载体，整合社群以及供应商资源，集中化采购小区业主所需农产品的商业模式。社区团购尤其适合柴米油盐、蔬菜水果等高频、刚需的日常生活消费农产品，其典型代表有多多买菜、美团优选等。社区团购采用"团长（一般为社区实体店主）+线上预订+次日送站+站点（一般为社区实体店）自提"的模式。例如，团长通过微信群发布农产品拼团信息，社区用户于当日 23 点前在线上通过微信小程序拼团，社区团购平台于次日将该社区用户购买的农产品统一配送到站点，然后团长负责检查农产品的数量和质量，并暂时进行妥善储存，最后用户到站点提货。

社区团购的优势在于：第一，社区团购采用集中配送、集中履约的方式，将一个小区当天所有的订单一次性配送到小区站点，由小区用户自提，大大降低了物流成本；第二，社区团购充分利用社区中原有的门店资源（如水果店、快递超市、杂货店等），将原来的门店店主发展为团长，因而不用承担门店、配送站、前置仓的租金；第三，社区团购采用的是预售模式，用户下单后再向供应商采购相应的农产品，不用囤货、备货，因此不必承担损耗、管理等方面的成本。

（五）O2O 模式

O2O 模式是线上线下相融合的模式，即用户线上买单、线下体验的模式，其典型代表是钱大妈。在该模式下，线下实体店（见图 1-2）负责提供农产品展示、体验式消费服务等，线上电商平台负责导入流量、销售农产品，以及会员管理，同时农产品商家还可以通过微信群、微博、微信小程序等渠道营销农产品。该模式的优势在于物流成本较低、互动性较强，能够有效挖掘线下资源，导入线上流量，并通过线下服务培养用户对农产品商家的信任。

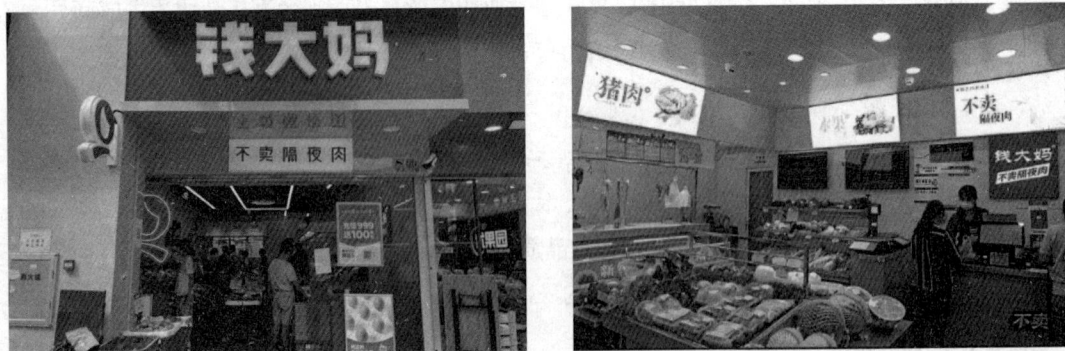

图 1-2　钱大妈线下实体店

（六）C2B 模式

C2B 模式的本质是用户定制模式。在该模式下，农产品商家首先要具备大规模种植或养殖的能力，然后在网络平台上发布推广信息并招募会员，通过会员系统收集会员的农产品需求并组织生产，待农产品产出后，再以家庭宅配的方式将农产品配送给会员。该模式的盈利来源主要是会员费（如会员年卡、季卡或月卡费用），优势是可以定制化生产，生产经营的风险小，劣势是市场发展前景受农产品商家生产能力影响较大，难以实现大规模扩张。该模式的典型代表是多利农庄，图 1-3 所示为多利农庄的农产品生产基地。

安丘基地

安丘是山东省重要的水源地，境内50多条河流均发源于没有污染的沂蒙山区，有大中小型水库100多座，多利农庄安丘基地依托安丘的纯净水源优势，并利用智能化灌溉技术，保证蔬菜生长所需的水分和营养，让当地的人们吃上新鲜、健康的有机蔬菜。

图 1-3　多利农庄

（七）F2C 模式

F2C 模式是农场直供模式，即农产品商家在某地区承包农场，种植、养殖农产品，然后通过自建 B2C 网站的方式将自己生产的农产品销售给用户，其典型代表是沱沱工社。早在 2008 年，沱沱工社就投入了大量资金在北京自建 1050 亩的种植大棚，种植有机蔬菜，养殖有机家禽、家畜，希望能将农产品的品质把控权掌握在自己手中，为用户提供安全、放心的农产品。

任务实施

任务演练：选择农产品电商运营模式和平台

【任务目标】

为晴妹选择合适的农产品电商运营模式和平台，为其后续运营奠定基础。

【任务要求】

本次任务的具体要求如表 1-2 所示。

表 1-2　　　　　　　　　　　　　　　　任务要求

任务编号	任务名称	任务指导
（1）	选择运营模式	分析不同农产品电商运营模式的特点以及适用的商家类型
（2）	选择运营平台	对比分析各个平台的特点

【操作过程】

1. 选择运营模式

为更好地帮助晴妹选择合适的运营模式，小张先总结并分析了不同电商运营模式的特点以及适用的商家类型，如表1-3所示。

表1-3　　　　　　　　　　　　运营模式分析结果

电商模式	特点	适用的商家类型
B2C	农产品商家直接面向用户销售，有利于品牌建设、品质控制、服务统一	品牌旗舰店、大型连锁零售商、垂直类目专业电商等具有一定规模、产品线丰富的农产品商家
B2B	主要面向企业级客户，批量采购，需具备强大的供应链整合能力	大规模原材料供应商、大型批发商等拥有丰富的产品线、强大的供应链管理能力，并且能满足企业级客户需求的农产品商家
C2C	个人对个人交易，灵活性高但品质难控、规模有限	小型农产品创业者、个体农户等个人商家
社区团购	依托社区资源，主打性价比与便捷性	小型零售商、社区便利店、生鲜蔬果供应商等具备快速响应本地需求、灵活调度库存、提供即时配送能力的农产品商家
O2O	线上线下融合，利于本地化服务与体验式消费	农产品合作社、农产品直营店、城市周边中小型农业企业、农产品体验馆等具有线下实体基础、能提供本地化服务与体验的商家
C2B	用户定制，有利于精准生产、降低库存	农场直供、家庭农场、特色农产品生产商等具备灵活生产能力、能响应用户个性化需求的农产品商家
F2C	农场直供，强调原产地、新鲜度与安全性	生态农业基地、特色农产品生产商等拥有自有农场或与优质农场深度合作，专注于提供新鲜、绿色农产品的商家

从以上结果来看，晴妹作为一个小型创业者，可以选择C2C模式，利用其灵活性直接向用户销售自家生产的农产品。虽然C2C模式在品质控制、服务统一等方面可能存在挑战，但对于晴妹而言，只要通过严格的自我管理和提供优质的客户服务，仍可在C2C平台上建立良好的口碑和维持稳定的客户群体。而其他模式对资金实力、产品线丰富度、生产能力等方面的要求较高，晴妹无法达到，因此，选择C2C模式作为农产品电商运营模式对于晴妹来说是合适的。

技能练习

有一个奶牛饲养农场，每天产出牛奶，并与冷链物流商合作，能保证物流时效和牛奶新鲜度。请为该农场选择农产品电商运营模式。

2. 选择运营平台

小张认为，由于晴妹的电商业务刚刚起步，运营能力不强，因此更适合在各方面配套服务完备的综合电商平台开设网店进行运营，并借助这些平台的流量积累客户。因此，他分析了各主要电商平台的特点。

（1）淘宝网。用户规模庞大、类目成熟、营销工具丰富、开店成本较低。在C2C模式下，淘宝网拥有完善的个人店铺系统，可以支持个人商家轻松开店，拥有丰富的营销活动（如天天特价、百亿补贴等）和推广工具（如万相台、淘宝客等），可以助力商家获取流量。在农产品方面，淘宝网已形成成熟的交易环境和稳定的客户群体。

（2）京东商城。以高品质、快速物流著称，用户消费能力强，但主要以 B2C 模式为主，开店成本、门槛相对较高。

（3）拼多多。主打低价、拼团，用户群体偏下沉市场，适合走量。拼多多的 C2C 模式以社交裂变为核心，并通过拼团、砍价等活动快速聚集流量。农产品在拼多多很受欢迎，适合走量销售。拼多多开店成本较低，但竞争激烈，因此需要有较强的议价能力和供应链管理能力。

（4）微店。用户基数较小，农产品运营不够成熟，运营难度与流量获取相对较大，开店成本低。

经过分析，小张认为，淘宝网作为 C2C 模式的代表性平台，在用户基数、农产品销售环境、开店成本、品牌建设、流量获取等方面具有明显优势。晴妹的网店可以通过淘宝网迅速触达广大用户，并利用丰富的营销工具打造个人品牌，且较低的开店成本有利于控制初期投入。在淘宝网开店可能面临的竞争压力主要来自同类农产品商家，因此新网店需要通过差异化的农产品、优质的服务和有效的营销策略脱颖而出。

任务二　探索农产品电商的发展

任务描述

在确定运营模式和平台后，老李要求小张先熟悉农产品电商的发展历程、现状，以及趋势，然后为晴妹制订一个初步的农产品电商创业计划（见表 1-4）。

表 1-4　　　　　　　　　　　　　　　　　　任务单

任务名称	制订农产品电商创业计划	
任务背景	对于晴妹的农产品电商工作该如何发展，目前还有很多不明确之处，需要通过制订计划的方式来落实	
任务类别	□ 选择农产品电商运营模式和平台　■ 制订农产品电商创业计划	
工作任务		
任务内容		任务说明
任务演练：制订农产品电商创业计划		先分析晴妹的创业背景，再以其为基础制订创业计划

任务总结：

_____

知识准备

一、农产品电商的发展历程

我国农产品电商已历经二十多年的发展，可以将我国农产品电商发展分为以下阶段。

（1）第 1 个阶段（1994—2004 年）：引入阶段

1994 年是我国农产品电商的起点，中国农业信息网和中国农业科技信息网的先后开通标志着信息技术在农产品流通领域得到初步应用。农产品电商在这一阶段的发展主要集中在农产品信息的发布与查询，为后续农产品电商模式的形成奠定了基础。

1995 年，河南郑州商品交易所集诚现货网（中华粮网前身）成立，粮食、棉花开始在网上交易；1998 年，第一笔粮食交易在网上实现。同年，全国棉花交易市场成立，这标志着农产品电商从单纯的信息发布迈向实物交易。

（2）第 2 个阶段（2005—2012 年）：生鲜电商兴起与洗牌

自 2005 年起，生鲜农产品正式进入线上交易领域，极大地拓宽了电商交易的商品范畴。尤其是在 2009—2012 年，大量生鲜电商企业如雨后春笋般涌现，彻底改变了电子商务的交易面貌。然而，激烈的同质化竞争导致不少生鲜电商企业遭遇困境，继而纷纷倒闭。这一阶段既是生鲜电商的繁荣期，也是行业深度调整的洗牌期。

（3）第 3 个阶段（2012—2013 年）：品牌化运营探索

2012 年年底，本来生活网通过"褚橙进京"项目成功开启了生鲜农产品的品牌化运营尝试。2013 年的京城荔枝大战进一步彰显了生鲜电商企业对品牌建设的重视。这一阶段，诸多企业开始通过塑造品牌、提升服务质量来寻求差异化竞争，为行业的长远发展注入了新的动力。

（4）第 4 个阶段（2013—2014 年）：多元化模式与先进技术应用

这一时期，农产品电商领域呈现百花齐放的局面，B2C、C2C、C2B、O2O 等模式竞相发展。同时，通信技术、新一代互联网技术、物联网、云计算、大数据等先进信息技术被广泛应用于农产品电商，极大地提升了交易效率、优化了供应链管理，进而推动行业向数字化、智能化方向转型升级。

（5）第 5 个阶段（2014—2015 年）：融资高峰与规模扩张

这一时期，农产品电商迎来融资高峰期。京东、我买网、宅急送等企业纷纷获得巨额投资，为业务拓展提供了充足的资金支持。这一阶段的融资热潮不仅加速了行业内部的资源整合，也进一步推动了农产品电商市场规模的快速扩张。

（6）第 6 个阶段（2015—2020 年）：深度整合

自 2015 年起，农产品电商步入转型升级的新发展阶段。融资活动与兼并重组进入高潮，如 2016 年生鲜电商市场的融资总额超过 60 亿元，这显示出资本市场对该市场的持续看好。同时，国家和地方政府加大对农产品电商的政策支持力度，将其视为推动农业现代化、促进农村经济发展的重要抓手。淘宝、京东、顺丰、永辉超市等电商企业与零售巨头纷纷加大投入，布局农产品（生鲜）电商业务，有力地推动了行业规模的快速增长和市场格局的深度整合。

（7）第 7 个阶段（2021 年至今）：数商兴农高质量发展

2021 年后，农产品电商步入数商兴农高质量发展阶段，政策导向明确，数字化、网络化、智能化技术深度融入，社交电商、直播带货等新兴业态广泛应用，供应链协同与品牌化步伐加快，电商服务网络与基础设施持续优化，标志着农产品电商由简单商品交易向推动农业农村现代化、促进城乡融合发展的方向发展。

二、农产品电商的发展现状

在当前互联网浪潮的推动下，农产品电商正以其独特的优势和潜力，以及前所未有的速度蓬勃发展。当前，我国农产品电商的发展现状有以下特点。

（一）政策强力驱动

自 2014 年起，中央一号文件连续多年对农村电商发展进行部署，明确提出鼓励和支持农产品电商发展，将其视为推动乡村振兴、促进城乡融合、实现农业农村现代化的重要抓手。例如，2023年中央一号文件提出，鼓励发展农产品电商直采、定制生产等模式，建设农副产品直播电商基地，展现了国家对农产品电商发展的高度重视与持续关注。

又如，商务部开展"数商兴农"行动，通过政策引导和技术支持，推动农产品电商快速发展。国家发展改革委、国家数据局印发《数字经济促进共同富裕实施方案》，提出要实施"互联网+"农产品出村进城工程，开展直播电商助农行动，培育一批电商赋能的农产品网络品牌和特色产业，深化电子商务进农村综合示范。强化农产品经营主体流量扶持，为偏远地区农产品拓宽销售渠道。

> **知识拓展**
>
> 乡村振兴战略是党的十九大报告中所提出的战略。十九大报告指出，必须始终把解决好"三农"问题作为全党工作的重中之重。之后，党的二十大报告也进一步指出，要全面推进乡村振兴。
>
> 农产品电商与乡村振兴之间存在相互促进、互为支撑的关系。一方面，农产品电商推动乡村振兴：农产品电商扩大了农产品销售渠道，提升了农产品的销量，有助于增加农户收入，促进产业兴旺；农产品电商催生了大量的新型电商职业岗位，吸引了一大批懂农业、懂电商的新农人回乡创业，促进了人才回流与乡村人力资源结构优化，为乡村振兴提供了智力支持。
>
> 另一方面，乡村振兴战略为农产品电商提供环境与空间：政府在乡村振兴战略框架下出台了一系列支持农产品电商发展的政策措施，包括财政补贴、税收优惠、金融支持等，为农产品电商的发展提供了有力的政策支持。同时，大量乡村振兴专项资金、社会资本涌入农村电商领域，为电商平台建设、物流体系完善、电商人才培养等提供了充足的资金支持。

各级地方政府积极响应中央号召，结合本地实际，出台了一系列地方性政策和措施，如提供财政补贴、税收优惠、用地支持、人才引进等政策，支持农产品电商企业、物流设施、电商服务站点等基础设施建设，举办电商培训、创业大赛等活动，鼓励农户、返乡青年、大学生等群体投身农产品电商事业，营造有利于农产品电商发展的良好环境。

（二）基础设施建设成效显著

近年来，我国农村地区的基础设施逐步完善，互联网普及率日益提升，中国互联网络信息中心（CNNIC）发布的第 53 次《中国互联网络发展状况统计报告》显示，截至 2023 年 12 月月底，农村地区互联网普及率为 66.5%，较 2022 年 12 月提升 4.6 个百分点。此外，随着"县县通 5G、村村通宽带"目标的实现，网络基础设施进一步完善，为农产品电商发展奠定了坚实基础。

各地政府积极推动电商服务站点建设，如电商服务中心、农村电商服务站、益农信息社等，为农户提供电商培训、产品展示、代购代销、信息查询等一站式服务。这些站点不仅成了农产品电商的线下服务窗口，还为农户触网、开展电商业务提供了强有力的支持。

此外，近年来农村物流得到极大改善，快递、物流企业加速向农村地区延伸服务网络。中国邮政、顺丰、京东、阿里巴巴等企业，通过设立村级服务站点、合作驿站等方式，让物流网络覆盖到村，有效地解决了农产品上行过程中的配送难题，促进农产品顺畅、高效地向城市消费市场流动。同时，冷链物流设施也在逐步加强，冷藏车、冷库、冷链包装等设备的配备，使生鲜农产品得以通过线上销售流向更广泛的市场，保证了产品质量。

（三）市场保持高速增长态势

根据《2024 中国农产品电商发展报告》，2023 年，全国农产品网络零售额达 5870.3 亿元，同比增长 12.5%，约为 2014 年的 5 倍。根据我国农产品电商的实际发展情况和相继出台的政策，业内人士预测，我国农产品电商规模将不断提高。仅就农产品网络零售而言，到 2025 年将超过 840 亿元，到 2035 年将超过 20000 亿元。

城市用户对新鲜、绿色农产品的需求日益增长，通过电商平台购买农产品成为越来越多人的选择。农产品电商平台上销售的农产品种类不断增多，从传统的粮食、果蔬、畜禽产品，扩展到水产品、花卉、苗木等。此外，一些高端农产品也开始进入电商平台，如水培蔬菜、高端水果等，满足用户多元化、个性化的消费需求。

（四）直播和短视频带货成为主流营销方式

电商直播以其直观、生动、互动性强的特点，迅速席卷农产品电商领域。各地纷纷利用直播平台，邀请网络达人、专家或当地农户等亲自出镜，通过实地展示农产品生长环境、采摘过程、烹饪方法等，让用户直观地感受农产品的新鲜、绿色、安全，从而激发其购买欲望。直播带货不仅拓宽了农产品的销售渠道，提高了销售效率，还拉近了生产者与用户的距离，提高了用户对农产品产地和品牌的认同感。

与此同时，短视频带货作为另一种轻量级、碎片化的营销形态，也在农产品电商中展现了强大的影响力。农产品商家可以制作并发布各类与农产品相关的短视频内容，如种植技巧分享、丰收场景展示、美食制作教程、产地故事讲述等，通过创意十足的画面、生动有趣的叙事手法，以及精准的平台算法推送，吸引大量用户关注与分享。短视频带货不仅能够快速聚集流量，精准触达潜在用户，而且其内容形式易于引发用户共鸣，形成口碑传播，有效提升农产品的知名度与销售转化率。部分短视频平台还推出电商功能，如抖音小店、快手小店等，进一步简化从观看视频到下单购买的流程，方便用户购买农产品。

三、农产品电商的发展趋势

目前，农产品电商的发展日新月异，在其发展过程中呈现出以下鲜明的发展趋势。

（一）数字化转型加速

当前，农产品电商已实现一定程度的数字化，例如，物联网、遥感、无人机等先进技术在精细化种植管理中得到了广泛应用，实现了对土壤、病虫害、灌溉与施肥的精准把控（见图1-4）；由区块链与二维码技术构建起透明的产品追溯体系，让用户可以轻松查询农产品从田间到餐桌的全过程信息；大数据分析则为精准营销提供了有力支持。与此同时，远程诊断与智能客服技术的运用，显著地提升了农产品售后服务的响应速度与服务质量。

图 1-4 精细化种植管理

可以预见的是，随着新兴技术的进一步成熟以及普及，农产品电商将进一步融入数字化浪潮，利用云计算、大数据、物联网、人工智能等技术，实现农产品生产、流通、销售各环节的数字化、智能化升级，优化供应链并加强品控，从而满足用户对农产品品质、安全、便捷的需求。

（二）大学生返乡创业热度不减

随着电商新业态在农村地区的广泛渗透，以及一系列鼓励政策（包括资金支持、税收优惠、场地支持、培训等）的陆续出台，越来越多的大学生选择回到家乡，加入农产品电商创业行列，扮演起农产品推广者的角色。据《"十四五"农业农村人才队伍建设发展规划》，到2025年，全国返乡入乡创业人员将超过1500万人。其中，农业领域吸引了大量年轻人的关注。这批新农人思维活跃、勇于创新，他们不仅深耕农产品种植，还积极参与供应链的搭建，并主动拥抱电商与直播（见图1-5），借助"互联网+"的力量，成功助推大量农产品走出乡村、走向全国市场。随着农产品电商的蓬勃发展，这波大学生返乡潮预计还将持续"升温"，为农产品电商的发展提供更多优质人力资源。

图 1-5 新农人利用手机直播

2024 年中央一号文件提出，实施乡村振兴人才支持计划，加大乡村本土人才培养，有序引导城市各类专业技术人才下乡服务，全面提高农民综合素质。强化农业科技人才和农村高技能人才培养使用，完善评价激励机制和保障措施。由此可见，当代农村拥有广阔的发展空间和潜力，有志于投身乡村振兴的青年学生应该坚定自己的志向，并为之奋斗。

（三）标准化程度提升

《"十四五"电子商务发展规划》提出，要"提高农产品标准化、多元化、品牌化、可电商化水平，提升农产品附加值"。可以预见的是，农产品电商未来将致力于构建涵盖农产品全生命周期的标准化体系，从种植准备、田间管理、收获作业、清洗处理到物流搬运等各个环节，均将严格按照统一的标准和规范操作，以确保农产品从源头到终端的每个环节均有章可循、有标可依。这不仅有利于提升农产品的质量，保证其一致性，增强用户对产品的信任度，也有利于提高产业链各环节的协同效率，降低损耗与成本。

（四）品牌化建设力度进一步加大

随着用户对农产品品质、安全、原产地等关注度的提升，各地政府和企业愈发认识到品牌对提升产品价值、增强用户信任、开展差异化营销的重要性。根据京东消费及产业发展研究院发布的《2023 线上农产品消费报告》，线上农产品品牌化发展迅速，品牌数较 2019 年增长 5.7 倍。

品牌化逐渐成为农产品电商差异化竞争、提升市场地位的战略选择，具体措施有：通过打造地域公共品牌、企业自主品牌、产品特色品牌等方式，提升农产品的品牌认知度与美誉度；通过故事化营销、IP 化运营、线上线下联动推广等方式，塑造农产品独特的品牌形象，提升其市场竞争力。同时，通过严格的质量管控、完善的客户服务、持续的品牌创新，维护并提升品牌的长期价值。

随着农产品电商的竞争日趋激烈，各地政府和企业的品牌建设力度将进一步加大，将更加注重地域特色与文化内涵的挖掘，强调绿色、健康属性，运用科技手段提升品牌信任度，打造线上线下融合的立体化体验，实行品牌矩阵策略，积极开展跨界合作，凸显社会责任感，从而全方位提升品牌价值、赢得市场竞争。

任务实施

任务演练：制订农产品电商创业计划

【任务目标】

为晴妹个人的农产品电商创业制订一个初步的、宏观的计划，为其之后的电商运营工作指明总体方向。

【任务要求】

本次任务的具体要求如表 1-5 所示。

表 1-5		任务要求
任务编号	任务名称	任务指导
（1）	创业背景分析	梳理晴妹的个人条件、地域优势、专业背景、实践经验、创业意愿、资源状况、地方政策
（2）	制订创业计划	根据创业背景分析，结合农产品电商的发展现状与趋势，为晴妹制订农产品电商创业计划

【操作过程】

1. 创业背景分析

创业背景分析，旨在考察创业者在启动与运营项目的过程中所依托的各项资源，为制订科学合理的创业战略与行动计划提供重要依据。其具体内容通常涵盖创业者个人特质、地域资源、专业背景、实践经验、内在动力、外部支持等多个层面。小张通过深入研究晴妹的背景资料，得出以下结论。

（1）个人条件。外形条件佳，气质大方自然，性格外向开朗，有亲和力，有一定的表现能力。

（2）地域优势。晴妹身处广西钦州，当地特色水果资源丰富，为农产品电商创业提供了天然的货源优势。

（3）专业背景。晴妹是电子商务专业出身，具备电商运营、营销等方面的专业知识，为农产品电商创业提供了知识支撑。

（4）实践经验。晴妹的水果种植实践经验，使其在农产品采摘、储存、运输等方面具备实际操作能力，有助于降低运营成本。

（5）创业意愿。晴妹强烈的创业意愿，是促使其创业的强大内在驱动力。

（6）资源状况。晴妹家属于普通农户，在资金、人脉、技术支持、营销方面的资源均有限。但晴妹属于返乡创业大学生，政府有相关扶持政策。例如，根据《广西壮族自治区就业补助资金管理办法》，晴妹可以获得 5000 元的一次性创业扶持补贴。

（7）地方政策。广西壮族自治区人民政府办公厅印发《关于促进电子商务高质量发展若干政策措施》，围绕加快发展直播电商、推动数商兴农、推动电商基建发展、培育引进电商人才、加强金融融资服务、优化电商发展环境等方面提出多条针对性支持措施。晴妹可以争取在金融融资、电商专业培训等方面获得支持。

2. 制订创业计划

小张基于创业背景分析以及对农产品电商发展的认知，从各个方面为晴妹农产品电商创业制订了初步计划，如表 1-6 所示。

表 1-6		农产品电商创业计划
方向	规划结果	原因
产品	主打广西钦州高品质特色水果	① 随着农产品电商的发展以及人们生活水平的提高，用户对农产品的需求越来越多元化，一部分用户对高品质水果有较大需求 ② 广西钦州拥有丰富的水果资源
	打造标准化产品，制订水果的大小（如特大果、大果、中果）和甜度标准（如荔枝甜度 18～20 度）	标准化是农产品电商的大趋势，标准化的产品有利于赢得用户的信赖

续表

方向	规划结果	原因
供应链	与当地果农建立稳定的合作关系，实现产地直供	确保产品稳定供应；减少中间环节，确保产品新鲜度与品质；同时降低成本
品牌	打造特色农产品品牌，设计品牌名称、标志，并加强品牌宣传	品牌化是农产品电商的发展趋势之一，能有效提升农产品附加值；广西钦州拥有荔枝、龙眼、芒果等特色水果，有助于打造差异化竞争
	提供完善的客户服务	优质的客户服务能够直接提升客户对品牌的满意度和忠诚度
营销	在各大新媒体平台利用图片、文字、直播、视频等形式宣传产品和品牌	新媒体平台用户多，活跃度高；数字化是农产品电商的发展趋势之一，新媒体平台基于大数据和智能推荐算法，可以实现精准营销
	将直播/短视频营销作为重点	直播/短视频带货十分热门，在农产品电商领域应用广泛，营销效果好
	打造晴妹个人IP（水果种植与专业知识科普方向）	晴妹的个人条件优秀，适合打造个人IP；通过打造个人IP，往往能够与用户建立情感联系和信任关系，并且有助于形成一个独特且易于识别的品牌形象
资金	初期坚持低成本创业	坚持低成本创业可以降低资金压力，减少因资金短缺带来的运营风险
	少部分资金通过自筹、亲友投资、政府补助获得	自筹、亲友投资、政府补助通常成本较低，不需要支付较高的利息或分红，这有助于保持较低的财务负担
	其他资金争取从扶持农产品电商的金融机构获取贷款	金融机构针对农产品电商有扶持政策，可以提供相对较多的资金支持，且利息相对于其他商业贷款更为优惠

综合实训——制订松茸电商运营方案

实训目的：通过模拟制订农产品电商运营方案，提升对农产品电商运营模式等相关知识的理解水平，以及电商运营策略的分析与规划水平。

实训要求：为云南一家经营松茸的企业制订农产品电商运营方案，包括运营模式选择、运营平台选择、发展规划3部分内容。相关背景信息如下。

（1）松茸特点。保鲜要求严格，新鲜松茸对储存、运输条件的要求较高，需要保持低温、通风、干燥环境，避免挤压和碰撞；季节性供应，松茸生长于夏秋季节，采摘期短，市场需求波动较大；松茸的地域特色鲜明，在国内外享有盛誉，具有明显的地理标志属性和较高的品牌价值。

（2）目标用户特征。主要为健康养生人士、美食爱好者，以及追求生活品质的中高收入人士，他们偏好高品质、原生态食品，注重食品的营养价值和产地来源，愿意支付高价。

（3）商家资源。地处云南，具有稳定的松茸货源供应，能确保产品的新鲜度和品质；拥有与农户长期合作的关系网络，能够有效协调采摘、分级、包装、运输等环节，从而确保产品快速、安全地送达；拥有一支熟悉农产品电商运营的专业团队，具备产品开发、市场营销、客户服务等多方面能力；公司在本地有一定的品牌知名度和口碑，能够初步建立忠实的用户群体，具备一定的品牌传播和市场拓展基础。

实训思路：本次实训的具体操作思路可参考图1-6。

制订发展规划

规划内容：短期（1年）、中期（2年）的阶段性发展目标，并为每个阶段列出具体的实施计划

目标可以是：销售额增长、市场份额提升、客户满意度指标等

实施计划可以是：新品上市计划、营销活动安排、供应链升级措施、客户服务体系建设等

选择运营模式

方法：对比分析各种农产品电商模式的适用性

考虑因素：松茸在品质控制、品牌形象、销售渠道、服务提供等方面的特定需求

制订松茸电商运营方案

对比各电商平台（如淘宝、京东、拼多多、微店等），评估其与所选运营模式及松茸产品定位的匹配程度，确定主攻平台

分析各平台的因素：用户群体、流量规模、开店成本、功能支持、行业影响力等

选择运营平台

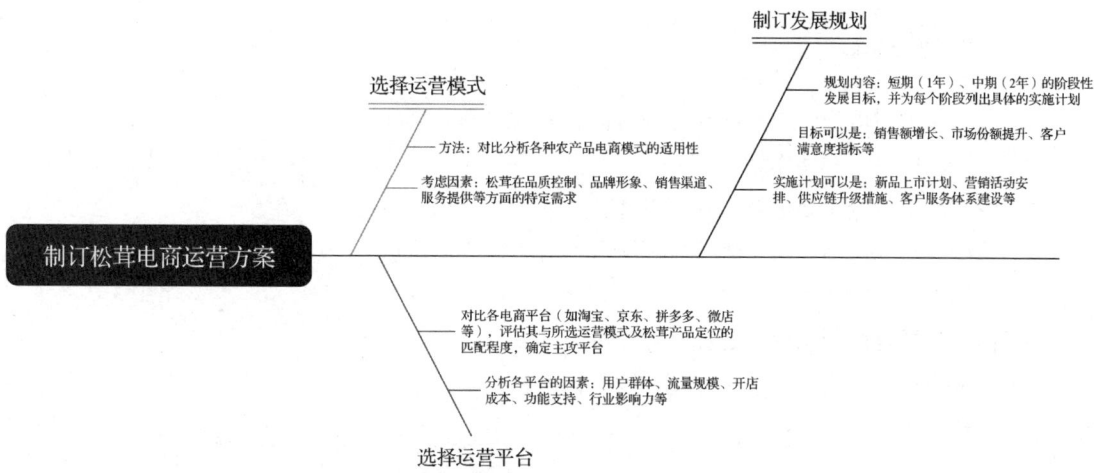

图 1-6　实训思路

实训结果：本次实训完成后的结果如下。

（1）运营模式：B2C 模式。具体原因如下。

① 品质控制。B2C 模式下，商家作为直接卖家，对产品质量有着严格的把控权，可以确保松茸从源头到用户手中的全程品质管理。

② 品牌形象塑造。通过自建线上商城或入驻大型电商平台的品牌旗舰店，企业能自主设定品牌形象，统一视觉风格，传达品牌故事，强化用户对云南松茸独特价值的认知。

③ 直接面向用户。B2C 模式减少了中间环节，使得企业能够更直接地了解用户需求，快速响应市场变化，同时提供专业的售前咨询与售后服务，从而提升购物体验。

（2）运营平台：淘宝网。具体原因如下。

① 用户基数庞大。淘宝网作为国内大型电商平台，拥有庞大的活跃用户群体，覆盖广泛的消费层级，有利于产品快速触达潜在用户。

② 营销功能丰富。平台提供多样化的营销功能（如直播、百亿补贴等），有助于提升品牌曝光度和销售额。

③ 开店成本相对较低。淘宝网开店门槛相对较低，初期投入成本较小。

（3）制订发展规划

1 年内（短期）的发展目标为销售额突破 30 万元。实施计划：推出松茸干片、冻干松茸、松茸酱等深加工产品，丰富产品线，满足不同消费需求，延长销售周期；利用"6·18""11·11"等大型促销节点，结合松茸采摘季，策划主题营销活动，吸引流量，提升销量。

2 年内（中期）的发展目标为销售额同比增长 20%。实施计划：与更多优质农户建立合作关系，引入先进的保鲜技术和物流解决方案，缩短配送时间，提升产品新鲜度；完善退换货制度，增设 24 小时在线客服，定期收集并处理用户反馈，从而提升用户满意度和复购率。

预期效果：通过上述发展规划的实施，预计在未来 1 至 3 年内，松茸电商业务将实现稳步增长，品牌知名度和市场影响力显著提升，成为在淘宝网上具有一定影响力的特色农产品品牌。

巩固提高

1. 什么是农村电商？根据产品流通方向，农村电商有哪些类型？
2. 农产品电商有哪些作用？
3. 农产品电商的主要运营模式有哪些？
4. 我国农产品电商经历了哪些发展阶段？各阶段有何特点？
5. 我国农产品电商的发展趋势是什么？
6. 简单叙述社区团购模式是如何运作的。
7. 当前农产品电商的数字化体现在哪些方面？

项目二
农产品电商日常运营

学习目标

【知识目标】

1. 熟悉农产品运营团队的角色组成和管理。
2. 掌握农产品市场环境分析、调研，以及消费者分析的相关知识。
3. 熟悉农产品选品及卖点挖掘的相关知识。
4. 掌握开设农产品网店、发布农产品，以及管理订单的相关知识。

【技能目标】

1. 能够根据实际情况确定运营团队的组织架构、管理制度。
2. 能够使用 PEST 法分析农产品市场环境，制作并发布调研问卷、构建消费者画像。
3. 能够结合各种因素进行农产品选品，并使用 FAB 法则挖掘农产品卖点。
4. 能够开设农产品网店、发布农产品并管理订单。

【素养目标】

1. 发扬新农人的创新精神，继承农民吃苦耐劳的美德。
2. 培养社会责任感，保护好农村生态环境，积极贯彻"绿水青山就是金山银山"的发展理念。

项目导读

在农产品电商的日常运营中，农产品商家所做的工作远不止上架销售产品。与传统农产品线下销售大量依靠经验判断不同，在农产品电商中，商家需要借助数字化的手段，深入研究市场，精准定位目标消费群体，同时精心选品并挖掘产品卖点，以便在市场竞争中脱颖而出。在为晴妹制订好农产品电商发展计划后，老李和小张打算正式开启对农产品电商的日常运营。在开设网店前，他们不仅需要招兵买马做好人手准备，而且还得深入研究市场、消费者、产品，明确目标消费者和网店的选品方案，这都为网店开设后的运营打下了坚实基础。

任务一　组建农产品运营团队

任务描述

老李表示，农产品电商运营的工作量很大，需要小张帮助晴妹组建一个运营团队来开展各项工作，同时制订一定的团队管理规范（见表 2-1），以保证工作的正常开展。

表 2-1　　　　　　　　　　　　　　　　　任务单

任务名称	组建农产品运营团队并制订团队管理制度	
任务背景	晴妹属于低成本创业，需要的是小规模团队，且工作地点位于广西钦州农村地区，对成员的要求虽然不能太高，但一定要能吃苦耐劳	
任务类别	■ 组建团队　□ 定位市场　□ 选品与卖点挖掘　□ 开店与订单管理	
工作任务		
任务内容	任务说明	
任务演练 1：确定运营团队的组织架构和招聘要求	结合实际情况确定所需要的人员安排，部分岗位需要兼任；根据团队的人员需求灵活确定招聘要求	
任务演练 2：制订运营团队的管理制度	制订运营团队的时间管理制度、沟通协作制度、绩效管理制度、教育培训制度	

任务总结：

知识准备

一、运营团队的角色组成

任何一个运营团队都需要具备各种拥有各种不同能力的人来担任不同角色。对于农产品电商运营团队来说，至少应拥有团队负责人、运营人员、客服人员、供应链管理员、设计人员和物流人员等角色。

（一）团队负责人

作为农产品电商运营团队的核心引领者，团队负责人扮演着战略规划师、协调者、决策者的多重角色，他们肩负着塑造企业愿景、统筹团队资源、确保项目顺利推进的重大责任。团队负责人的职责有以下 6 点。

（1）战略规划。制订并执行农产品电商的整体运营战略，包括市场定位、销售目标确定、盈利模式选择等。

（2）团队管理。组织、协调和监督团队成员的工作，以确保各成员间能够高效协同。

（3）资源调配。合理分配人力、物力、财力资源，控制成本，提高运营效益。

（4）合作伙伴关系管理。建立并维护与供应商、物流商、电商平台，以及其他合作伙伴的良好关系。

（5）风险控制。识别潜在风险，制订风险预案，确保业务合规，降低运营风险。

（6）绩效评估。定期评估团队及个人绩效，提供指导与反馈，推动持续改进。

要胜任这些职责，团队负责人应具备 5 年以上农产品电商行业经验，其中包括至少 2 年的管理岗位经历；具备敏锐的市场洞察力与战略思维，精通团队管理、商务谈判、数据分析、项目管理及电商法规；富有创新精神与领导力，能够在压力下带领团队实现业务目标并推动团队发展。

（二）运营人员

运营人员是农产品电商运营团队中不可或缺的成员，他们的工作面广，不仅负责开展有吸引力的营销活动以提升品牌知名度，还负责电商平台店铺的日常管理。运营人员的职责如下。

（1）市场研究。分析行业趋势、竞品动态，以及消费者行为，为营销与运营决策提供数据支持。

（2）电商平台管理与优化。负责电商平台店铺的日常管理，如产品上架、信息优化（标题、详情描述优化等）、库存更新等。

（3）营销活动策划与执行。设计并实施各类线上线下营销活动，如折扣、满减、积分兑换、买赠等，以刺激消费者的购买欲望、拉动流量增长；利用网络营销渠道与工具（如社交媒体、搜索引擎等）进行有效推广，提升品牌的曝光度与销售额；制作吸引人的图文、短视频等营销内容，精准传达营销信息。

（4）数据分析。运用数据分析工具监控店铺各项关键指标，如流量来源、消费者行为、转化率、客单价、复购率等，定期编制分析报告，分析数据背后的趋势与问题，提出改进建议。

运营人员需具备 2 年以上农产品电商运营经验，熟悉电商平台规则，熟练掌握网络营销渠道与工具；具备较强的市场调研与数据分析能力，能够独立策划并执行线上营销活动；具备出色的沟通与协调能力，能够有效管理营销项目进度，推动跨部门协作；能够保持对行业发展趋势的敏锐洞察力，具备快速学习与适应电商行业变化的能力。

（三）客服人员

客服人员作为客户关系的守护者，是农产品商家与客户之间的重要桥梁。他们致力于提供优质、高效的客户服务，为客户解决问题，维护品牌声誉，助力提升客户满意度和复购率。客服人员的职责如下。

（1）客户咨询。解答客户关于产品、订单、配送、售后等问题，提供专业、热情的服务。

（2）投诉处理。及时解决客户投诉，采取补救措施，防止负面口碑扩散。

（3）客户关系管理。与客户建立良好的关系，提供个性化的服务，如定期回访、关怀问候等，提高客户满意度和复购率。

（4）服务流程优化。根据客户反馈，持续改进服务流程、知识库和培训体系，提升服务质量。

客服人员应熟悉农产品特性、存储及食用注意事项等相关知识；掌握客户服务技巧，擅长沟通与冲突化解，具备较强的情绪管理能力；具备较强的服务意识，对待工作耐心细致，具备高度的责任心。

（四）供应链管理员

供应链管理员是农产品电商运营的坚实后盾，他们专精于构建高效、稳定、成本优化的供应链体系，以确保从采购到配送的各个环节顺畅无阻，为前端销售提供强有力的支持。供应链管理员的职责如下。

（1）供应商管理。筛选、评估、维护农产品供应商关系，确保稳定的货源质量和供应能力。

（2）采购计划。根据销售预测、库存情况、季节因素等制订采购计划，避免缺货或积压。

（3）质量控制。参与农产品质量标准制订，监督供应商质量管理体系，定期抽检农产品质量。

（4）库存管理。监控库存水平，优化库存周转率，减少损耗，确保对资金的有效利用。

（5）物流协调。选择合适的物流公司，协调发货、运输、配送事宜，跟踪物流状态，处理异常情况。

（6）成本控制。通过谈判、比价、优化物流方案等方式降低成本，提升供应链效率。

供应链管理员应熟悉农产品特性及农产品质量标准；具备供应商评估与审核能力，能有效监督供应商质量管理体系，定期进行产品抽检，确保供应产品的质量符合要求。

（五）设计人员

在农产品电商运营团队中，设计人员通常负责通过视觉设计，提升产品的展示效果。设计人员的主要职责如下。

（1）品牌视觉设计。根据品牌定位设计品牌标志、色彩搭配方案、专属字体样式，以及各类图形元素，以确保线上线下品牌形象的统一。

（2）产品包装设计。设计农产品的外包装、内包装、标签、说明书等，既要符合食品安全法规要求，又要体现品牌特色和产品卖点，提升产品包装的吸引力。

（3）网店装修与美化。负责电商平台店铺的页面布局、Banner 图、产品详情页、分类导航等设计工作，确保店铺整体风格统一、视觉效果舒适。

（4）营销素材创作。设计各类营销推广所需的视觉素材，如社交平台图文、广告海报、H5页面、短视频封面等，确保内容形式与品牌形象相符，有效传达营销信息。

设计人员需熟练使用 Photoshop、Illustrator 等平面设计软件，以及 After Effects、Premiere 等视频编辑软件；具备良好的色彩搭配、排版布局、图形设计能力，能准确把握品牌调性与目标消费者喜好，创造符合潮流且具有辨识度的作品；能与团队成员有效沟通设计理念与需求，接受并整合多方意见，具备一定的项目管理与时间管理能力，确保设计任务按时高质量完成；能持续学习新技能、新工具、新理念，勇于尝试不同的设计风格与手法，推动团队设计水平不断提升。

（六）物流人员

物流人员同样扮演着至关重要的角色，他们负责确保将产品顺畅、高效地送到消费者手中，直接影响着消费者的购物体验和品牌口碑。物流人员的职责如下。

（1）订单对接。导出电商平台中的订单，并打印快递单，方便打包发货。

（2）包装分配。确定订单信息，并根据信息打包农产品，确保农产品数量、规格与订单一致。

（3）对接物流公司。熟悉各大物流公司的收费情况及物流准时性、服务水平等，综合考虑成本，选择合适的物流公司进行合作。

物流人员应能熟练地使用电商平台后台及订单管理系统，掌握快递单打印、条码扫描等物流设备操作；具备高度责任心与细心，确保包装规范、信息无误；了解物流行业动态，掌握常见物流问题处理方法，能与物流公司进行有效的沟通协调。

二、运营团队的团队管理

团队管理是促进团队协作，提升团队凝聚力，实现团队快速发展的有效措施，农产品商家组建好农产品电商运营团队后，还需要管理运营团队，通过必要的管理措施来规范运营团队，提升运营团队的竞争力。

（一）时间管理

一个好的团队应该能够充分利用工作时间，合理安排团队成员的工作内容，提升团队成员的工作效率，从而带来更好的收益。运营团队在进行时间管理时，可以采取一些技巧，如设立明确的目标、制作清单和规定工作完成期限。

（1）设立明确的目标。一个明确的目标有助于团队设定详细的计划，而详细的计划能帮助团队有条不紊地开展工作，在一定程度上减少浪费时间的情况出现。例如，将目标设定为"微信群人数达到 500 人、卖出 1000 桶食用油"等。有了明确的目标，团队在制订计划时就会为达到目标努力。随着时间的推移，当越来越接近目标时，团队成员的积极性就会更高，并且更容易达成超出预期的效果。

（2）制作任务清单。团队成员可以将一段时间内需要完成的任务制作成清单，并将清单摆放在显眼的位置，以便按照清单完成工作任务。例如，在某农产品即将上市前，设计人员就详细地列出了拍摄农产品、处理拍摄的农产品图片、制作农产品详情页、制作农产品营销海报等工作的完成顺序、时间，以便有条不紊地完成工作。

（3）规定工作完成期限。规定工作的完成期限有助于团队成员更高效地完成工作，提高时间利用率。

（二）协调沟通

沟通是团队工作中的必要手段，只有沟通顺畅的团队，才能上下一体、齐心协力地完成任务。运营团队可以采取以下方式促进团队的协调沟通。

（1）开放沟通。定期组织团队会议，公开分享团队战略、业务目标、项目进展等重要信息，确保每位成员能对大局有清晰的认识；建立双向沟通机制，定期进行上下级、平级间的面对面交流，增进理解和共识。

（2）问题解决。建立简便易用的问题上报系统，鼓励员工及时反映在工作中所遇到的困难和挑战；针对上报问题，团队负责人应及时跟进，协调资源，提供解决方案；对已解决的问题进行复盘，提炼经验教训，将其纳入工作流程或制度中，防止类似问题再次发生。

（3）建立合作互助文化。定期组织团队建设活动，如户外拓展、主题聚餐等，增进团队凝聚力；明确项目分工，强调团队协作，鼓励成员间相互支持，共同达成目标。

（4）经验分享。鼓励团队成员分享成功案例、失败教训、专业知识等，促进知识与经验在团队内部流动；创建内部资料库，整理、归类运营知识与资料，以便员工随时查阅学习。

（三）绩效管理

绩效管理是一种系统化的方法，用于规划、监督、评估、提升个人或团队的工作绩效，以实现组织的战略目标和改善运营效率。绩效管理的流程通常包括以下方面。

（1）绩效目标制订。在此阶段，管理者与员工共同设定清晰、具体、可度量的绩效目标。这些目标应当与组织的整体战略目标相一致，并确保员工明白期望的工作成果是什么。

（2）绩效监控。这涉及对员工工作进展的持续跟踪和评估，确保员工的工作活动与既定目标保持一致，同时识别任何可能阻碍绩效达成的问题或障碍。

（3）绩效评估。定期评价员工的工作绩效，通常基于事先设定的评价标准和指标。这一过程可能涉及自我评估、同事反馈、上级评价等多种方式。

（4）绩效反馈。向员工提供关于其工作表现的及时、具体、建设性的反馈，识别强项和待改进的地方，这是促进个人成长和绩效提升的关键环节。

（5）绩效结果的应用。将绩效评估结果与薪酬调整、晋升、奖励，以及其他人力资源决策（如调动、培训需求等）相联系，以确保绩效管理的公平性和激励性。

（四）激励制度

激励就是通过一定手段满足团队成员的需要或愿望，以调动他们的工作积极性、激发潜能。在团队管理中，可以通过榜样激励、授权激励、赞美激励、竞争激励、文化激励和惩罚激励等方法激发团队成员的工作热情。

（1）榜样激励。为团队成员树立一个精明强干、锐意进取的榜样形象。运营团队的榜样既可以是团队内的某位优秀成员，也可以是其他优秀的团队。

（2）授权激励。通过将某个重要任务全权交予团队成员等手段，增强其被信任感，激发他的工作积极性。例如，团队负责人将产品的营销策划、营销实施等全权交予团队成员后，团队成员会感到被信任，并为了这份信任，全力以赴地策划产品的营销方案，以达到良好的营销效果。

（3）赞美激励。通过赞美或肯定，给予团队成员积极向上的动力，激发团队成员的工作热情。

（4）竞争激励。通过量化考核、等级提升、绩效奖励等手段，建立竞争机制，从而调动团队成员的工作积极性。

（5）文化激励：利用团队文化，指导团队成员发展，培养团队成员的归属感和文化认同感。

📖 **知识拓展**

惩罚也是一种激励方法，可以通过一定的惩处手段引导团队成员产生趋避意识，帮助团队成员规范工作。需注意，在惩罚时应注意时间、场合等问题，惩罚还应与正面奖励相结合。

（五）团队成长与优化

农产品运营团队的成长与优化是一个持续的过程，涉及以下多个层面。

（1）团队结构优化。根据团队发展阶段和业务需求，适时调整组织架构，以确保团队运行高效，各个岗位职责明确、权责清晰。

（2）技能培训。定期组织内部培训或外部专业课程，针对农产品特性、电商运营规则、营销策略、客户服务技巧等方面进行深入学习；鼓励团队成员参加行业研讨会、论坛等活动，拓宽视野，获取最新的行业资讯和技术知识。

（3）持续创新。倡导团队多反思总结，通过复盘项目、总结经验教训，不断优化工作流程和服务品质；鼓励团队成员提出创新性想法和解决方案，对成功的创新实践予以奖励，推动整个团队持续进步。

任务实施

任务演练1：确定运营团队的组织架构和招聘要求

【任务目标】

为晴妹的农产品电商运营团队确定组织架构，并拟定各成员的招聘要求。

【任务要求】

本次任务的具体要求如表2-2所示。

表2-2　　　　　　　　　　　　　　　　任务要求

任务编号	任务名称	任务指导
（1）	确定组织架构	分析人员需求、确定团队规模；确定角色分配
（2）	拟定招聘要求	包括岗位职责与能力、素养要求

【操作过程】

1. 确定组织架构

（1）分析人员需求。晴妹农产品电商业务正处于起步阶段，业务量不大，而且团队资金有限，需要压低人员成本，因此可将团队规模控制在3人左右，让团队成员一人身兼多职。

（2）确定必需的团队角色。根据运营团队的角色，对晴妹农产品运营团队的成员进行安排，如表2-3所示。

表2-3　　　　　　　　　　　　　　　　团队成员安排

人选	任职	理由
晴妹	团队负责人	晴妹是创业发起人，理应是团队的核心，对团队的发展拥有较大的掌控权；而且她本人也具备一定电商知识储备、农业实操经验，因此可以担任团队负责人一职（她在管理以及电商实操运营方面的欠缺可以通过学习、培训等方式逐渐弥补）
	供应链管理员	晴妹对广西钦州以及当地果园、果农较为熟悉，在当地有一定的货源、人脉资源，能辨别水果品质好坏，因此晴妹还可以兼任供应链管理员一职

续表

人选	任职	理由
待招聘员工甲	运营人员	运营人员的能力要求相对较高，需要具备专业素养的人才担任，而目前团队中缺少这样的人才，因此需要面向社会招聘
	设计人员	对于晴妹团队而言，不需要太专业的美工设计，营销图片、短视频可以借助设计工具进行快速设计，也可以直接套用网站设计模板，因此工作量、难度不大，暂由运营人员兼任
待招聘员工乙	客服人员	这两个角色可以由一人兼任，因为物流与客服工作在时间上可能存在互补性。例如，接待高峰期过后，可以投入打包等物流工作中（人手不够时可以临时雇佣果农等帮忙打包）；二者的工作都是围绕订单处理、跟踪展开，由同一人负责可以更好地开展工作
	物流人员	

2. 拟定招聘要求

根据上面的团队成员安排，需要招聘员工甲、乙。现结合甲、乙的岗位职责、当地的人才市场状况，以及晴妹农产品电商运营团队的需求，拟定招聘要求。

（1）拟定员工甲的招聘要求。理论上，该岗位的工作人员需要具备较为丰富的理论知识储备以及较强的实践能力，但考虑到广西钦州当地人才情况以及晴妹能提供的薪资水平，故而适当调整了岗位要求，使其更加贴近实际，如表2-4所示。

表2-4　　　　　　　　　　员工甲的招聘要求

项目	具体内容
岗位名称	运营专员
岗位职责	（1）市场信息收集与反馈：关注本地及行业市场动态，收集竞品信息，为产品销售与推广提供建议 （2）营销活动策划与执行：参与设计简单有效的线上线下营销活动，如线上促销、社群推广等，提升品牌及产品在当地市场的知名度 （3）电商平台基础运营：负责电商平台店铺的基础运营工作，包括产品上架、基本信息更新、网店装修、电商平台推广等 （4）数据分析：运用数据分析工具，监控店铺流量、转化率、客单价等关键指标，并根据数据分析结果，持续优化营销策略和运营流程 （5）内容创作与社交平台管理：制作吸引人的图文、短视频、海报等，传递品牌及产品信息管理社交平台账号，发布内容，与粉丝互动
能力、素养要求	（1）教育背景：大专及以上学历 （2）工作经验：有零售、销售、营销经验者优先，熟悉农产品电商市场 （3）技能要求：能使用主流电商平台后台管理系统，了解电商平台规则与运营机制；能使用数据分析工具（如淘宝生意参谋等），具备一定的数据解读能力；能创作吸引人的图文、短视频 （4）沟通能力：具备良好的人际交往能力，擅长与不同人群进行有效沟通 （5）个人特质：具有良好的职业道德，对待工作认真负责；吃苦耐劳，能适应农村工作环境 （6）对农业有热情：具备较强的抗压能力，愿意在团队中发挥多面手的作用，与团队共同成长

（2）拟定员工乙的招聘要求。该岗位的岗位要求如表2-5所示。

表 2-5　　　　　　　　　　　　　　员工乙的招聘要求

项目	具体内容
岗位名称	客服/物流专员
岗位职责	（1）客户服务管理：负责对日常客户的咨询接待，通过在线聊天工具解答客户疑问，提供售前、售后服务；处理客户投诉与退换货请求，确保问题得到及时、妥善解决，提升客户满意度；维护客户关系，进行客户关怀与回访，提高客户忠诚度与促进口碑传播 （2）订单处理与跟踪：系统内接收、审核与确认客户订单，确保信息准确无误；协调内部资源，安排订单打包发货，跟踪物流进度；处理订单异常情况，如库存不足、配送延迟等，与相关部门协调解决
能力、素养要求	（1）教育背景：中专/高中及以上学历，接受过客服、物流管理等相关培训者优先 （2）工作经验：具有客服或物流相关工作经验者优先 （3）技能要求：具备良好的沟通技巧，能有效处理客户关系，应对各种服务场景；熟悉电商平台后台操作，了解网购流程及客户消费心理 （4）个人特质：服务意识强，耐心细致，能承受一定工作压力，具备良好的情绪管理能力；有责任心，工作主动性强，注重团队协作，善于解决问题；能适应快速变化的工作节奏，具备一定的抗压能力

素养课堂

农产品运营团队成员除了具备专业上的能力素养外，还应具备农民传统的吃苦耐劳精神，克服创业初期及日常经营中的各种困难和挑战；同时，培养推动乡村振兴的使命感，关心社区发展，致力于提升农村生态环境和居民生活质量。

技能练习

结合实际情况，为你户口所在地的本地农村组建一个经营土鸡蛋的电商运营团队，并确定团队组织架构以及需要的成员。

任务演练 2：制订运营团队的管理制度

【任务目标】

为晴妹的农产品电商运营团队制订团队管理制度，以提升团队管理效率。

【任务要求】

使用清晰且有条理的语言表述管理制度的各项条款，避免冗长复杂、口语化、随意化的表达。对于各项规定，应尽可能详细地描述执行标准、操作流程、时间节点等要素，且内容要科学、符合实际。

【操作过程】

（1）制订时间管理制度。时间管理制度涉及工作计划制订、任务分配和协调、时间管理和监督、应对时间紧迫情况等方面。写好的时间管理制度如图 2-1 所示。

（2）制订沟通协作制度。对于该规模的运营团队而言，沟通协作制度的内容不需要太复杂，只需安排好团队会议的频率、开展方式和内容等，并确立双向沟通机制、开展团队建设活动、明确团队沟通工具。写好的沟通协作制度如图 2-2 所示。

一、时间管理制度

（一）工作计划制订

每周初，团队成员根据工作目标和个人任务，制订本周的工作计划。工作计划要分解为具体的任务和时间节点，明确工作优先级和完成期限。

（二）任务分配和协调

团队负责人负责根据工作计划，合理分配任务给各团队成员，以确保任务合理分配和资源充分利用。团队成员之间要积极协作、互相支持，共同解决工作中的问题和难题。

（三）时间管理和监督

每日早晨，团队成员通过团队内部通讯工具报告上一日工作进展和当日工作计划，确保工作进度可视化和透明化。团队负责人定期与团队成员进行工作进度和时间利用情况的检查和评估，及时发现问题和调整计划。

（四）应对时间紧迫情况

在工作计划中留有灵活的时间缓冲，以应对突发事件和工作紧急情况。团队成员要具备应急处理能力和危机管理意识，及时应对工作中的不确定性和挑战。

图 2-1　时间管理制度

二、沟通协作制度

（一）团队会议安排

每周固定安排一次团队会议，由团队负责人主持，全体团队成员参加。会议内容包括总结上周工作情况、讨论本周工作计划、解决工作中的问题和难题、分享营销经验和市场动态等。

（二）建立双向沟通机制

团队负责人每月至少安排一次与团队成员的一对一沟通，了解其工作进展、面临困难，以及个人发展需求，并给予指导和支持。同时，团队成员应主动向团队负责人汇报工作，保持信息畅通。

（三）团队建设活动

每月至少组织一次团队建设活动，如户外拓展、主题聚餐、公益活动等，旨在增强团队凝聚力，提升成员间的情感联系。

（四）沟通工具的使用

团队成员在工作中应优先使用团队指定的内部通讯工具，如即时通讯软件或项目管理平台，保证信息传递及时、准确。对于重要事项或紧急情况，可采用电话或面对面沟通方式，确保信息沟通的及时性和有效性。

图 2-2　沟通协作制度

（3）制订绩效管理制度。绩效管理制度应包括绩效评估指标、绩效评估周期、绩效考核流程、绩效奖惩机制、绩效反馈与改进。其中，绩效评估指标需要根据不同岗位的职责来分别制订，指标最好量化；绩效评估周期要合理，不能间隔太长或太短，要使团队成员能够在固定时间内接受绩效评估和反馈；绩效考核流程要清晰明确、公开透明。写好的绩效评估制度如图 2-3 所示。

三、绩效管理制度

（一）绩效评估指标

确定针对不同岗位的绩效评估指标，如销售额、客户满意度、工作效率等，以客观数据为基础评估绩效。

岗位	绩效评估指标
运营专员	销售业绩：销售额、销售增长率、订单数量 营销活动效果：活动期间的页面浏览量、参与人数、互动次数 内容创作与社交互动：社交平台粉丝增长数、发布内容的点赞数、评论数、分享数
客服/物流人员	客户服务质量：客户投诉率、问题解决率、客户满意度调查结果 响应速度：客户咨询回复速度、处理投诉的及时性 准时率：订单发货的准时率、货物送达的准时率

（二）绩效评估周期

团队应设定固定的绩效评估周期，一般可为季度或半年度，确保及时对团队成员的绩效进行评估和反馈。在每个评估周期结束时，团队负责人应与团队成员进行绩效面谈，对个人绩效进行全面评估和讨论。

（三）绩效考核流程

绩效考核流程包括绩效目标制订、绩效监控、绩效评估、绩效反馈和绩效结果的应用等环节，确保绩效管理的全面性和公正性。绩效考核流程应透明公开，确保每个团队成员都了解评估标准和流程，提高绩效管理的公信力和可操作性。

（四）绩效奖惩机制

针对表现优异的团队成员，应及时给予奖励和认可，激发其工作积极性和创造力，包括奖金、晋升、荣誉证书等形式。对于绩效不达标的团队成员，应根据情况进行及时的纠正和指导，并考虑适当的惩罚措施，以促进其改进和提升。

（五）绩效反馈与改进

绩效评估后，团队负责人应向团队成员提供及时、具体的绩效反馈，包括优点和改进空间，帮助其更好地了解自身表现和发展方向。团队成员应根据绩效反馈，主动进行自我评估和改进，制订个人发展计划，不断提升自身工作水平。

图 2-3　绩效管理制度

（4）制订团队成长与优化制度。团队成长与优化制度需要涉及培训内容、培训方式、培训管理等方面。其中，培训内容的描述要全面，确保涵盖团队成员所需的各个方面的知识和技能，培训方式可以充分利用线上线下渠道，安排得更多样化。写好的团队成长与优化制度如图 2-4 所示。

四、团队成长与优化制度

（一）团队结构优化制度

编写详尽的岗位说明书，明确每个岗位的职责、权力范围和绩效指标。

每半年进行一次团队结构与岗位职责的评估，确保结构与业务发展相匹配，及时调整以应对市场变化。

（二）技能培训制度

制定年度培训日历，涵盖农产品专业知识、电商运营、市场营销、客户服务等主题，确保团队成员每年至少参加两次专业培训。

每月举办一次内部学习分享会，鼓励团队成员分享学习心得、行业新知，促进知识共享与团队凝聚力。

（三）创新与优化激励制度

每个项目结束后，组织复盘会议，总结成功经验和失败教训，提炼可复制模式或改进措施。

鼓励团队成员提交关于流程改进、服务创新、营销策略等方面的建议，对于成功实施并带来显著效益的创新提案，给予奖金、晋升机会等实质性奖励。

图 2-4　团队成长与优化制度

任务二　定位农产品市场

任务描述

老李说，农产品商家在正式开展农产品电商运营前，需定位农产品市场，即对农产品市场进行系统性的分类，识别并定位一群具有相似需求、购买行为、购买偏好的消费者（即细分市场）。因此，他安排小张分析农产品电商的市场环境并开展市场调研，明确目标消费人群（见表 2-6）。

表 2-6 任务单

任务名称	定位农产品市场	
任务背景	根据前期所做的农产品电商创业计划，晴妹的农产品电商主要经营广西钦州高品质特色水果，但具体针对什么样的细分市场仍不明确	
任务类别	□ 组建团队 ■ 定位市场 □ 选品与卖点挖掘 □ 开店与订单管理	
工作任务		
任务内容	任务说明	
任务演练 1：使用 PEST 法分析市场环境	从政治、经济、社会、技术 4 个方面分析农产品电商的宏观市场环境	
任务演练 2：制作并发布调研问卷	先制订调研计划，再设计、发布调研问卷	
任务演练 3：构建消费者画像	以问卷结果为依据，提炼消费者画像	

任务总结：

知识准备

一、市场环境分析

市场环境分析是对农产品商家开展运营活动所处的内外部条件进行全面、系统的评估，旨在揭示市场中的机会与挑战，帮助商家做出明智的运营决策，以确保营销活动的有效性和可持续性。市场环境分析通常包含两个层面。

（一）宏观环境分析

宏观环境是能对农产品电商运营产生间接影响的各种因素的总称，主要包括政治、经济、社会、技术等环境因素。宏观环境分析常用的方法是 PEST 分析法。PEST 分析法通过对政治（Political）、经济（Economic）、社会（Social）和技术（Technological）4 个维度进行考察，如表 2-7 所示，帮助农产品商家识别潜在机会与威胁，辅助战略规划和决策制订。

表 2-7 PEST 分析法

维度	具体因素	描述
政治	法律法规	政府的政策法规、监管环境、贸易协定、税收政策、环保标准、知识产权保护、反垄断法规等对经营活动的影响等
	政治稳定性	国内外政局的稳定性、政策连续性等
	政府干预	补贴、政府采购、产业政策（如鼓励或限制某些行业的发展）、社会福利政策等
	国际贸易与投资	关税、贸易协定、外资准入限制、出口管制等

续表

维度	具体因素	描述
经济	宏观经济状况	经济增长率、通货膨胀率、失业率、利率、货币汇率、财政政策、货币政策等
	市场状况	市场规模、消费购买力、市场增长率、价格敏感度、消费趋势、行业周期性等
	资源与成本	原材料价格波动、能源成本、劳动力成本、供应链稳定性、物流成本等
社会	人口统计学特征	年龄结构、性别比例、教育水平、收入分布、城市化进程、人口迁移等
	社会价值观	消费偏好、生活方式、环保意识、健康观念、文化传统、社会责任等
	消费者行为	消费习惯、购物模式（线上/线下）、品牌忠诚度、社交媒体影响、个性化需求等
技术	技术创新	新兴技术的出现和应用，如人工智能、大数据、物联网等
	技术标准	行业标准和技术规范，确保产品或服务符合市场要求
	技术成熟度	技术的稳定性和可靠性，避免技术风险对运营造成负面影响

⏰ 行业点拨

此外，宏观环境分析还涉及法律环境、国际关系、自然资源状况、气候变化等因素。

（二）微观环境分析

微观环境又称行业环境因素，是与农产品电商运营联系比较密切的各种因素的总称，包括企业（即农产品商家）、营销中介、消费者、竞争者、供应商等农产品电商运营链条中的上下游组织机构。微观环境分析的主要内容如表 2-8 所示。

表 2-8　　　　　　　　　　　　微观环境分析的主要内容

因素	具体因素	描述
企业	组织结构与管理	部门设置、职权划分、决策流程、管理风格、企业文化等
	人力资源	员工技能、专业知识、工作态度、激励机制等
	财务状况	资金流动性、盈利能力、成本结构、投资能力等
	营销能力	在市场研究、产品开发、分销网络、促销手段、客户服务方面的资源和能力等
营销中介	中间商	批发商、零售商、代理商的角色与关系等
	营销服务机构	广告公司、市场研究公司、公关公司、物流公司对企业营销活动的支持效果等
消费者	目标市场	市场细分、目标市场的选择、市场容量、市场增长率等
	消费行为	购买决策过程、购买动机、品牌忠诚度、价格敏感度、购买习惯、信息获取方式等
	市场趋势	消费偏好变化、消费观念演变、生活方式变迁、新兴消费群体的出现等
竞争者	竞争格局	行业内竞争者的数量、规模、市场份额、市场集中度、竞争态势等
	竞品分析	竞品的特性、价格策略、促销活动、服务质量、品牌形象等
	竞争策略	竞争对手的长期战略、短期战术、市场进入与退出行为、合作与对抗关系等
供应商	供应市场结构	供应商数量、规模、集中度、地域分布等
	供应商能力	供应商的产品质量、技术水平、生产能力、交货准时性、售后服务、创新能力等
	供应商关系	与关键供应商的合作历史、合作关系稳定性、合作深度（如联合研发、长期合同、共享信息等）、供应商对企业的依赖程度等
	供应风险	供应商的财务健康状况、自然灾害、原料短缺、政治动荡、供应链中断等风险，以及企业对这些风险的防范与应对措施等

二、市场调研

市场调研指为获取有关市场信息而进行的一系列系统性、科学性的数据收集、分析与研究活动，旨在通过有目的、有计划地搜集、记录、整理、分析关于市场供求、竞争态势、消费者行为、行业趋势等相关资料，为农产品商家的决策提供可靠、客观、有价值的数据支持。

（一）市场调研的方法

市场调研的方法多种多样，根据调研目的、所需数据类型和资源条件，农产品商家可以选择单一方法或组合使用。

（1）问卷调研。设计标准化的在线或纸质问卷，通过电子邮件、社交媒体、电商平台内置工具、专业调研平台（如问卷星）等方式分发给目标消费群体。问卷内容涵盖购买习惯、产品偏好、价格敏感度、购物平台选择、服务质量评价等，以获取大量数据进行统计分析。

（2）深度访谈。进行一对一的深度访谈或召集小型讨论组，邀请消费者、农产品生产者、电商平台用户等参与，通过开放式对话深入了解其需求、痛点、期望、购物体验等主观感受和意见，揭示潜在的消费动机和行为模式。

（3）观察法。在农产品市场、超市、电商平台等消费场景进行实地或在线观察，记录消费者的购买行为、产品选择、互动方式等，以直观地了解消费行为和环境因素对其产生的影响。

（4）大数据分析。利用电商平台后台数据，如销售数据、消费者行为数据、搜索关键词数据等，进行大数据分析，获取热销产品、购物高峰时段、消费者忠诚度等关键信息；也可以借助如百度指数、巨量算数、京东商智等第三方数据服务平台，获取农产品搜索热度、地域分布、关联搜索词等信息，以把握市场热度和消费者关注点。

（5）二手资料收集。查阅专业调研机构发布的农产品电商行业报告、市场研究报告（见图2-5），获取市场规模、增长趋势、竞争格局等宏观数据和专业分析；收集政府部门发布的农业政策、农产品产量、进出口数据等官方信息，以及新闻报道、社交媒体讨论、专业论坛文章等公开资料，以了解政策环境、行业动态和公众观点。

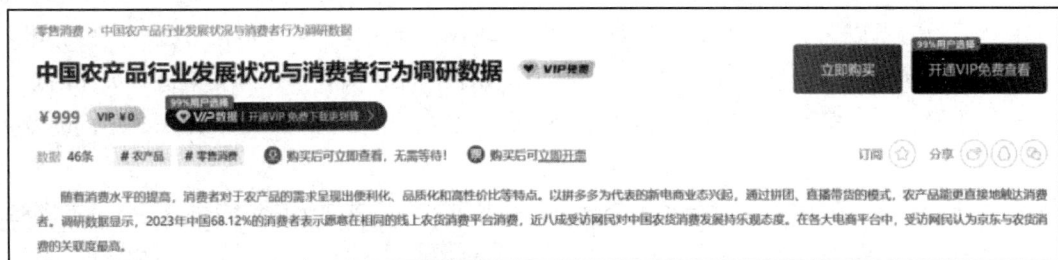

图 2-5　市场研究报告

（6）使用AI。使用AI自动抓取互联网上的公开信息，如新闻报道、社交媒体帖子、论坛评论、电商平台评价等，以获取海量市场相关数据；分析收集到的数据，提取关键信息，以洞察消费者需求、识别热点话题；利用AI写作助手基于数据分析结果自动生成初步市场调研报告，后期再由研究人员进行审核、完善。

（二）市场调研的流程

市场调研是一个复杂而细致的过程，涉及多个环节和步骤，遵循一定的流程可以确保调研的规范化和标准化。具体来说，市场调研需要按照以下流程进行。

（1）明确调研目标。明确调研的目的和需要解决的问题。例如，了解农产品电商市场的规模、主要参与者、消费者需求、竞争状况等，以谋求新发展。

（2）设计调研方案。根据目标，设计调研方案，包括选择适当的调研方法、确定调研样本和调研时间等。

（3）收集数据和信息。实施调研方法，获取需要收集的市场信息，如市场规模、消费者行为、竞争对手情况、政策法规等。

（4）分析数据和信息。对收集的数据和信息进行整理、分类和分析，并提炼关键信息。

（5）撰写调研报告。将分析结果整理成调研报告，包括调研背景、方法、数据概览、主要发现、洞察与建议等部分，附图表说明。

（三）调研问卷的设计

一份完整的调研问卷应结构清晰、语言简洁、逻辑连贯，既能有效地收集所需信息，又能确保受访者的良好体验，从而提高问卷的回收率和数据质量。

（1）调研问卷的组成

一份完整的调研问卷主要包含以下内容。

① 问卷标题：包括时间、地点、范围、内容等，如成都高新区25~45岁人群大米购买情况调查。

② 问卷开头：一般包括问候语、填写说明等内容。问候语主要用于表达对受访者参与调研的感谢，介绍调研的主办单位、调研目的、调研意义和调研内容；填写说明需要明确问卷填写和回收要求，包括填写须知、交卷时间、地点，以及其他事项说明等。

拓展阅读

调研问卷示例

③ 主体内容：主体内容是问卷最重要的组成部分，应包括基本信息、主题问题两部分。基本信息指受访者的匿名身份信息，如年龄、性别、职业、地区等，用于后期数据分析的分组对比。主题问题是围绕调研目标设计的一系列问题，如农产品购买频率、购买渠道、关注因素、满意度评价等，采用多种题型（单选、多选、量表、填空、开放性问题等），以满足不同的调研需求。

④ 结束语：对受访者的配合表示衷心感谢，必要时可以提供调研单位的联系信息，如邮箱、电话，以便受访者咨询或反馈问题。在设计一些简单的调研问卷时，结束语通常可以省略。

（2）调研问卷的设计要点

具体来说，设计调研问卷时要注意以下要点。

① 问题表述清晰

确保每个问题简单易理解，不使用含糊不清的术语，避免产生歧义。如问题："您经常购买新鲜水果吗？"模糊且笼统，不同人对"经常"的理解不同。更好的问法是："您在过去一年中，大约多久购买一次新鲜水果？选项：A. 每周；B. 每两周；C. 每月；D. 不定期。"

避免使用可能暗示答案或引导受访者倾向某种回答的措辞，确保问题不包含任何潜在的偏见或预设立场，保持中立、客观公正。例如，问题"您是否认为价格是在购买新鲜水果时最重要的考量因素？"已暗示价格是"最重要的考量因素"，可能会对受访者的回答产生影响。更好的问法是："您在购买新鲜水果时，更看重哪些因素？（多选）选项：A. 价格；B. 品质；C. 产地；D. 包装；E. 其他（请说明）。"

② 问题类型与结构合理

选择合适的问题类型，如单选题、多选题、量表题、排序题、开放性问题等，根据调研目的和数据分析需求来确定。

问题应按逻辑顺序排列，从一般性到具体性，从简单到复杂，形成流畅的答题流程。确保问题之间无逻辑跳跃，避免同一主题反复提问导致受访者厌烦或困惑。

③ 尊重受访者

涉及个人敏感信息（如身份证号、详细住址等）或可能引起不适的话题（如健康状况等），应谨慎处理或避免询问，必要时需告知数据保密措施及用途。同时，使用符合受访者文化背景、教育水平、职业特性的语言，避免使用过于专业或难懂的词汇，确保问卷易于理解。

④ 长度与难度适中

保持问卷精炼，避免过长导致受访者疲劳或中途放弃。一般建议在不超过 20 分钟的时间完成问卷。避免过多选项或复杂的逻辑跳转，以确保受访者能轻松完成问卷。

⑤ 预测试与修订

在发放调研问卷前，检查问卷内容的科学性、逻辑性和完整性，并进行小范围预测试，观察受访者的答题情况，根据反馈调整问卷结构、语言表述、问题顺序等。

三、消费者分析

分析消费者有助于更好地理解目标市场，制订有效的市场策略，提供符合消费者期望的产品和服务，从而在市场竞争中获得优势。消费者分析的方法很多，这里主要介绍消费者画像构建和消费者购买行为分析两方面的内容。

（一）消费者画像构建

消费者画像是根据消费者的属性、偏好、生活习惯、行为等信息抽象出来的标签化消费者模型。它是通过分析消费者信息，利用高度概括、容易理解的特征来描述消费者，以便更加理解消费者。消费者画像的构建有助于农产品商家更好地了解和定位目标消费者，为精准营销提供了有力支持。

消费者画像通常包括个人基本信息（如姓名、性别、年龄、职业、地域）、消费习惯（如消费频率、购物渠道、消费偏好、消费金额）、消费心理（如求美心理、求廉心理、求名心理）、购买动机（如购买目的、需求满足）、决策影响因素（产品品质、价格、产地、品牌信任度）等方面的信息。

构建消费者画像的步骤如下。

（1）数据收集与整理。获取消费者的基础信息、行为数据、交易记录、消费观等方面的数据，以确保数据的完整性和准确性。

（2）构建标签体系。结合品牌定位和市场调研结果，构建包含基本信息、消费习惯、购买动机等多个维度的标签体系，为每个维度设定具体的标签值。例如，基本信息维度的标签值可以包括"18～24岁""25～34岁"等；购买动机维度的标签值可以包括"追求品质生活""注重优惠""紧跟潮流"等。

（3）消费者个体标记。依据预设的标签体系，给每个消费者打上相应的标签。

（4）归纳共性标签。汇总统计已标记好的消费者数据，找出在消费者群体中普遍存在的、具有较高覆盖率或显著特征的标签。

（5）形成消费者画像。结合以上提炼的所有共性标签，形成综合性的消费者画像描述，将标签转化为易于理解和应用的语言，描绘消费者群体的全面特征和行为模式。

例如，某果蔬品牌构建了标签体系：性别（男、女）、年龄层次（25～34岁、35～44岁等）、购买频率（每周、每天、不定期）、购买方式（单次购买、定期配送、团购）、购买动机（追求健康生活、关心家人营养、购买新鲜农产品）、决策影响因素（产品品质、价格、产地、品牌信任度）。

为每个消费者打上标签，如为消费者B打上"女性、25～34岁、每周购买、食品安全敏感者、追求健康生活"的标签。

然后统计归纳了共性标签，包括"25～34岁""女""每周购买""食品安全敏感者""季节性农产品偏好"。

最后，结合上述共性标签，形成核心消费者画像为：以25～44岁的女性为主，追求绿色、安全的饮食生活方式，她们往往倾向于每周固定购买新鲜蔬菜，偏好选择当季产品。

> **⏰ 行业点拨**
>
> 上述提炼共性标签的操作涉及对大量数据的统计分析，对于没有相关能力的农产品商家来说，可以利用更简单的方法：借助问卷调研平台的数据统计分析功能查看每个问题各选项的选择比例，占比最高的选项对应的就是共性标签。例如，在"你每月购买水果的花费是多少？"这一问题下，选择"100～300元"选项的受访者占比最高，那么"每月买水果花费100～300元"就可以作为目标消费者的共性标签。

（二）消费者购买行为分析

消费者购买行为分析是指对消费者在购买产品或服务过程中所表现的心理活动、决策过程、行为模式，以及其影响因素进行系统的、科学的研究与解读，旨在深入理解消费者购买决策背后的动机、态度、信息处理方式、影响因素，以及市场环境对消费者行为的影响。进行消费者购买行为分析时可以使用AIDA模型。AIDA模型是一种经典的消费者行为理论模型，用于描述消费者从注意到产品直至采取购买行动的4个阶段的心理和行为演变过程。其中，A、I、D、A分别是Attention、Interest、Desire、Action的缩写。

（1）Attention（注意力）。消费者被各种营销手段（如广告、展示、口碑、社交媒体推广等）吸引，进而对产品产生关注。

（2）Interest（兴趣）。消费者在关注产品后，接下来便会对其产生兴趣。兴趣源自产品本身的特点、功能、品质、品牌故事等因素，这些元素能够满足消费者的某些需求或引发其好奇心。

（3）Desire（欲望）。消费者在对产品有了深入了解并产生兴趣后，可能会进一步形成购买欲望。欲望的产生往往基于产品能够解决消费者的问题（如健康饮食需求、特殊饮食偏好、礼品赠送等）、满足其情感诉求（如对家乡的怀念、对高品质生活的追求）等。

（4）Action（行动）。当欲望足够强烈且没有阻碍购买的因素时，消费者会采取行动购买产品。行动阶段涉及购买决策的执行，包括下单、完成支付、接收产品等环节。

通过 AIDA 模型分析，农产品商家可以掌握消费者在购买过程的 4 个阶段的重要影响因素，进而有针对性地开展运营和营销。表 2-9 是使用 AIDA 模型分析消费者购买行为的实例。

表 2-9　　　　　　　　使用 AIDA 模型分析消费者购买行为的实例

购买阶段	行为分析	由分析得出的优化策略
Attention（注意力）	小张在浏览社交媒体时，被一款名为"绿野鲜踪"的蔬菜礼盒广告所吸引。广告中新鲜蔬菜的视觉形象、丰富的色彩引起了他的注意。此外，他还观看了知名美食博主的直播烹饪示范，加深了对该礼盒的印象	可以多利用社交平台进行有针对性的广告投放，注重视觉吸引力和产品卖点展示，借助影响力人物（如美食博主）合作，通过直播等形式直观展现产品使用效果，以有效吸引目标消费者注意力
Interest（兴趣）	在被广告吸引后，小张点击进入产品详情页，深入了解"绿野鲜踪"蔬菜礼盒。他了解到礼盒包含多种时令蔬菜，直供自农场，种植过程全程可追溯。尤其是附赠的营养搭配建议和简单易学的食谱，这使他认识到这款产品不仅能提供健康食材，还能帮助他轻松提升饮食质量，从而对产品产生了浓厚的兴趣	应在产品详情页面中翔实展示产品特性、优势及附加价值，如食品认证、原产地直供、溯源码等信息，以增强消费者对产品品质的信任。同时，提供实用的营养建议和食谱等增值服务，以满足消费者对健康生活的需求，进一步激发其兴趣
Desire（欲望）	小张在阅读其他消费者的评价和查看他们分享的烹饪成果后，发现"绿野鲜踪"礼盒的品质得到广泛好评，这激发了小张强烈的购买欲望	应鼓励并积极展示用户评价与成功案例，通过口碑营销增强产品信誉
Action（行动）	小张还发现农场支持在线下单，承诺快速配送。恰逢节假日期间，礼盒享有折扣和免运费的优惠。在确认价格合理、购买流程便捷且售后服务有保障的前提下，小张决定把握时机，下单购买"绿野鲜踪"蔬菜礼盒	应确保线上购买流程便捷，提供快速可靠的配送服务。适时推出促销活动（如折扣、免运费等）以刺激购买。维持合理定价并明确传达售后服务政策，打消消费者购买疑虑，促进其将购买欲望转化为实际购买行为

任务实施

任务演练 1：使用 PEST 法分析市场环境

【任务目标】

使用 PEST 法分析农产品电商的宏观市场环境，对晴妹的经营环境有一个总体认识，为后续定位细分市场打下基础。

【任务要求】

本次任务要求从政治、经济、社会、技术 4 个方面对农产品电商宏观市场环境进行分析，并指出该因素对晴妹通过农产品电商经营水果有何影响。

【操作过程】

小张查阅了相关资料，包括与农产品电商相关的国家及地方政策文件、宏观经济数据、农产品电商相关技术发展分析报告等，然后按照 PEST 法分析了市场环境，如表 2-10 所示。

表 2-10　　　　　　　　　　　　按照 PEST 法分析市场环境

维度	具体因素	因素分析	影响
政治	政策扶持	国家及地方政府对农产品电商出台了大量扶持政策。例如，钦州市发布的《钦州市农业产业振兴行动方案》提出，要"统筹农产品仓储和冷链物流体系布局，持续推进农产品仓储保鲜冷链物流设施建设""加快推进农产品数字化产地仓建设，推动绿色优质农产品产销有效衔接""积极推广农产品+网络直播、农产品+微商、农产品+众筹、农产品+直销店等新兴销售模式""打造具有区域影响力的名特优农产品"	为晴妹提供从基础设施建设、供应链优化、营销创新到品牌打造的全方位支持
	法规监管	国家出台了一系列法律法规，包括《中华人民共和国食品安全法》《中华人民共和国电子商务法》等，并发布农产品质量标准	为晴妹提供合规经营的法律依据，有助于营造规范的市场秩序，对农产品电商运营的长远发展具有重大意义
经济	宏观经济	中国经济保持较强的活力，2023 年我国 GDP 比上年增长 5.2%，农业形势总体良好；2023 年，全国农产品网络零售额达 5870.3 亿元，同比增长 12.5%	为晴妹的提供良好的经济环境
	市场状况	国民收入提高，消费者对于健康和品质生活的追求增强，愿意为优质水果支付更高的价格	晴妹推出中高端水果也会有一定的市场接纳度
社会	消费习惯与偏好	消费者越来越倾向于通过网络平台购买农产品	为晴妹发展农产品电商提供机遇
		消费者更加重视健康，对产地直供、时令产品等也有较高关注度	营养成分高、产地直供、新鲜的水果会越来越受欢迎
	人口结构	年轻消费者崛起，他们追求新鲜、便捷、个性化，对网络购物接受度高	新媒体营销、短视频/直播带货等新颖的营销方式更容易取得好的效果
技术	电商平台技术	电商平台技术已经较为成熟，主流电商平台的功能齐全、操作简便；强调个性化推荐、无缝购物体验和大数据分析能力	为农产品销售、精准引流、网店数据分析提供了便利
	冷链物流技术	冷链物流领域的装备水平显著提升，数字化、标准化、绿色化的冷链物流设施装备投入应用；全链条温控和全流程追溯能力持续提升	水果品质有保障、损耗率降低、保质期延长，有利于晴妹开展农产品电商
	农产品追溯技术	逐步完善和智能化，通过为农产品添加标识，记录从生产到市场的全过程信息，并利用大数据、云计算等技术，实现农产品信息的实时更新和共享，提高追溯体系的效率和透明度	为水果的品质与安全保障提供有力证明，有助于打造安全、高品质的品牌形象

综上所述，政府的大力扶持为农产品电商提供了全方位的资源保障，经济发展与消费升级催

生出对高品质水果的旺盛需求，社会消费习惯的变迁与年轻消费力量的增长为创新营销提供了舞台，而先进的电商与物流技术则为晴妹农产品电商的业务运营与品牌建设提供了强大工具。整体来看，晴妹正处于一个充满机遇、有利于快速发展的良好经营环境中。

任务演练 2：制作并发布调研问卷

【任务目标】

制作一个调研问卷来进行市场调研，了解消费者的个人信息以及水果购买情况，为后续构建消费者画像做准备。

【任务要求】

本次任务的具体要求如表 2-11 所示。

表 2-11　　　　　　　　　　　　　　任务要求

任务编号	任务名称	任务指导
（1）	制订调研计划	明确调研目的、调研内容、调研对象、调研方式
（2）	设计调研问卷	设计问卷结构、编制问题及选项

【操作过程】

1. 制订调研计划

（1）明确调研目的。本次问卷调研的核心目标是了解消费者水果购买习惯、对理想水果品牌的要求、对品牌会员制度的期待等，以便为定位消费者、构建消费者画像提供依据。

（2）确定调研内容。根据调研目的，梳理需要收集的信息，包括消费者基本信息（性别、年龄、居住地、收入等）、水果购买信息（购买渠道、购买频率、关注因素、消费金额、购买习惯等）、对水果品牌的认知（品牌期望、会员制度等）。

（3）确定调研对象。调研问卷的发放应聚焦于潜在的目标市场，旨在揭示那些对高品质水果有需求的消费者特征。小张认为，竞争对手的忠实客户是理想的调查对象，他们对高品质水果的标准有实际感知，了解并接受相应的价格水平，且已经显示了特定的购买偏好。因此，可以将竞争对手甲品牌的忠实消费者作为调研对象。

（4）确定调研方式。在调研平台问卷星中创建问卷并发布，然后通过平台的问卷数据分析功能查看调查结果。

2. 设计调研问卷

（1）设计问卷结构。将调研问卷划分成若干个逻辑清晰的部分，包括个人基本信息、水果购买信息、对水果品牌的认知等，从而形成问卷的大致框架。

（2）编制问题及选项。根据各部分内容，编写具体的问题，确保问题表述清晰、无歧义；设计合适的回答选项，如单选题、多选题，确保选项全面、互斥且无遗漏，能覆盖所有可能的回答情况。设计完成的调研问卷如图 2-6 所示。其中，1～7 题涉及个人基本信息，8～12 题涉及水果购买信息，13～14 题涉及对水果品牌的认知。

图 2-6　调研问卷

技能练习

　　某粮油品牌专注于提供高品质的粮油产品，旗下产品包括玉米油、大豆油、菜籽油等日常食用油。请设计调研问卷，调研消费者的个人信息、选择粮油产品时的主要考虑因素、购买粮油的习惯与偏好。

3. 发布调研问卷

　　（1）创建问卷。登录问卷星，进入问卷星管理后台，单击"创建问卷"按钮，在打开的页面中选择问卷类型，然后在这里选择"调查"选项。

　　（2）文本导入问卷。打开"创建调查问卷"页面，选择"文本导入"选项，如图 2-7 所示。

微课视频

发布调研问卷

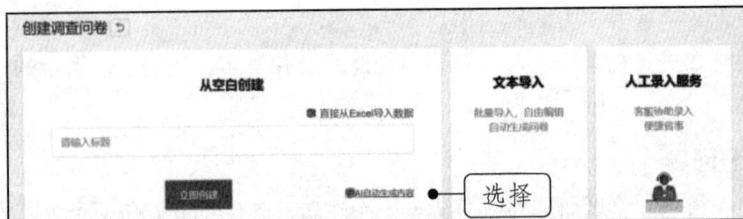

图 2-7　文本导入

　　（3）清空文本，在打开的页面中将显示格式示例，单击"复制 Word 文本"栏下的"清空文本"按钮，如图 2-8 所示，在打开的提示对话框中单击"确定"按钮。

图 2-8　清空文本

（4）粘贴问卷内容。将问卷内容复制后粘贴到左侧空白区域中（配套资源：\素材\项目二\调研问卷.docx），系统将自动生成问卷，效果如图 2-9 所示，然后单击"完成"按钮。

图 2-9 粘贴问卷内容

（5）输入问卷标题和说明。在打开的页面中可以查看系统自动识别生成的问卷，在"请输入您的标题"栏中输入"水果消费者调研问卷"，在"添加问卷说明"文本框中输入问卷说明。最后，单击右上角的"完成编辑"按钮，如图 2-10 所示。在打开的页面中单击"发布此问卷"按钮，即可成功发布问卷。

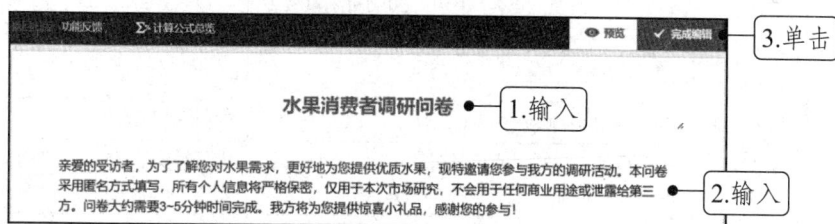

图 2-10 输入问卷标题和说明

（6）复制问卷链接。在打开的页面中单击"复制"按钮，如图 2-11 所示，复制问卷的链接，将链接发送给受访者。

图 2-11 复制问卷链接

任务演练 3：构建消费者画像

【任务目标】

根据调研问卷的结果形成消费者画像，为精准营销提供依据。

【任务要求】

本次任务要求在问卷星中查看分析报告，整理问卷结果，并从中找出占比最高的选项，提炼共性标签，形成消费者画像。

【操作过程】

（1）查看分析报告。在问卷星管理后台首页将鼠标指针移到调查问卷对应的"分析&下载"选项处，在打开的列表中选择"统计&分析"选项，如图2-12所示。在打开的页面中查看分析报告。

图2-12　选择"统计&分析"选项

（2）整理问卷结果。小张根据问卷星所统计的数据，整理出问卷调研的结果（即占比较高的选项及其占比数值），并根据该结果提炼消费者的共性标签，如表2-12所示。

表2-12　　　　　　　　　　　　　问卷调研的结果

类别	子类别	调研结果	共性标签
个人基本信息	性别	男性：38%。女性：62%	女
	年龄	25～34岁：42%。35～44岁：31%	25～44岁
	居住地	北京、上海等一线城市：28%。成都、杭州等新一线城市：41%	一线、新一线城市
	年收入	5万～10万元：34%。10万～20万元：40%	年收入5万～20万元
	职业	专业人士：25%。企业办事人员：22%；公务员：24%	专业人士、企业办事人员、公务员
	文化程度	本科：66%。硕士及以上：23%	本科及以上学历
	网络娱乐偏好	社交聊天：56%。关注时事动态：33%。观看短视频：45%。观看直播：39%；	爱好社交聊天、关注时事动态、观看短视频、直播
水果购买信息	购买渠道	实体超市/水果店：32%。电商平台：41%	在实体店、电商平台买水果
	购买频率	1～2次/周：75%	每周购买水果1至2次
	购买关注因素	新鲜度：88%。品质：76%	关注新鲜度、品质
	消费金额	100～300元：70%	月均水果消费100～300元
	购买习惯	乐意尝试新品类水果：42%。购买家人推荐的水果：33%。看网上流行什么就买什么：30%	尝试新品，也受口碑和流行趋势影响
对水果品牌的认知	品牌期望	提供丰富多样的水果品种：69%。保证水果新鲜度与品质：90%。提供快速、专业的物流配送服务：80%	期望品牌提供丰富品种、保证新鲜度与品质、高效配送
	会员制度	积分兑换：52%。等级特权：45%。生日优惠：48%。邀请好友注册/购买奖励：15%。专享会员活动：35%	重视积分兑换、等级特权、生日优惠及专享会员活动

（3）提炼消费者画像。基于以上共性标签，深度剖析并整合关键信息，形成目标消费者画像，具体如下。

① 基本属性：年龄在25～44岁之间，以女性居多，居住在经济发达地区（北京、上海等一

线城市，成都、杭州等新一线城市），年收入相对较高（5万～20万元），购买力较强，职业好、文化程度普遍较高，热衷于爱好社交聊天、关注时事动态、观看短视频和直播。

② 水果购买：偏好在实体店、电商平台购买水果，每周购买1～2次，关注水果的新鲜度、品质、营养，月均水果消费100～300元，喜欢尝试新品和跟随口碑、流行趋势购买。

③ 品牌认知：期待品牌提供丰富品种、保证品质、能保证物流时效，提供良好售后服务，对积分兑换、等级特权、生日优惠、专享会员活动等会员权益感兴趣。

综上，目标消费者是一群生活在大城市、中高收入、受过良好教育的中青年人，他们对新鲜、品质高的水果有稳定需求，购物渠道主要是实体店和电商平台，既看重线下体验也善于利用电商平台。他们乐于在消费过程中尝试新品，并容易受到口碑和流行趋势影响。此外，他们期待品牌提供丰富品种、优质服务、快速配送，以及有吸引力的会员制度。

任务三 农产品选品与卖点挖掘

任务描述

根据前面的规划和定位，晴妹的农产品电商业务主打广西钦州高品质特色水果，但特色水果种类很多，不同季节成熟的水果也不同，因此小张需要进一步做好选品。此外，小张还应为主推的水果挖掘卖点，便于推广（见表2-13）。

表2-13　　　　　　　　　　任务单

任务名称	农产品选品与卖点挖掘	
任务背景	小张打算尽快布局产品线，提前为晴妹的农产品电商业务准备货源，以便后续开设网店后顺利发布产品	
任务类别	□ 组建团队　□ 定位市场　■ 选品与卖点挖掘　□ 开店与订单管理	
工作任务		
任务内容	任务说明	
任务演练1：制订选品方案	确定选品基本方向和具体的选品清单	
任务演练2：使用FAB法则挖掘产品卖点	先整理产品信息，再挖掘卖点	

任务总结：

知识准备

一、选品的基本方向和考虑因素

选品是非常重要的一项工作，因为不是所有农产品都适合在电商平台中销售。一般而言，消费者认知度高、需求量大、富有地域特色的农产品更适合在电商平台中销售，如山西陈醋、云南香格里拉松茸等。农产品商家也不能盲目地追逐电商平台上的热门农产品，应该根据自身的实际情况，选择适合自己的农产品进行销售。

（一）农产品选品的基本方向

农产品选品的第一个方向是产品聚焦，即主推某一种或某几种农产品，通过单品的大体量来分摊物流与包装成本，最大限度地降低损耗。但这对农产品的品质和营销策划的要求较高，必须是具有比较明显的卖点的农产品才有可能成为热门产品。此外，农产品属于周期性上市产品，在货源空档期，农产品商家还需提前安排替代农产品。

农产品选品的第二个方向是多元化布局。所谓多元化布局，就是选定一批不错的农产品上架。例如，主打某地特产，就上架当地所有特产，然后根据市场表现定期筛选、淘汰，并不断上架新品。这样选品品类丰富，但成本投入高。

（二）选品应考虑的因素

农产品电商选品是一个复杂的过程，需要综合考量多个因素以确保所选产品既能满足市场需求，又能在电商环境下实现有效运输、存储及销售。以下是农产品电商选品时应考虑的主要因素。

（1）市场需求。了解目标消费者的口味偏好、购买习惯，以及对绿色、地理标志产品等特定属性的关注程度；考虑不同地区消费者的饮食文化、季节性消费习惯，以及对本地或外来农产品的接受度；关注行业动态、新兴消费趋势（如素食、低糖饮食等），以及电商平台上的热销产品和消费者评价。

（2）产品特性。选择品质优良、口感上乘、符合食品安全标准的农产品。

（3）地域特色。选取具有地方特色的农产品，利用消费者对原产地的认知和信任，如地标性水果、特色蔬菜等；选择当地农业优势产业的产品，如知名产区的茶叶、特色水产、优质粮食等，以借助区域品牌效应进行推广。

（4）季节性。选择当季新鲜、产量充足的农产品，以满足消费者对时令农产品的需求，同时降低存储成本。

（5）物流适配性。选择耐储存、抗挤压、不易变质的农产品，以及适合长途运输的包装方式，减少物流过程中的损耗；考虑产品重量、体积与物流费用的关系，选择重量适中、体积小巧或可通过集中运输降低成本的产品。

（6）供应链管理。确保供应商能提供持续、稳定的货源，避免因断货影响销售和消费者的满意度；评估农产品是否需要预处理、分级、分拣、深加工等环节，以及相应的加工能力与质量控制体系；选择可追溯来源、具备相关认证（如绿色食品认证等）的农产品，增强消费者信任。

（7）价格与利润空间。价格是影响消费者购买决策的重要因素。在选品时，需要综合考虑农产品的成本、售价，以及利润空间，以确保价格具有竞争力且能够实现盈利。

二、卖点挖掘的角度和方法

所谓卖点，简单来说，就是所售农产品所具备的前所未有、与众不同的特色和特点。卖点可以告诉消费者购买农产品能得到的利益，是消费者认可、竞争对手无法提出或未曾提出的，在传播过程中易于理解和记忆，并且具有很大的吸引力的点。

（一）卖点挖掘的角度

农产品商家可以从农产品产地、种植方式、包装/物流等角度入手挖掘农产品卖点，让消费者产生对农产品的良好印象。

（1）产地

农产品的产地卖点是指那些能够吸引消费者购买的、与农产品产地相关的独特优势。它既可以是农产品的生长环境、气候条件、土壤质地等自然因素，也可以是丰富的地域文化。

① 自然因素。特定地区的自然条件赋予农产品独特的生长优势，如充足的阳光、适宜的温差、纯净的水质等，这使得农产品拥有出色的品质。如新疆的瓜果、西双版纳的香蕉、山东的大枣等，都是凭借得天独厚的地理环境孕育出的知名农产品。在挖掘自然因素方面的产地卖点时，要从环境的具体特征入手，最好以数字的形式说明光照、温度、土壤条件等影响农产品品质的因素（见图2-13）。

② 地域文化。产地往往承载着深厚的历史文化与人文风情。在挖掘这方面卖点时，可以结合地方文化或传统节日，讲述农产品背后的故事，从而提升农产品的附加价值。例如，将农产品与当地历史悠久的种植或制作传统相联系，讲述其如何从古至今延续下来，以及在这个过程中所积累的独特技艺和工艺；将农产品与当地的习俗、民间故事或传说相结合，如某种农产品在地方传说中具有特殊意义，或者与某个重要的历史事件有关（见图2-14）。

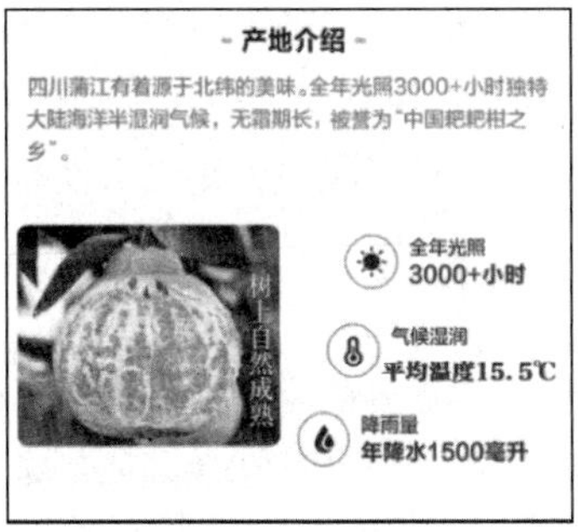

图 2-13 环境卖点

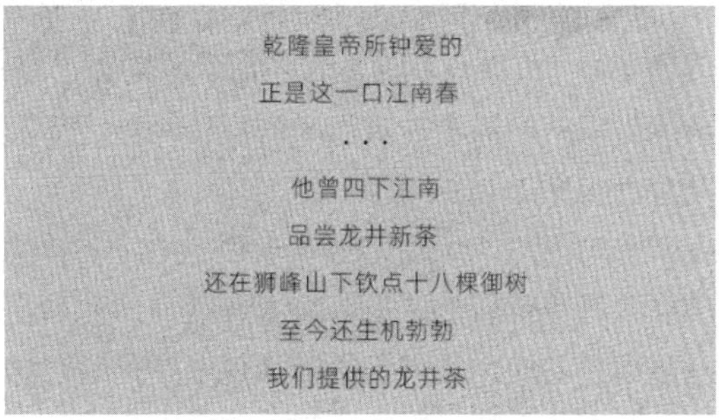

图 2-14 农产品蕴含的地域文化

（2）种植方式

种植方式对农产品的品质有很大影响，一般来说，在挖掘种植方式卖点时可以强调产品遵循严格的农业生产标准，不使用化学合成农药、肥料，如图2-15所示。或者强调农产品种植所运用的现代农业科技，如智能灌溉、精准施肥、遥感监测等，进而实现高效、标准化的种植，从而确保农产品统一的高品质。

（3）包装/物流

包装/物流也是消费者购买农产品时关注的重点。如果农产品采用特色包装，如锁鲜包装、环保包装、防震防压包装、礼盒包装等，都可以作为卖点。可以在营销推广中强调这种包装的特殊作用，包括保证新鲜度（见图 2-16）、避免污染、确保农产品在运输途中不受损、使农产品看起来更加精美等。

图 2-15 种植方式

图 2-16 包装

而从物流的角度挖掘农产品卖点，可以突出其在运输（如与顺丰快递合作）、储存（如运输过程采用冷链存储）、配送（如次日达、小时达等）等方面的独特优势，表明农产品可以新鲜、完好且快速地送达消费者手中。

（4）口感

口感是消费者在购买农产品时会特别关注的因素。因此，以独特的口感为卖点能很好地吸引消费者的注意力，如坚果类农产品可能具有酥脆的口感，水果具有细腻、爽口、鲜嫩的口感（见图 2-17）。对于一些经过发酵或特殊处理的农产品，如料酒、醋、茶叶等，可以强调其醇香的味道和浓郁的口感。

（5）外观

消费者在网购农产品时，并不能实际品尝农产品的口感，因此往往会通过农产品的外观来判断农产品的品质，所以外观也是影响消费者购买决策的重要因素。在以外观为切入点挖掘卖点时，农产品商家可以从侧面表现农产品的优良品质，如葡萄个大饱满、色泽黑亮，则说明该葡萄生长时营养充分，如图 2-18 所示。

（6）营养价值

农产品的营养价值是其重要的卖点之一，尤其在健康意识日益提升的今天。消费者对食品的营养成分越来越关注。从营养价值的角度挖掘农产品卖点，可以强调农产品富含多种营养成分，如蛋白质、碳水化合物、脂肪、维生素和矿物质等，如图 2-19 所示。

图 2-17 口感

图 2-18 外观

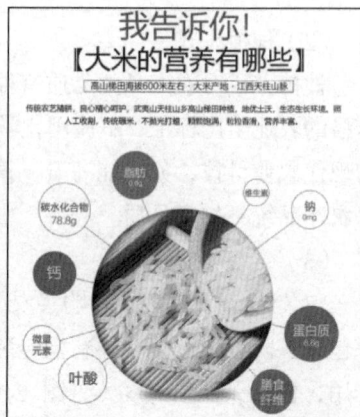

图 2-19 营养价值

（二）卖点挖掘的方法

挖掘卖点常用的方法是 FAB 法则。FAB 法则是一种广泛应用于市场营销和销售沟通中的策略性技巧，用于有效地阐述和推广产品或服务的价值。FAB 法则通过揭示产品或服务的特定属性（Feature）、这些属性如何转化为实际优势（Advantage），以及这些优势最终带给消费者的具体益处（Benefit），来构建一条清晰、有说服力的信息传递路径。

FAB 法则中，F，A，B 分别代表的含义如下。

（1）F。农产品本身的固有属性、特征或特性，包括农产品的种类、品种、产地、生长环境、种植方式、收获季节、外形特征、颜色、大小、重量、口感、质地、营养成分、保质期、包装规格等具体描述。这些属性既是农产品区别于其他同类农产品的基本特征，也是消费者在选择时直观考量的因素。

（2）A。基于其属性，进一步阐述这些属性如何转化为农产品在市场竞争中的优势，包括农产品在品质、口感、营养价值、安全性、环保性、稀有性、品牌力、认证等级等方面优于同类农产品的方面。

（3）B。消费者购买和使用该农产品能获得的实际利益或好处，包括满足消费者对健康、美味、便利、环保、身份象征、情感寄托等需求，以解决他们在饮食、礼品赠送等方面的痛点，提升生活品质等。

一般来说，从农产品的属性来挖掘卖点是较为常用的方法。每个农产品都有其固有的 F，每个 F 都可以对应一个 A 和一个 B。需要注意的是，消费者关注的重点往往是农产品的优势和直接益处。表 2-14 所示为使用 FAB 法则提炼的苹果卖点。

表 2-14　　　　　　　　　　　　　　提炼的苹果卖点

序号	F（产品属性）	A（产品优势）	B（消费者利益）
1	生态种植	绿色无污染	安全、健康
2	果肉细腻、多汁	口感好	带来味觉上的绝妙享受
3	采用顺丰空运	物流时效强	收到时依然新鲜

任务实施

任务演练 1：制订选品方案

【任务目标】

为晴妹制订具体的选品方案，以便早日备好货源，为后续的农产品电商运营奠定基础。

【任务要求】

本次任务的具体要求如表 2-15 所示。

表 2-15　　　　　　　　　　　　　　任务要求

任务编号	任务名称	任务指导
（1）	确定选品基本方向	从产品聚焦和多元化布局中选择
（2）	确定具体的选品清单	综合考察各种选品因素，包括水果特色、上市时间、供应链、价格等因素

【操作过程】

（1）确定选品基本方向。农产品选品的两大方向是产品聚焦和多元化布局。晴妹已经确定主打广西钦州高品质水果，而作为新手商家，需要节约选品成本和运营精力，因此应该将主推某几种水果作为自己的选品方向。

（2）确定具体的选品清单。小张与晴妹梳理了不同季节钦州及其周边地区的特色水果品种，实地考察了水果种植基地，并进行样品试吃；综合评估不同水果在运输过程中的耐压、抗损、保鲜性能；与相关优质农户、合作社、供应商进行接洽，商谈长期合作；并考察了不同水果的收购价、市场价等。根据以上研究结果，筛选符合市场需求、具有地域特色、符合季节规律、物流适配性好、供应链稳定、价格合理且利润空间可观的水果品种，编制详细的选品清单，如表 2-16 所示。

表 2-16　　　　　　　　　　选品清单

序号	水果	上市时间	选品理由
1	钦州香蕉	全年供应	独特产地优势，高品质，满足消费者对绿色、健康的需求；稳定供应，降低库存风险；耐储存、易运输，物流成本低，在保证利润的同时提供竞争力价格
2	武鸣沃柑	1—4 月	具有高糖低酸、口感纯正、果肉细嫩化渣、汁多味甜等优点，深受消费者喜爱，具有较高的市场接受度和口碑；当地沃柑产业已形成一定规模，产业链较为成熟，货源稳定、供应能力强，采购成本低
3	平南大青枣	2 月	早春上市，口感清脆甘甜，营养丰富；耐储存、运输损耗小，物流成本可控
4	横县桑椹	3 月	口感好，季节性强，定价高于常规水果，可迎合消费者对高品质水果的需求；短期集中供应，快进快出策略保持良好周转，实现利润最大化
5	田林三月李	3 月	早熟李子作为时令尝鲜产品，上市初期消费者的购买意愿较强，有助于提升销售额；虽不算耐压，但结合科学包装，可以降低物流过程中的损耗
6	上龙西瓜	4 月	早季西瓜有助于抢占市场先机；西瓜耐储存、运输成本较低，适合大规模销售
7	百香果	4—5 月、6—9 月	特色产品，具有独特香气等；在夏季饮品制作中应用广泛，有利于推动农产品复购，保障长期利润；虽较易受损，但通过优化包装和选择可靠的冷链物流，可有效控制运输损耗
8	田东芒果	6—8 月	广西芒果产业规模大，通过规模化采购可以降低成本，保持价格竞争力；芒果耐储存、易运输，物流成本较低
9	灵山妃子笑荔枝	6—8 月	灵山地区被誉为"中国荔枝之乡"，产地知名度高；优质荔枝品种，有较好的口感，可采取较高定价策略，以满足消费者对高品质水果的需求
10	灵龙龙眼	7—9 月	口感清甜、营养丰富；可以结合龙眼的滋补功效，推出礼品装等高附加值农产品，提升利润
11	火龙果	7—11 月	长季供应，可以作为品牌稳定产品线；通过规模化采购降低成本，保持价格竞争力
12	罗城金玉柚	9 月	秋季柚子口感酸甜适中、营养丰富，可以作为中秋、国庆礼品水果推广，满足消费者节日送礼需求
13	砂糖桔	12 月	口感甜美，适合作为年货礼品或冬季家庭常备水果推广；耐储存、易运输，物流成本较低
14	甘蔗	11 月至次年 3 月	钦州等地甘蔗种植历史悠久，地域特色鲜明，可以突出品牌的地方特色；主要在秋冬季节收获，供应期较长，可以填补这一时期的水果供应空缺

任务演练 2：使用 FAB 法则挖掘产品卖点

【任务目标】

整理主推产品——钦州香蕉的产品信息，并使用 FAB 法则为其挖掘卖点。

【任务要求】

本次任务的具体要求如表 2-17 所示。

表 2-17　　　　　　　　　　　　　　　　任务要求

任务编号	任务名称	任务指导
（1）	整理产品信息	涉及产地、种植方式、口感、外观等方面的信息
（2）	挖掘产品卖点	确定卖点挖掘角度，然后使用 FAB 法则对其进行挖掘，每个 F 对应一个 A、B

【操作过程】

（1）整理产品信息。小张从供应商处获取了香蕉的样品和相关资料，整理了香蕉信息，如表 2-18 所示。

表 2-18　　　　　　　　　　　　　　　香蕉信息

项目	内容
产地	产自被誉为"中国香蕉之乡"的广西钦州，全年气温较高，热量充足，无霜期长，有利于香蕉这类热带水果的生长发育；广西钦州光照时间长，降雨充沛，为香蕉的光合作用和水分需求提供理想的环境条件
种植方式	绿色、生态、无公害的种植模式，采用有机肥（如堆肥、腐熟农家肥等）、生物防治（如释放天敌昆虫等）以及物理防治（如悬挂粘虫板等）
口感	肉质软滑，味浓芳香，口感甜糯
外观	香蕉皮呈金黄色，蕉体长大饱满且皮薄

（2）使用 FAB 法则挖掘卖点。根据香蕉的产品信息来看，其卖点可以从产地、种植方式、口感 3 个方面进行挖掘，具体如表 2-19 所示。

表 2-19　　　　　　　　　　　　　　提炼的香蕉卖点

序号	F（产品属性）	A（产品优势）	B（消费者利益）
1	产自广西钦州	长势好，糖分和营养成分积累充分	自然成熟，品质卓越
2	绿色、生态、无公害种植	降低了农药残留风险	无须担心食品安全问题
3	肉质软滑，味浓芳香，口感甜糯	不仅可以直接食用，还能作为烹饪食材	享受美食，探索制作美食的快乐

任务四　农产品开店与订单管理

任务描述

做好货源方面的准备后，老李认为时机已经成熟，便安排小张按照之前的规划在淘宝上为晴妹开设网店，并发布主推农产品香蕉。很快，网店便产生了第一笔订单，小张带着晴妹进行订单管理（见表 2-20）。

表 2-20 任务单

任务名称	农产品开店与订单管理	
任务背景	在开设网店后，第一笔订单的消费者在下单后反映收货地址填写错误，需要修改订单信息，按新地址发货	
任务类别	☐ 组建团队　☐ 定位市场　☐ 选品与卖点挖掘　■ 开店与订单管理	
工作任务		
任务内容	任务说明	
任务演练1：开设淘宝网店	店铺类型：个人网店	
任务演练2：在网店中发布香蕉产品	按照发布农产品的流程发布香蕉产品	
任务演练3：订单修改与发货	在千牛卖家中心的订单管理中进行操作	

任务总结：

知识准备

一、开设网店的流程

对于打算从事农产品电商的商家而言，在主流电商平台开设网店可以帮助其获得更多与广大消费者接触的机会，从而获取更多流量。各大电商平台的开店流程大体类似，主要涉及以下步骤。

（1）确定开店类型。根据自身情况选择开设个人店铺或企业店铺。个人店铺即以个人身份证件开店，适合小型农产品商家；企业店铺适合有一定经营实力、期望能带给消费者更多信任感的农产品商家。

（2）注册账号与实名认证。注册账号需要填写手机号码，设置登录密码；然后按照电商平台提示完成实名身份认证，通常需要上传身份证照片、填写个人信息，并通过人脸识别。

（3）提交开店申请与资质审核。在电商平台内找到开店入口，按照提示填写店铺名称、主营类目、简介等基本信息。商家需确保信息真实、准确且符合平台规则。

（4）提交资质材料。对于农产品网店，如果需要上传相关经营资质，如营业执照、食品经营许可证、农产品检测报告等，平台会对提交的开店申请和资质材料进行审核，审核通过后，方可开通网店。

（5）缴纳保证金。不同平台、不同类目的农产品网店可能需要缴纳金额不同的保证金。商家根据提示使用电商平台支持的支付方式缴纳保证金即可。

（6）装修店铺。使用电商平台提供的店铺装修工具，设计店铺首页、详情页模板，上传店铺招牌、背景图等，打造个性化店铺形象。

完成以上步骤后，农产品网店即正式开通。后续还需要发布农产品、持续优化产品、开通在线客服、执行有效的运营策略，以吸引和留住消费者，实现销售增长。

二、发布农产品的流程

发布农产品的流程会因电商平台的不同而有所差异，但总体上可以按照以下流程进行。

（1）选择产品类目。在产品发布页面，按照平台分类体系，选择与农产品相符的类目。

（2）填写产品信息。包括标题、不同规格（重量、尺寸、口味等）的价格、库存数量。部分农产品还需要填写保质期、生产日期、批次号、生产许可证编号等信息。

（3）详情描述。上传已准备好的产品图片，撰写详细的产品描述文字，插入图片、视频等多媒体元素，从而提升农产品展示效果。

（4）设置物流信息。选择或设置合适的运费模板，明确配送范围、运费计算方式等。

（5）提交审核。仔细浏览产品详情，确保信息完整、准确。确认无误后，提交产品信息至平台进行审核。审核通过后，再将农产品在网店中正式上架。

三、订单管理的内容

农产品网店订单管理涉及从订单生成到订单完成的整个流程中的各项事务，旨在确保订单处理高效、准确，提升客户满意度和网店运营效率。具体内容包括以下 5 个方面。

（1）订单确认

系统接收到新订单后，农产品商家应对订单进行审核，确保订单包含完整且准确的信息，如收货人姓名、地址、电话、产品详情（名称、规格、数量）、价格、运费、支付方式等。

然后，检查订单中的产品是否有足够的库存，如果库存充足，则确认订单；若库存不足，及时通知消费者并协商解决方案（如等待补货、更换相近产品、取消订单等）。

（2）订单修改

消费者在未付款或未发货前，可能因各种原因（如地址填写错误、产品选择有误等）需要修改订单。通常，消费者可以通过网店提供的在线客服、自助订单修改功能或直接联系客服提出修改请求。农产品商家在接到修改申请后，根据具体情况评估是否接受修改。如同意修改，需在系统中调整订单信息（如更改收货地址、更换产品等），并重新进行库存校验、价格计算等工作。完成修改后，应及时通知消费者确认修改后的订单详情。

（3）订单发货

根据订单信息生成并打印发货单、快递单等物流单据，确保单据上的产品信息、收货信息、订单编号等与订单一致。然后按照发货单在仓库中拣选对应产品，进行必要的质检，以确保产品品质合格。然后进行专业打包，以确保产品在运输过程中不受损。

选择合适的物流公司，预约取件，将打包好的产品交付给快递员，并将快递单号录入系统。同时，自动或手动向消费者发送发货通知，告知物流单号，方便消费者追踪。

（4）订单跟踪

发货后实时获取并更新订单的物流状态（如已揽收、在途中、派送中、已签收等），根据该状态判断物流是否存在异常。若存在物流异常（如长时间无更新、包裹丢失、破损等），则农产品商家需及时与物流公司沟通协调，查明原因、解决问题，并主动向消费者通报进展。

（5）订单退款

消费者可能因产品问题、配送延误、购买错误等原因申请退款。农产品商家收到退款申请后，核实订单状态、产品状况、退款理由等信息，根据网店退款政策决定是否批准退款。若批准退款，应在系统中操作退款，并将款项原路退回（退至消费者支付账户）或协商其他退款方式。退款进度需在系统中更新并通知消费者。如涉及退货，农产品商家需提供退货地址，指导消费者寄回产品。收到退回产品后，进行验收，确认无误后完成退款流程。

任务实施

任务演练 1：开设淘宝网店

【任务目标】

在淘宝网中为晴妹开设个人网店。

【任务要求】

本次任务要求按照选择开店类型、支付宝认证、实人扫脸的流程开设淘宝网店。

【操作过程】

（1）选择开店类型。登录淘宝网后，在首页单击"免费开店"超链接，在打开页面中单击"0元开店"按钮。在打开的页面中选择网店类型，这里选择"个人"选项，在"店铺名称"文本框中输入"晴妹水果店"，单击选中"已阅读并同意……"复选框，然后单击"提交"按钮。

（2）支付宝认证。打开"支付宝认证"页面，如图 2-20 所示，在手机上打开支付宝 App，在首页点击"扫一扫"按钮，扫描"支付宝认证"页面中的二维码，在手机上填写经营者身份信息，并按提示进行刷脸认证。

图 2-20　支付宝认证

（3）实人扫脸。打开"实人扫脸"页面，如图 2-21 所示，在手机上打开淘宝 App，在首页左上角点击"扫一扫"按钮，扫描"实人扫脸"页面中的二维码，然后在手机上按照提示完成人脸识别验证。人脸识别认证通过后，计算机上的页面中将显示"开店成功"。

图 2-21 实人扫脸

任务演练 2：在网店中发布香蕉产品

微课视频

在网店中发布香蕉产品

【任务目标】

在刚开设的网店中发布香蕉产品，以便后续销售香蕉产品。

【任务要求】

本次任务要求按照上传产品图片、设置产品信息、完善信息、设置规格和价格、设置物流、设置详情描述的流程发布香蕉产品。

【操作过程】

（1）上传产品图片。打开千牛卖家中心，在左侧选择"商品"选项，在"商品管理"栏中选择"发布宝贝"选项。打开"商品发布"页面，单击"本地上传"按钮，在打开的"打开"对话框中选择需要上传的图片（配套资源：\素材\项目二\香蕉 1～2.png），单击"打开"按钮，返回"商品发布"页面，单击"确认，下一步"按钮，如图 2-22 所示。

（2）设置产品信息。上传产品图片后，系统自动识别产品所属类目，在"商品属性"栏中的"包装方式"下拉列表框中选择"食用农产品"选项，然后设置产地、省份、城市，在"商品名称"文本框中输入产品标题，单击"确认，下一步"按钮，如图 2-23 所示。

图 2-22 以图发品

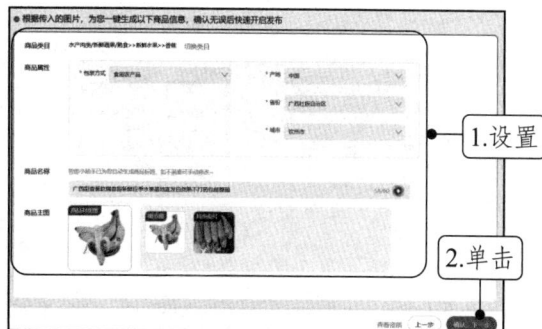

图 2-23 设置产品信息

（3）完善信息。在打开页面中的"类目属性"栏设置"水果种类""重量"，如图 2-24 所示。

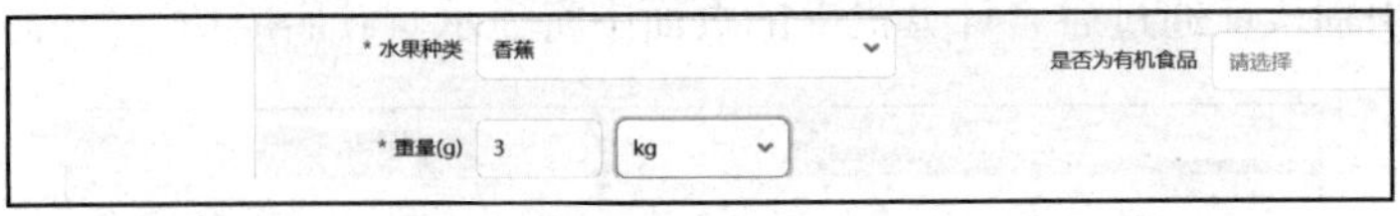

图 2-24　设置属性

（4）设置规格和价格、库存。在"销售信息"板块的"净含量"栏中单击"规格"文本框，在打开列表的数值框中输入"3"，在其右侧的下拉列表框中选择"kg"选项，添加"3kg"装的产品规格。单击"新增规格项"按钮，按照相同方法添加"5kg"装的产品规格。分别为每种产品规格设置价格和数量，一口价和总数量将自动填充，效果如图 2-25 所示。

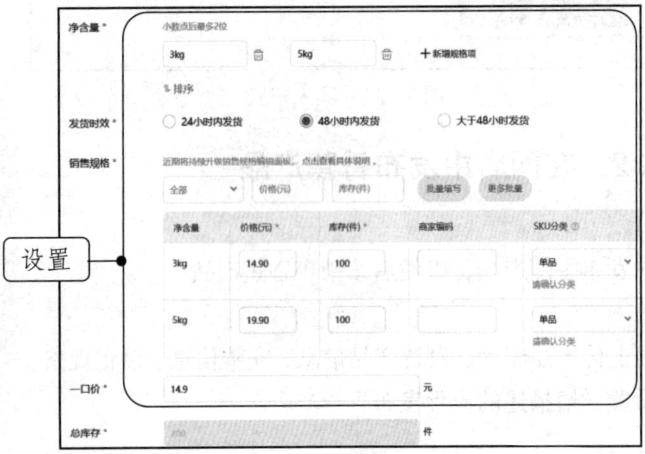

图 2-25　设置规格和价格、库存

（5）设置物流。在"物流服务"板块中的"提取方式"栏中，单击选中"使用物流配送"复选框，单击"新建"按钮。打开"运费模板设置"页面，单击"新增运费模板"按钮。在打开的"新增运费模板"页面中设置模板名称、发货地、发货时间、是否包邮和运送方式等后，单击"保存并返回"按钮，如图 2-26 所示。

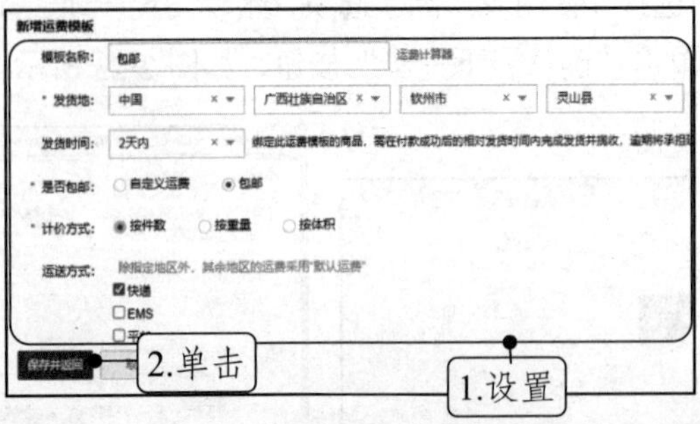

图 2-26　新建运费模板

（6）选择新增物流模块。返回"商品发布"页面，在"物流信息"栏中单击"刷新"按钮，然后在"运费模板"下拉列表框选择新增的物流模板选项。

（7）设置详情描述。在"详情描述"栏中选择系统自动生成的详情描述，单击"删除"按钮将其删除。单击"图片"按钮，打开图片空间，单击"上传图片"按钮，在打开的界面中单击"上传"按钮，在打开的"打开"对话框中选择详情图片（配套资源：\素材\项目二\香蕉 3.png），单击"打开"按钮即可上传图片，预览详情页效果；单击"提交宝贝信息"按钮发布产品，如图 2-27 所示。产品发布成功，即可正常交易。

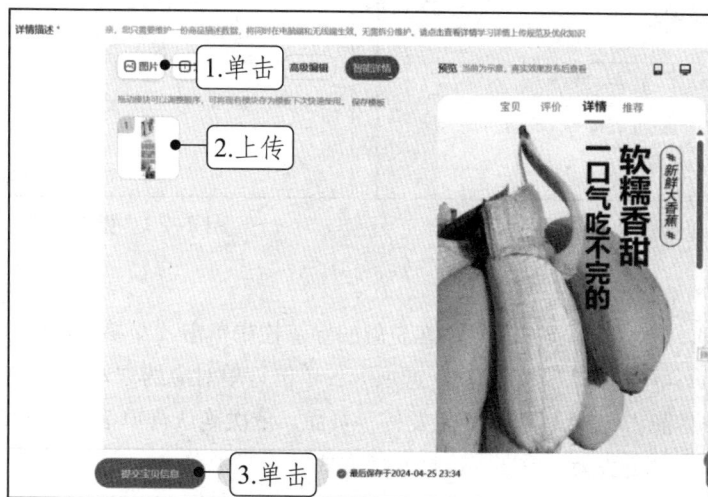

图 2-27　上传详情图片并发布产品

任务演练 3：订单修改与发货

【任务目标】

为第一笔订单（尚未发货）修改地址，并发货。

【任务要求】

本次任务的具体要求如表 2-21 所示。

表 2-21　　　　　　　　　　　　　　　任务要求

任务编号	任务名称	任务指导
（1）	修改订单地址	从"等待发货"的订单中找到需要修改的订单
（2）	订单发货	发货方式选择官方寄件

【操作过程】

1. 修改订单地址

（1）找到订单。进入千牛卖家中心，在左侧的导航栏中单击"交易"选项卡，在默认打开的"已卖出的宝贝"页面中单击"等待发货"选项卡，单击需要修改地址的订单所对应的"详情"超链接。

（2）修改地址。打开交易详情页面，单击"修改收货地址"按钮，如图 2-28 所示。打开"修改收货地址"对话框，在"智能粘贴地址"文本框中粘贴消费者发送的新地址。单击"一键识别"按钮，后台将自动填充"手动修改"栏中的地址，如图 2-29 所示，在"手动修改"栏中输入收货人姓名、电话，单击"确认修改"按钮，完成收货地址的修改。

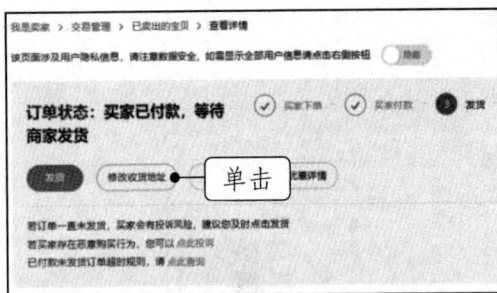

图 2-28　单击"修改收货地址"按钮

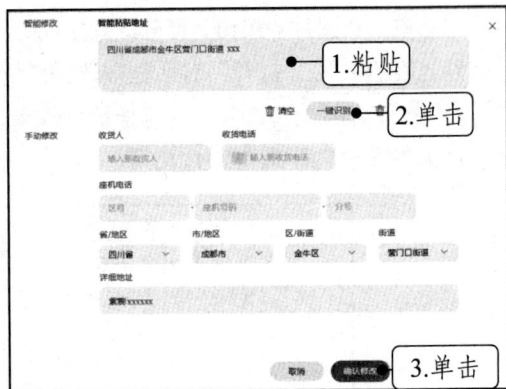

图 2-29　智能粘贴地址

2. 订单发货

（1）准备发货。进入千牛卖家中心，在左侧的导航栏中单击"交易"选项卡，在默认打开的"已卖出的宝贝"页面中单击"等待发货"选项卡，单击订单对应的"发货"按钮。

（2）确认订单信息。打开"发货/开始发货"页面，依次确认订单信息、发货/退货信息。

（3）选择发货方式并发货。在"3.选择发货方式"一栏中单击"官方寄件"选项卡，查看寄件费用。单击"确认并发货"按钮，完成发货，如图 2-30 所示。之后快递员会上门揽货。

图 2-30　选择发货方式并发货

综合实训

实训一　为牛肉品牌分析市场与消费者

实训目的：通过为某牛肉品牌分析市场与消费者，提升对农产品电商市场环境、消费者行为等知识的理解与应用能力。

实训要求：现有安徽省一家名为"绿野牧场"的原切牛肉品牌，该品牌拥有大型肉牛饲养场，主打原生态、高品质牛肉。此前，该品牌一直在线下经营，现准备进入电商平台。请对其所处的市场环境进行 PEST 分析，并构建消费者画像。

实训思路：本次实训的具体操作思路可参考图 2-31。

使用PEST法分析市场环境

政治环境：分析政策扶持（如农业补贴、食品安全法规）对品牌的影响

经济环境：探讨宏观经济状况（如消费者收入水平、消费信心）、市场状况（如原切牛肉市场规模、消费趋势）对品牌业务的影响

社会环境：研究消费者对健康饮食、食品安全、环保理念的关注度对原切牛肉需求的影响

技术环境：分析电商平台技术、冷链物流技术、食品追溯技术等对品牌运营效率、产品质量保障的作用

为牛肉品牌分析市场与消费者

方法：通过问卷调研、深度访谈、大数据分析等方法，了解目标消费者的购买动机、决策过程、信息获取途径等，提炼消费者画像

消费者画像应包括以下内容：基本属性、行为数据、兴趣爱好、价值观、购买习惯

构建消费者画像

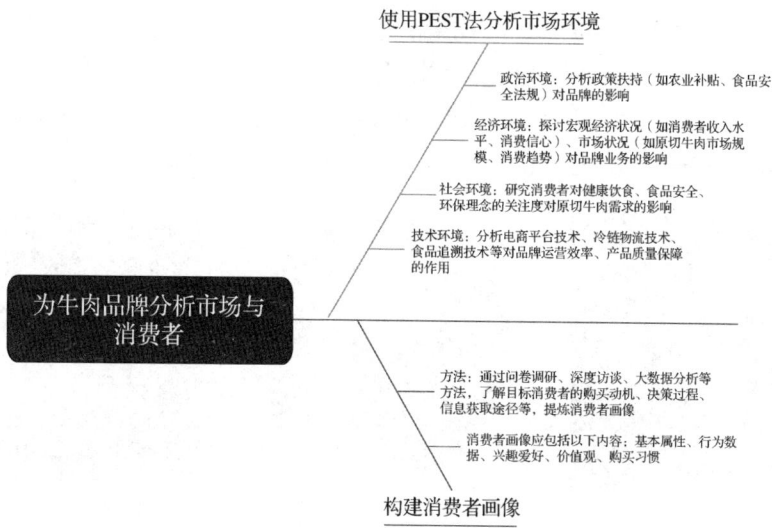

图 2-31 实训思路

实训结果：本次实训完成后的结果如下。

（1）PEST 分析报告内容如下。

① 政治环境。《安徽省人民政府办公厅关于实施"秸秆变肉"暨肉牛振兴计划的意见》提出的品牌培育行动，为该品牌提供了契机；政策鼓励的"互联网+"和直播带货等新型销售模式为该品牌拓宽市场和提高销售额创造了条件；加强的冷链物流基础设施建设将提高该品牌的产品运输效率。

② 经济环境。随着居民收入水平提高和对健康饮食的重视，高品质原切牛肉的市场需求增长，为品牌提供了广阔的市场。然而，竞争加剧可能导致价格战，品牌需寻找差异化竞争优势。

③ 社会环境。消费者对绿色食品的需求日益增长，品牌可借此机会宣传其原生态养殖的优势，吸引注重健康的消费者。

④ 技术环境。冷链物流技术的进步保障了牛肉的新鲜度和品质，有助于提高消费者满意度；食品追溯技术的应用提升了品牌透明度，有助于提升消费者对产品安全的信任度。

（2）消费者画像应包括以下内容。

① 基本属性。年龄主要集中在 25～44 岁，男女比例为 6：4，主要分布在一线城市、新一线城市，年收入在 10 万～20 万元，消费能力强。

② 生活方式和价值观。重视饮食健康，关注食物来源、营养成分和加工方式；在选购高端牛肉时还会考虑品牌的环保责任和可持续农业实践，如采用环保包装、支持动物保护等。

③ 兴趣爱好。享受在家制作高级料理的过程，追求牛排的原汁原味和最佳口感。

④ 购买偏好。倾向于信赖并持续购买特定的高端牛肉品牌，看重品牌的声誉、历史、养殖标准，以及食品安全保证。

实训二 为牛肉品牌选品与挖掘卖点

实训目的：通过为牛肉品牌绿野牧场进行选品及提炼卖点，提升其对选品、挖掘卖点等知识的理解与实践能力。

实训要求：绿野牧场线下拥有多个系列产品，包括原切部位牛排系列，如西冷牛排（见图 2-32）、肉眼牛排、T 骨牛排等；原切部位牛肉块/片系列，如牛腱子（见图 2-33）、牛腩、肥牛片等；预制料理系列，如黑椒牛排（见图 2-34）、烟熏牛肉片、牛肉丸等。请结合品牌实际情况，考虑各种因素，为绿野牧场筛选一款线上主推产品，并使用 FAB 法则挖掘该产品的卖点。

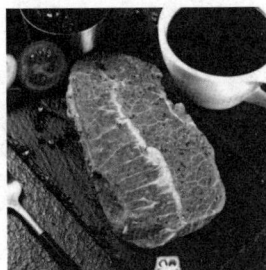

图 2-32　西冷牛排　　　　图 2-33　牛腱子　　　　图 2-34　黑椒牛排

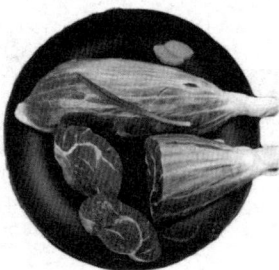

实训思路：本次实训的具体操作思路可参考图 2-35。

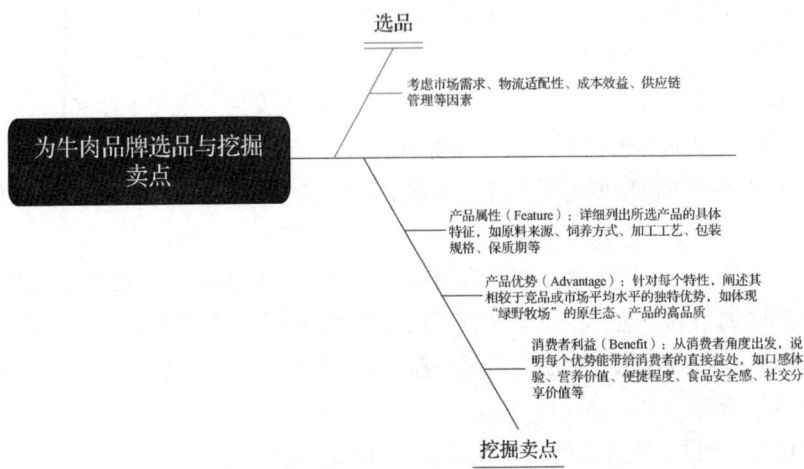

图 2-35　实训思路

实训结果：本次实训完成后的结果如下。

（1）选品结果。优选西冷牛排，综合考虑以下选品因素。

① 市场需求。消费者倾向于选择方便烹饪、适合家庭聚餐或送礼的高端牛肉产品。西冷牛排作为牛排中的经典部位，不仅适用于煎烤，且形状规整，易于切割分份，符合家庭分享及礼品赠送等场景。

② 物流适配性。牛肉虽不耐保存，但选用真空密封、气调保鲜包装，可以确保产品在冷冻状态下保持良好品质，能适应长途运输。

③ 成本效益。虽物流成本高，但西冷牛排属于高端产品，可通过较高的定价来确保利润空间。

④ 供应链管理。品牌自有农场，货源稳定。

（2）表 2-22 所示为使用 FAB 法则提炼的西冷牛排卖点。

表 2-22　　　　　　　　　使用 FAB 法则提炼的西冷牛排卖点

序号	F（产品属性）	A（产品优势）	B（消费者利益）
1	采用原切技术，无拼接、无添加	完整保留牛肉的天然纹理与结构	规整的外观带来高级感，用于宴请宾客或作为礼品赠送十分体面
2	选取牛背部外脊部位	肉质紧实且带有嫩筋	口感非常好
3	原生态养殖	牛肉安全、健康	符合消费者对绿色食材的追求
4	真空密封包装与气调保鲜技术	有效防止氧化、保持水分	使牛排在解冻后依然能保持鲜嫩的口感

巩固提高

1. 列举并解释农产品电商运营团队中主要角色的职责。

2. 农产品电商运营团队的管理涉及哪些方面？

3. 什么是 PEST 法？如何运用？

4. 市场调研的方法包括哪些？

5. 设计调研问卷时要注意哪些要点？

6. 消费者对农产品的需求有哪些层面？

7. 农产品选品需要考虑哪些因素？

8. 农产品网店订单管理涉及哪些内容？

9. 某款草莓严格按照国际现代化农业标准种植，已获得权威机构的认证；人工采摘，确保每一颗果实饱满、色泽鲜艳；采用产地直供模式，从田间到消费者手中，全程冷链运输。使用 FAB 法则挖掘草莓的卖点。

10. 在淘宝网中开设一个个人网店，并发布一款丑橘。该丑橘源自四川核心产区，自然光照充足、品质好，每一颗都是精心挑选，果肉甘甜多汁，富含维生素 C，老少皆宜，是追求健康饮食的优选水果。5 斤/箱，99 元/箱，默认韵达快递包邮（配套资源：\素材\项目二\丑橘 1～3.png）。

制作农产品营销内容

学习目标

【知识目标】

1. 明确图片素材的来源，掌握营销图片的设计要点。

2. 掌握营销文案标题和正文的写作方法。

3. 熟悉视频素材的来源和 AI 生成视频的方式，掌握使用 AI 生成视频的方法。

【技能目标】

1. 能够根据营销需要，搜集图片素材，并使用图片设计工具设计营销图片。

2. 能够根据营销推广对象的具体情况，选择合适的文案标题类型和正文写作方法，写出有吸引力的文案，实现预期的营销目的。

3. 能够搜集合适的视频素材，并通过 AI 一键成片功能生成视频。

【素养目标】

1. 在写作文案时，严格遵照相关法律要求，不做虚假宣传、不输出有违社会公序良俗的内容。

2. 不断学习和应用新兴技术，提高自身运用 AI 解决实际问题的能力。

项目导读

在当今数字化时代，农产品营销已不再局限于传统的市场摊位和门店销售。随着互联网的普及，越来越多的农产品商家正将目光转向线上营销渠道，以拓展消费群体并提升销量。然而，要在众多竞争者中脱颖而出，仅拥有优质的农产品是不够的——精心制作的营销内容同样至关重要。晴妹开设网店已有一周，但流量和销量都一般，老李分析后认为需要大力开展营销工作，以吸引更多消费者关注，从而提升网店销量。正好晴妹的果园正大量出产荔枝，老李便决定带着小张为荔枝进行营销。该荔枝产自广西钦州灵山（当地气候温和，阳光、雨水充沛），品种为妃子笑，果皮薄、果肉鲜嫩多汁、香味浓郁、199 元/3 斤；采用科学种植方法，成长期一枝只留 18～20 个果子；采摘后需立即采用冷链运送。

任务一　认识农产品营销

任务描述

　　老李告诉小张，要开展农产品营销，首先要明确营销的大方向，否则容易出现投入大量人力物力，却收效甚微的情况。因此，小张仔细研究了农产品营销的相关理论知识，结合晴妹的实际情况，认为当务之急有 3 个：一是帮助晴妹的农产品网店打造品牌，二是选择几个合适的营销平台并明确具体的平台营销策略，三是搜集营销素材（见表 3-1）。

表 3-1　　　　　　　　　　　　　　　　　任务单

任务名称	制订农产品营销策略	
任务背景	晴妹的农产品电商要走品牌化运营道路，需要打造个性化品牌；农产品营销需要借助一定的渠道才能开展，而目前营销渠道很多，故而需要加以选择	
任务类别	■ 制订营销策略　　□ 制作营销图片　　□ 写作营销文案　　□ 制作营销视频	
工作任务		
任务内容	任务说明	
任务演练 1：确定品牌打造策略	确定品牌定位，设计品牌名称和标志	
任务演练 2：选择营销平台并制订平台营销策略	① 根据目标消费者的使用习惯选择营销平台 ② 根据各类营销平台的特点，从宏观上确定平台营销策略	
任务演练 3：搜集营销素材	根据营销策略，搜集营销需要的图片、视频等素材	

任务总结：

知识准备

一、农产品营销的策略

　　农产品营销是指农产品生产者与经营者在农产品流通的过程中，进行的一系列系统策划和市场推广行为。随着越来越多商家进入农产品市场，农产品市场的竞争越发激烈。因此，农产品商家要想在竞争中脱颖而出，就需要采用一定的营销策略。

（一）品牌策略

　　品牌能够帮助消费者识别农产品，让消费者在看到品牌时，就联想到该品牌旗下的农产品的质量、价格、售后等，并对农产品营销起到促进作用。农产品商家在打造品牌时要注意以下关键要点。

（1）品牌定位。良好的品牌定位有助于打造差异化的竞争优势，农产品商家可以从农产品自身的特性（如种源、生产技术、生产过程等）、农产品产地、目标消费者特征（如性别、喜好、年龄、所在地区等）等角度来对品牌进行定位。例如，某商家生产的蔬果采用有机肥，未使用农药化肥等，就可以从农产品自身特性的角度将品牌定位为绿色健康蔬果品牌；又如，阳山水蜜桃品牌利用水蜜桃的原产地阳山镇来对品牌进行定位。

（2）设计品牌名称与标志。农产品商家应该为品牌设计易于识别和记忆的名称和标志，并确保品牌名称和标志能够反映农产品的特性和品牌价值。

① 品牌名称。品牌名称的字数建议在 3 个字以上、6 个字以下，最好长短适中、易读易记；构思巧妙，内涵丰富；简洁明了，富有寓意。品牌名称具体可以考虑从农产品的产地、卖点、生产者等角度进行设计，如表 3-2 所示。

表 3-2 品牌命名方式

命名方式	品牌名称示例
以产地命名	沽河牌蔬菜、顺科牌鸡蛋、原阳大米、莱阳梨、王屋山猕猴桃、山西老陈醋
以产品卖点命名	鲜原町、果多芬、谷维源、鲜具全、知味观、百草味、老香斋、好首艺、百果园
以人名命名	巧妇9妹、芒小二、詹氏蜜蜂园、蟹先生、果二妹、土豆姐姐、李金柚、青皮君、阿柑鲜生
以寓意命名	五谷丰、禾佳欢、塞佰果

② 品牌标志。设计品牌标志时，可以与品牌名字相关联，将品牌标志人格化，如图 3-1 所示。品牌标志需与农产品相关联，将农产品图形化，如图 3-2 所示。品牌标志需突出品牌名称，将文字图形化，如图 3-3 所示。

图 3-1 品牌标志人格化 图 3-2 农产品图形化 图 3-3 文字图形化

⏰ **行业点拨**

标志设计需要具备较强的创造和审美能力，农产品商家在设计时可借助网络上的标志设计平台，如标小智、标智客等。在其中输入品牌名称，即可自动生成多个品牌标志。

（3）农产品质量保证。农产品质量是品牌建设的基石。在生产成本可控的范围内，农产品商家应尽量提高农产品的质量，并建立农产品质量标准，使农产品的质量管理更加规范，以保证农产品质量的稳定性。

（4）品牌传播。农产品商家可以通过广告、公关活动、社交媒体推广、参加展会等多种方式来提升品牌知名度和形象。图 3-4 所示即蒙牛通过微博向消费者宣传自己是如何科学饲养奶牛，以展现品牌的生产水准，凸显品牌实力的。

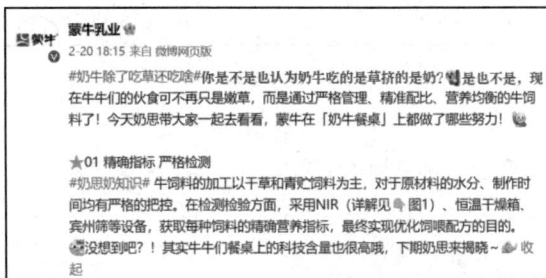

图 3-4　品牌传播

（二）价格策略

农产品价格策略指在定价目标的指导下，根据农产品特征和市场条件，综合考虑影响价格的各种因素，运用具体的定价方法，对农产品价格进行决策。

（1）渗透定价策略

渗透定价策略指农产品在进入市场初期时采用低价的方式，以吸引更多消费者的定价策略。所谓的低价，是相对农产品品质和服务水平而言的。这种定价策略能够有效阻止竞争者进入，使农产品可以在较长一段时间内占领目标市场。这种策略适合新产品进入市场、市场竞争较强、产品需求弹性大、大批量生产能降低成本、薄利多销能获得更多利润的情况。

（2）撇脂定价策略

撇脂定价策略是一种在产品生命周期的初期阶段设定较高价格的方法，目的是快速回收资金并实现利润最大化。这种策略适用于具有独特优势、品牌影响力强或针对高端市场的新产品，通过高价位吸引价格敏感度不高的消费者，迅速收回成本，从而实现初期利润最大化。

（3）差别定价策略

差别定价策略指针对不同消费者、不同场合、不同时间，在销售规格、包装等不同的同类产品时，为产品制订不同的价格。常见的差别定价策略有根据消费者定价、根据产品本身定价、按时间定价和按地点定价 4 种，详见表 3-3 所示。

表 3-3　　　　　　　　　　　常见的差别定价策略

差别定价策略	含义	例子
根据消费者定价	将消费者分为会员和非会员，会员购买产品的价格一般低于非会员	农产品商家设立会员体系，满足条件的消费者成为会员；在购买农产品时，会员可享受 9 折优惠，而非会员消费者需原价购买
根据产品本身定价	不同品类的农产品定价不同，同一农产品因品相、部位等的不同，价格也有所不同	禽畜类农产品可以根据不同的部位，确定不同的售价，如鸡翅中售价为 23 元/斤、鸡胸肉售价为 16 元/斤等
按时间定价	农产品销售的时间不同，定价也不相同	蔬菜、肉类等易变质的农产品，晚上的售价通常比早上、下午的售价低得多

续表

差别定价策略	含义	例子
按地点定价	根据农产品销售地点的位置，如交通便利程度、商圈繁华程度、消费群体层次等因素，确定农产品的售价	通常，菜市场中的农产品价格比商店、超市中的农产品价格低，电商平台上的农产品价格由于有平台补助，价格可能会更低

> ⏰ **行业点拨**
>
> 差别定价可以帮助消费者更快地挑选到符合自己需求的农产品，但同类农产品的差别不能过大，以免引起消费者的不满。

（4）折扣定价策略

折扣定价策略是一种通过降低农产品价格来吸引消费者购买的营销手段，常见的折扣定价包括促销折扣（在特定时间内进行的折扣活动）、捆绑销售（将多个农产品捆绑在一起销售，并提供比单独购买每件农产品更优惠的价格）、会员折扣（为会员提供专享的折扣）等。

（三）包装策略

农产品包装策略就是根据农产品特色与生产条件，结合市场与消费者的消费需求，对农产品的包装进行整体性规划的决策活动。具体来说，农产品包装策略主要有以下4种。

（1）突出农产品形象的包装策略

这种策略注重通过包装设计突出农产品的形象元素，以传达农产品的外观特点、功能和内涵，展示农产品的特点和吸引力，以吸引消费者的注意力。图 3-5 所示的黑米包装就以农产品本身为主要图案，显得简洁、醒目。

（2）突出农产品特殊元素的包装策略

这种策略利用农产品自身的特殊背景，如历史、地理、文化等元素进行包装设计，以突出农产品的独特性，提升农产品的市场竞争力。图 3-6 所示的果冻橙产自四川，其包装便利用了四川特有的熊猫元素，十分有辨识度。

（3）展示品牌形象的包装策略

这种策略将农产品的包装设计与品牌整体形象和品牌文化相结合，以突出品牌的专业性、信誉和价值观。通过在包装设计中融入品牌的标志、宣传语、品牌价值观等元素，加强消费者对品牌的认知和信赖，提升品牌形象。图 3-7 所示的农产品包装就印有品牌的标志和宣传语。

图 3-5　突出农产品形象　　　图 3-6　突出农产品特殊元素　　　图 3-7　展示品牌形象

（4）突出农产品用途和方法的包装策略

这种策略着重于在包装上清晰地展示农产品的用途、用法。通过简单明了的文字说明或图示，向消费者传达农产品的使用方法，从而帮助消费者快速了解农产品的实际用途。

（四）促销策略

农产品促销即运用各种方式，向消费者提供农产品的信息，帮助消费者认识农产品，以引起消费者的注意与购买欲望的过程。一般而言，农产品促销策略主要有以下4种。

（1）人员销售

在电商环境下，人员销售主要指售前客服。农产品商家可以对售前客服展开培训，让售前客服充分熟悉农产品特点和优势，为消费者提供专业的销售服务，从而帮助消费者做出购买决策，以达成促进销售的目的。

（2）网络广告

网络广告就是在网络上投放的广告，即通过网络广告投放平台利用广告横幅、文本链接等广告形式，将农产品推广给众多网络用户的方式。图 3-8 所示为在搜索引擎中投放的农产品网络广告。

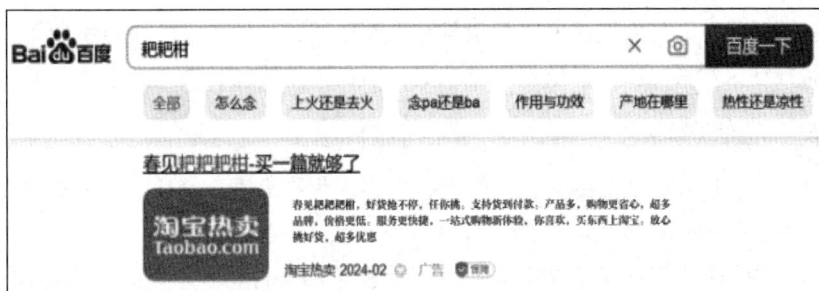

图 3-8　网络广告

（3）公共关系

公共关系即通过树立正面良好的形象引起消费者注意，以消除不良言论。农产品商家既可以通过与媒体合作，发布农产品相关新闻稿和故事，提高农产品的曝光度和知名度，也可以参加或举办农业展会、农事节庆活动、新品发布会、订货会等，吸引业内人士和消费者等参加，从而提高自身知名度。

（4）销售促进

销售促进是在特定市场上鼓励消费者购买、提高交易效益的各种促销活动的统称，是围绕商家营业额进行的一种促销方式。销售促进的手段包括有奖销售、赠送样品、发放优惠券、打折销售等。

二、农产品营销的渠道

在互联网时代，农产品的营销渠道日趋多样化，农产品商家在开展农产品营销时需要选择合适的农产品营销渠道销售农产品。

（一）线下营销渠道

农产品线下营销渠道指通过传统的实体渠道进行销售和推广农产品的方式。常见的农产品线下营销渠道有农贸市场、超市和便利店、批发市场、农产品合作社、乡村集市/乡村商店、餐厅/酒店等。

（二）线上营销渠道

线上营销渠道指在线对接售卖农产品的渠道，具有营销范围广、交易成本相对低、交易机会多等特点。并且由于互联网的便捷性，农产品商家可以及时了解与农产品有关的市场信息，有利于农产品商家形成农业生产的正确决策。且互联网的传播速度、传播范围都优于线下渠道，因此更容易打造农产品品牌。

农产品线上营销渠道主要包括大型综合电商平台（如淘宝、京东、拼多多）、垂直农产品电商平台（如惠农网、乐村淘、我买网）、新媒体平台（如微博、微信、小红书、今日头条、抖音、快手）、品牌官方网站等。

三、农产品营销素材的获取

农产品营销素材在推广农产品的过程中具有重要作用，有助于农产品商家全面、直观地展示农产品，从而打动消费者。农产品营销素材主要包括农产品信息、农产品图片和视频素材。

（一）农产品信息

农产品信息主要涉及农产品的品种、产地、口感、营养价值等信息，其获取方式包括农产品实物观察、咨询专家或农户、AIGC（Artificial Intelligence Generated Content，人工智能生成内容）、搜索引擎/农业咨询网站搜索等。需要注意的是，所搜集的资料要多方查证，尤其是 AIGC 资料，以避免出现错误。

（二）图片和视频素材

在农产品营销中，图片和视频可以直观地传达营销信息，快速地吸引消费者的关注。而农产品营销图片和视频的制作都需要一定的素材做基础，因此有必要先获取图片和视频素材。具体来说，农产品图片和视频素材的来源主要有以下两种。

（1）实地拍摄

实地拍摄图片和视频可以直观、真实地展示农产品，并且更贴近所营销农产品的实际情况。在拍摄图片和视频时，要注意展现农产品的形状、品质、色彩，以优质的卖相打开农产品销售市场，从而提高农产品销量。想要更好地展现农产品，可以从以下几方面入手。

① 场景拍摄

简单来说，场景拍摄就是构建一个具体的场景，将农产品放置在该场景中拍摄，从而生动直观地展现农产品。具体来说，可以拍摄农产品的生长或养殖场景（见图 3-9）、采摘场景（图 3-10），以证明农产品天然、原生态的特点；还可以拍摄农产品的烹饪、食用场景（见图 3-11），通过刺激消费者的食欲来提升消费者的购买意愿。

图 3-9 生长场景

图 3-10 采摘场景

图 3-11 食用场景

② 细节拍摄

农产品细节是消费者十分关心的问题。因此，农产品商家可以通过拍摄农产品细节，提高消费者的购买意愿。在拍摄农产品细节时，农产品商家应打开微距模式，或将镜头拉到足够近的距离，以展示农产品细节，制造景深效果，如图 3-12 所示。

③ 借助道具拍摄

农产品商家在拍摄农产品时，可以借助一些道具增强图片的表现力。例如，使用竹篮盛装苹果，让苹果的摆放更加规整。又如，为突出农产品的新鲜度，可将水和甘油按照 10∶1 的比例混合后喷洒到农产品上，在农产品表面制造小水珠，呈现水灵灵的效果，如图 3-13 所示。

图 3-12 细节拍摄

图 3-13 借助道具拍摄

（2）图片和视频搜索

对一些无法通过拍摄获取的、或网络上可以商用的图片和视频，农产品商家可以直接登录图片或视频素材网站，如摄图网、千图网、包图网、爱给网等，输入农产品关键词即可搜索、下载，但需要注意图片的版权问题。

四、AIGC 在农产品营销中的应用

AIGC 是一种通过算法和大量数据训练，实现自动生成高质量内容的技术。随着 AI 技术的快速发展，AIGC 在农产品营销中有了越来越多的应用。

（一）AIGC 的应用领域

在农产品营销中，AIGC 的应用主要体现在以下 4 个方面。

（1）内容创作。AIGC 可以根据品牌的特点和目标消费者的需求，自动生成营销文案（包括新闻稿、农产品介绍、短视频脚本、直播话术等）、图片、视频等，提升内容创作效率。

> **⏰ 行业点拨**
>
> 除了直接生成营销内容外，AIGC 还可以为内容创作提供灵感（如构思故事情节）、思路（如列出文案大纲）和内容创作相关资料（如提供产品相关背景资料）等。

（2）虚拟人营销。通过 AIGC 技术，品牌可以根据自身定位和目标消费者的偏好来设计虚拟品牌代言人，从而更好地与消费者建立情感联系。此外，AIGC 还可以生成虚拟主播，支持随时变换多种风格，并实现 24 小时在线直播。

（3）数据分析。AIGC 可以实时监控营销平台的数据变化，如阅读量、点赞量、评论量等，为品牌提供精准的消费者画像和行为分析报告，这有助于企业优化运营策略。

（4）个性化推荐。AIGC 可以通过分析消费者数据和行为，为消费者推荐更符合其兴趣和需求的内容，帮助企业更加精准地触达目标消费者，提高营销效果。

（二）常用的 AIGC 工具

近年来，各种 AIGC 工具层出不穷，涉及图片、文本、视频等多个领域，可以帮助用户快速、高效地完成内容创作和生成任务。

（1）AIGC 图片工具

AIGC 图片工具是一种利用人工智能技术来辅助图像生成、编辑和处理的工具，能够自动识别图像内容、优化图像质量、生成新的图像等。目前，国内已有大量 AIGC 图片工具，常见的有以下 3 种。

① 文心一格。文心一格是百度依托飞桨、文心大模型的技术创新推出的 AI 作画工具，用户只需输入简单的文字描述，文心一格就能自动从视觉、质感、风格、构图等角度智能补充，从而生成精美图片。

② 鹿班。鹿班是由阿里巴巴智能设计实验室自主研发的一款设计工具，其可以基于图像智能生成技术在短时间内完成大量对横幅广告、海报图和会场图的设计，提高工作效率。用户只需输入想要的风格、尺寸，鹿班就能自动完成素材分析、抠图、配色等工作，为用户快速生成多张符

合要求的图片。

③ 创客贴 AI 画匠。创客贴 AI 画匠是设计平台创客贴推出的功能，拥有智能设计、智能改图、智能外拓、自动抠图、图片修复等功能。其中，智能设计支持产品主图、横版海报、公众号首图、四宫格拼图等图片类型。

（2）AIGC 写作工具

AIGC 写作工具可以帮助用户快速生成高质量的文案、新闻、小说等文本内容，从而提高写作效率。目前常用的 AIGC 写作工具有以下 3 种。

① 文心一言。文心一言是百度全新一代知识增强大语言模型、对话式 AI 产品，能够与人对话互动、回答问题、协助创作。文心一言作为一款 AIGC 写作工具，具备强大的自然语言生成能力和丰富的知识库资源，可以帮助用户快速高效地完成各类写作任务。

② 小鱼 AI。小鱼 AI 是一款在线智能 AI 写作平台，拥有超过 2000 个精品 AI 写作模板，覆盖不同场景，支持的内容类型包括短视频脚本、直播脚本、电商产品描述、海报文案、品牌介绍等，可满足不同场景、人群的 AI 创作需求。小鱼 AI 提供 AI 写作、AI 续写、关键词写文章、文章起标题等功能，支持多种文本格式导入和导出。

③ ChatGPT。ChatGPT 是由 OpenAI 开发的一个强大的对话式 AI 模型，可以进行自然语言交流、回答问题、生成对话和文字等活动。ChatGPT 可以用于各种用途，包括生成文章、提供写作建议、解答问题、提供创意和灵感等，能够帮助人们高效地生成内容，充分发挥创意。

（3）AIGC 视频工具

AIGC 视频工具能辅助用户生成和编辑视频，目前常用的 AIGC 视频工具有以下 3 种。

① 腾讯智影。腾讯智影是由腾讯推出的 AI 视频编辑工具，结合了腾讯在 AI 和云计算方面的技术优势，提供视频剪辑、文本配音、数字人播报、自动字幕识别等功能。其中，数字人播报是特色功能，用户可以通过上传图片和文本，选择视频模板和数字人风格，即可生成一段数字人播报视频。

② 剪映。剪映是抖音官方的视频编辑工具，被广泛用于短视频制作。近年来，剪映也推出了一些 AI 视频功能，包括一键成片、图文成片、智能字幕等。其中，图文成片只需输入一个主题，即可完成生成文本（见图 3-14），并以此为基础生成视频，效果如图 3-15 所示。

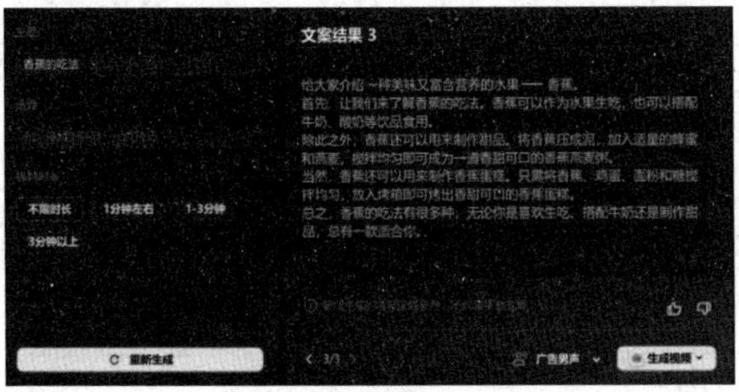

图 3-14　图文成片

图 3-15　生成的视频

③ Sora。Sora 是由 OpenAI 推出的视频生成模型，能够根据用户输入的描述性语言快速生成视频。Sora 最长能生成 1 分钟的视频，且在视频清晰度和细节方面的表现更胜一筹。

任务实施

任务演练 1：确定品牌打造策略

【任务目标】

为晴妹打造个人农产品品牌，包括确定品牌定位，设计品牌名称和标志，为后续的品牌化运营奠定基础。

【任务要求】

本次任务的具体要求如表 3-4 所示。

表 3-4 任务要求

任务编号	任务名称	任务指导
（1）	确定品牌定位	从农产品产地入手
（2）	设计品牌名称	使用不同命名方式多拟定几个名称，结合实际情况进行挑选
（3）	设计品牌标志	使用标小智进行设计

【操作过程】

1. 确定品牌定位

小张尝试从不同的角度对品牌进行定位，如表 3-5 所示。

表 3-5 品牌定位结果

定位角度	定位思路	定位结果
根据农产品自身特性定位	晴妹的水果采用天然种植方式，不使用农药化肥	绿色天然水果品牌
根据农产品产地定位	广西钦州盛产水果，十分有地域特色	广西钦州的水果品牌
根据目标消费者特征定位	晴妹的目标消费者消费能力较强，追求消费品质	高品质的水果品牌

从以上结果来看，"绿色天然水果品牌"与很多品牌的定位雷同，而"高品质的水果品牌"不能反映晴妹品牌的特色，因此晴妹最终将品牌定位为"来自广西钦州的水果品牌"。

2. 设计品牌名称

小张使用不同的方式拟定了几个品牌名称，如表 3-6 所示。

表 3-6 品牌名称

命名方式	命名结果	命名说明
以人名命名	钦州晴妹	"钦州"突出了品牌的起源地或特色，而"晴妹"则赋予品牌一种亲切的感觉
	晴妹鲜果	直接以"晴妹"开头，凸显人物特色。同时"鲜果"一词明确指出了品牌的主营产品——水果
以产品卖点命名	水果优选	表明品牌提供的水果是经过精心挑选的
以寓意命名	鲜果缘	寓意着消费者与品牌之间的美好缘分

在比较了几个品牌名称后，小张认为晴妹具有较强的个人特质，具备打造个人 IP 的潜质。因此，品牌名称中最好带有"晴妹"二字。而"晴妹鲜果"比起"钦州晴妹"更朗朗上口，更能体现品牌的主营产品，因此最终选择"晴妹鲜果"作为品牌名称。

3. 设计品牌标志

小张打算使用标小智设计品牌标志，具体操作步骤如下。

（1）输入品牌名称和定位。进入标小智网站首页，单击"在线 LOGO 设计"按钮，在打开的页面中单击"开始"按钮。在打开的页面中输入"LOGO 名称"和"口号/副标题"，单击"继续"按钮，如图 3-16 所示。

图 3-16 输入品牌名称和定位

（2）选择行业种类、色系、字体。在打开的页面中选择"农业环保"选项，在打开的页面中选择"暖色系"选项，单击"继续"按钮。在打开的页面中选择"舒适圆体"选项，单击"生成 LOGO"按钮，如图 3-17 所示。

图 3-17 选择字体

（3）选择品牌标志。在打开的页面中将显示系统自动生成的各个品牌标志，单击合适的品牌标志选项所对应的"编辑"按钮，如图 3-18 所示。

图 3-18 选择品牌标志

（4）优化品牌标志。在打开的页面中可以修改标志，包括换图标、换排版、换字体、换颜色。这里打开"换字体"下拉列表，选择其中的"舒适圆体"选项，如图 3-19 所示。在左侧列表中将出现更换字体后的效果，将鼠标指针移到满意的品牌标志上，单击"采用"按钮，如图 3-20 所示。

图 3-19　选择字体

图 3-20　单击"采用"按钮

（5）预览并下载品牌标志。单击"预览"按钮，在打开的页面中预览品牌标志效果，如图 3-21 所示，单击"下载"按钮，将其下载到计算机中。

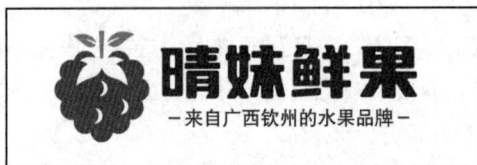

图 3-21　品牌标志效果

任务演练 2：选择营销平台并制订平台营销策略

【任务目标】

为晴妹鲜果选择营销平台、制订平台营销策略，为后续的营销工作确定一个大体方向。

【任务要求】

本次任务的具体要求如表 3-7 所示。

表 3-7　任务要求

任务编号	任务名称	任务指导
（1）	选择营销平台	以前面所描绘的消费者画像为依据，结合网店开设情况进行选择
（2）	制订平台大体营销策略	根据电商平台和新媒体平台的特点，确定不同平台的营销定位，并有针对性地围绕营销定位确定营销策略

【操作过程】

（1）选择营销平台。晴妹鲜果作为农产品电商品牌，其营销的重心应该放在线上。根据前面描绘的消费者画像，晴妹鲜果的目标消费者爱好社交聊天、关注时事动态、观看短视频/直播，对应的新媒体平台是微信、微博、短视频/直播平台（具体平台待定）。而晴妹鲜果此前已经在淘宝开设了网店，因此可以将微信、微博、短视频/直播平台、淘宝作为主要营销平台。

（2）制订平台大体营销策略。小张针对不同类型的平台制订了不同的营销策略，并结合当前荔枝的营销需要，确定近期不同平台所需要的营销物料，如表 3-8 所示。

表 3-8   平台营销策略

平台	平台定位	平台营销策略	近期所需营销物料
淘宝	电商平台，作用是销售农产品	通过有竞争力的价格策略来吸引关注，增加销量，具体手段包括发放优惠券、开展满减和折扣活动、推出水果销售套餐（即多款水果组合销售，价格更优惠）等	荔枝产品主图和详情图
微信、微博、短视频/直播平台	内容平台，作用是促进销售、吸引消费者、树立品牌形象	依靠优质的营销内容（包括图文、视频、直播）来吸引消费者，具体可以通过宣传农产品卖点来打动消费者下单，并通过强调品牌特色、打造人设等方式树立良好的品牌形象，以培养一批忠实粉丝	荔枝营销文案、荔枝宣传海报、荔枝营销短视频

任务演练 3：搜集营销素材

【任务目标】

根据平台营销策略以及近期所需的荔枝营销物料，搜集相应的营销素材，为后续制作营销内容做准备。

【任务要求】

本次任务的具体要求如表 3-9 所示。

表 3-9   任务要求

任务编号	任务名称	任务指导
（1）	搜集荔枝相关信息	在百度和惠农网中搜索荔枝相关关键词；通过与文心一言对话获取荔枝相关信息
（2）	搜集荔枝的图片和视频素材	在爱给网中搜索"荔枝"，然后下载合适的图片/视频素材

【操作过程】

1. 搜集荔枝相关信息

（1）在百度中搜集与荔枝相关的信息。进入百度首页，在搜索框中输入荔枝相关关键词。在这里输入"荔枝品种"，然后单击"百度一下"按钮，在打开的页面中查看搜索结果，在其中筛选可用、可靠的信息，并将其复制到 Word 文档中。

（2）在惠农网中搜集与荔枝相关的信息。进入惠农网首页，选择导航栏中的"行业资讯"选项，在打开的"惠农咨询"页面的搜索框中输入"荔枝"；在打开的页面中查看荔枝相关资料，如图 3-22 所示，同样筛选并复制可用、可靠的信息。

（3）通过文心一言获取与荔枝相关的信息。进入文心一言首页，在输入框中输入信息需求"广西钦州盛产水果，请提供这方面的详细信息"（叙述要直白明确），文心一言会自动做出回复，如图 3-23 所示。可采用这种方式询问多个问题，然后筛选并复制可用、可靠的信息。

（4）信息整理归类。对搜集到的信息进行整理，将同类信息归类，删除不需要的信息，最终整理出包括荔枝品种、妃子笑口感、荔枝种植方式、广西钦州灵山县适合种植荔枝的原因、广西钦州盛产的水果等方面的资料（配套资源：\效果\项目三\荔枝相关信息.docx）。

图 3-22　荔枝相关资料

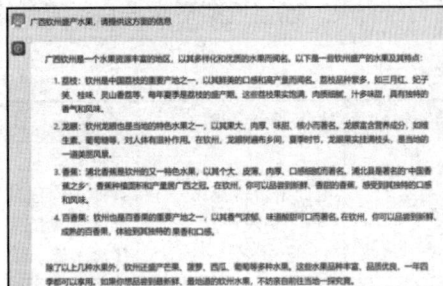

图 3-23　文心一言的自动回复

2. 搜集荔枝图片和视频素材

（1）明确搜集方向。小张根据营销内容制作需求确定了搜集荔枝图片和视频素材的大致方向，如表 3-10 所示。

表 3-10　　　　　　　　　　　荔枝图片和视频素材的大致方向

素材类别	素材用途	素材要求	素材内容
图片素材	作为营销图片中的图案元素	主体明确、背景干净、轮廓清晰、便于嵌入	荔枝外观、荔枝果肉
	作为营销文案配图	图片精致美观、清晰度高	荔枝产品展示、荔枝种植环境、荔枝生产与采摘过程、荔枝食用方法
视频素材	用于制作网店产品主图视频、营销短视频的片段	视频主题明确，清晰、直观，有视觉吸引力；画面稳定，不抖动	荔枝果园、荔枝果实、荔枝果肉、荔枝食用方法、荔枝采摘场景

（2）搜索素材。进入爱给网并登录，在首页的搜索框中输入"荔枝"并单击右侧的"搜索"按钮。在打开页面的"下载类型"栏中选择"免费"选项，随后在下方查看搜索结果。

（3）下载素材。在打开页面的"类型"栏中选择"图片"选项，在"下载类型"栏中选择"免费"选项，在下方查看搜索结果。选择需要下载的图片或视频素材，单击下方面板中的"↓PNG"按钮，在打开的下拉列表中选择对应的分辨率选项，即可将素材下载到计算机中，如图 3-24 所示。按照相同的方法下载其他图片和视频素材，效果如图 3-25 所示。

图 3-24　下载素材

图 3-25 下载其他图片和视频素材

任务二 制作营销图片

任务描述

根据营销策略，小张需要准备图片、文案和视频等营销内容。小张打算先制作营销图片，因为图片直观、形象，可以将产品和品牌的信息直接传递给消费者。小张认真研究了营销图片的相关知识，结合目前的实际情况，填写了任务单（见表 3-11）。

表 3-11　　　　　　　　　　　　　　　任务单

任务名称	制作荔枝营销图片	
任务背景	网店已上架荔枝，现需要分别在淘宝网和新媒体平台推广该荔枝，淘宝网需要荔枝产品主图以表现卖点和促销信息，新媒体平台需要荔枝宣传海报以增加产品和品牌曝光度	
任务类别	☐ 制订营销策略　　■ 制作营销图片　　☐ 写作营销文案　　☐ 制作营销视频	
工作任务		
任务内容	任务说明	
任务演练 1：制作荔枝产品主图	图片设计工具：创客贴	
任务演练 2：制作荔枝宣传海报	图片设计工具：创客贴 AI 画匠	

任务总结：

知识准备

一、营销图片的类型

营销图片是一种视觉传达工具，用于吸引潜在消费者的注意力并传递品牌信息或促销活动内容。营销图片主要包括以下类型。

（1）海报。海报通常用于展示产品的主要特点、优惠信息或品牌形象，常常用于线上活动、网店装饰或社交平台推广等场景，设计上追求视觉冲击力强、主题明确，通过艺术化的图形、文字和色彩组合，快速传达产品特性、品牌理念或活动信息。图3-26所示为某品牌的营销海报。

（2）产品详情页图片。电商平台上的产品详情页图片，如图3-27所示，包括整体图、细节图、场景应用图等，详尽地展示了产品特点与优势，从而刺激消费者的购买欲望。

（3）长图/长滚动图片。长图/长滚动图片在网络营销中被广泛应用，特别是在社交平台、H5页面等渠道，可以承载更丰富的内容，并通过连续的画面故事叙述，引导消费者下拉浏览，以完成整个产品的介绍或者营销故事的讲述，如图3-28所示。

图3-26 营销海报　　图3-27 产品详情页图片　　图3-28 长图

（4）产品主图。出现在电商平台产品展示页面，通常为正方形，需展现产品的全貌或核心特征，图像应清晰，如图3-29所示。产品主图中可以通过简洁的文字强调产品的主要卖点、品牌信息、材质特点或促销折扣等，以吸引消费者注意力。

（5）社交平台配图。包括微信推文配图、微信推文封面（见图3-30）、微信朋友圈图片、微博配图等，可以根据不同的社交平台规格定制相应配图，吸引消费者点击、分享和互动。

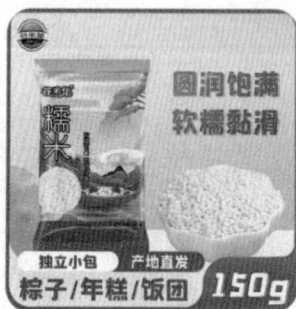

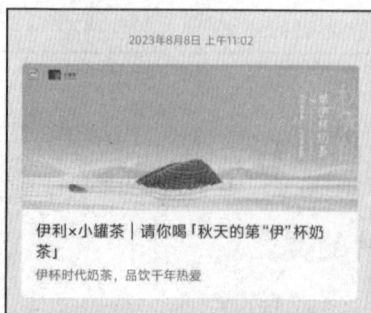

图3-29 产品主图　　　　图3-30 微信推文封面

（6）横幅广告。横幅广告常出现在网页顶部、底部、侧栏或其他显眼位置，用于引导消费者通过点击了解某个产品或活动，如图3-31所示。横幅广告尺寸多样，设计简洁且突出重点，通常包含简短的品牌标语、产品亮点，以及醒目的行动号召按钮。

图3-31 横幅广告

（7）动态图像。动态图像可以用于展示产品的动态效果或使用过程，能够增加产品的趣味性，以吸引消费者的注意力，提高点击率。

二、营销图片设计要点

图片主要依靠视觉元素来传达信息，在设计时可以从色彩、图案和文案3个方面入手。

（一）色彩搭配

在营销图片设计中，色彩搭配至关重要。色彩搭配不仅能够影响图片的视觉效果，还能影响消费者的情绪和行为。在考虑色彩搭配时，需要注意以下要点。

（1）色彩搭配原则。色彩搭配应遵循一定的原则，以确保整体效果和谐统一。常用的搭配原则包括同色系搭配、邻近色搭配、对比色搭配等。同色系搭配可以营造柔和、雅致的氛围；邻近色搭配则可以使图片更为活泼、富有变化；而对比色搭配能形成强烈的视觉冲击力。

（2）主色的选择。主色占据画面主导地位，通常占比约60%。主色可以选择与品牌标识或品牌调性相符的颜色，以增强品牌的识别度；也可以根据想传达的情感或信息，选择与之相符的颜色，例如，温暖、积极的色彩可以传达友好和活力的感觉，而冷色调可能传达出的是专业和高端的感觉。

（3）辅色的选择。辅色应该与主色在色相、明度或饱和度上有所区别，但又能够与之和谐搭配，具体可以选择与主色相协调的邻近色，或者选择对比色，以制造视觉冲击力。此外，还可以小面积使用鲜艳的色彩，用来强调某些重要元素，如"购买"按钮、优惠信息等，起到吸引消费者视线和行动的作用。

（二）图案创意

图案是营销图片的核心，要选择与营销主题相关的图案，既可以直接使用农产品，也可以围绕主题进行创新思维，构思有创意的图案（在构思过程中，还可以借助文心一言等AIGC工具激发灵感，如图3-32所示）。此外，图案创意不一定非要天马行空，也可以在现有事物的基础上进行加工，图3-33所示的海报就为苹果画上了"五官"，显得俏皮生动。

图 3-32　借助文心一言激发灵感

🕐 **行业点拨**

图案在画面中的比例应该恰当，不能遮挡文字，且要构图美观、重点突出。

（三）文案

文案字数不宜过多，一般不超过整个画面的二分之一。此外，在设计图片中的文案时，需要注意以下 4 点。

（1）字体选择。选择清晰易读的字体，避免使用过于花哨的字体，以免影响可读性。此外，字体不应超过 3 种，并且要与整体风格相适应。

（2）色彩。文案色彩要与图片和谐搭配，避免红配绿、宝蓝配深紫等不协调的配色。注意背景和文案颜色的对比度，以确保文案清晰可见。例如，若背景颜色或图片颜色是深色，文案当用浅色。图 3-34 所示的海报的背景颜色为白色，文案采用的是黑色，构成了鲜明的反差。

图 3-33　图案创意

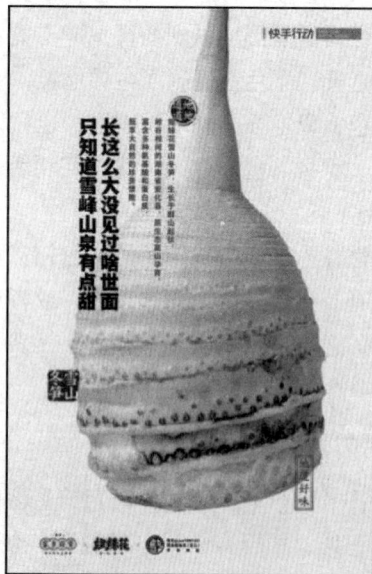

图 3-34　色彩反差

（3）文字大小。文字大小要均匀、合理，比例恰当。标题通常字号较大，说明性文字字号较小，以便消费者快速浏览。

（4）行距和字距。恰当的行距和字距会使文案显得不那么拥挤，更利于阅读。

⏰ **行业点拨**

目前，网络上有很多图片设计工具，如创客贴、美图秀秀等。农产品商家可以直接利用图片设计工具提供的模板设计图片，只需参照上述图片设计要点，结合实际需要替换模板中的素材，对模板中的文字和形状进行优化即可。

💻 **任务实施**

☕ 任务演练 1：制作荔枝产品主图

【任务目标】

在创客贴中制作荔枝产品主图。所制作的产品主图要具有一定的视觉吸引力，并能体现荔枝的核心卖点和价格等信息。

【任务要求】

本次任务要求利用创客贴所提供的模板和搜集的荔枝图片素材制作产品主图。

微课视频
制作荔枝产品主图

【操作过程】

（1）选择模板。进入并登录创客贴网站，在操作界面左侧的导航栏中选择"模板中心"选项，在打开页面的"场景"栏中选择"商品主图"选项，在上方搜索框中输入"水果"并按【Enter】键搜索，在"价格"栏中选择"免费"选项，然后在打开的页面中选择图 3-35 所示的模板。

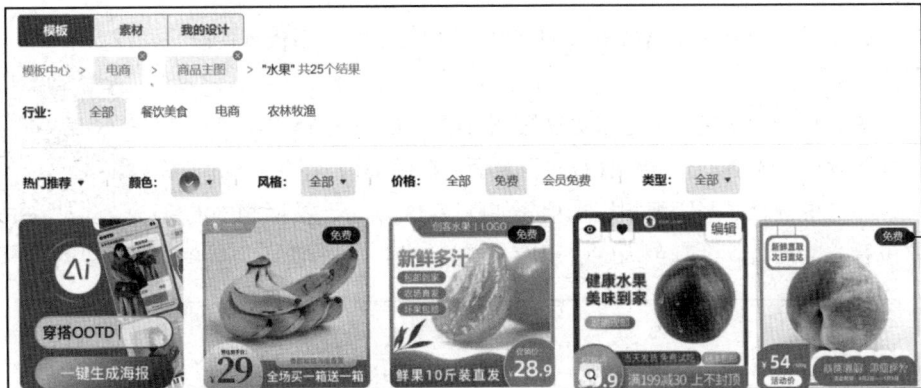

图 3-35 选择模板

（2）上传图片素材。在打开的模板编辑页面中选择左侧菜单栏中的"上传"选项，打开"我的上传"选项卡；单击"上传素材"按钮，在打开的对话框中选择需要的图片（配套资源：\素材\项目三\荔枝 1.png），单击"打开"按钮。此时，"我的上传"选项卡的"图片"栏中将显示上传的图片。

（3）替换模板中的图片。将鼠标指针移到左侧"图片"栏中的荔枝图片上，并将其拖动到桃子图片所在的位置。此时，桃子图片将被替换为荔枝图片，效果如图 3-36 所示。

（4）修改模板。修改模板中的文字，依次选择各个白色波浪纹形状，按【Delete】键将其删除，效果如图 3-37 所示。

（5）下载海报。单击页面右上角的"下载"按钮，打开"下载作品"对话框，单击"下载"按钮，在打开的对话框中设置文件名和保存位置，然后将制作好的海报保存到计算机（配套资源：\效果\项目三\荔枝产品主图.jpg）。

图 3-36 替换图片后的效果

图 3-37 修改模板后的效果

任务演练 2：制作荔枝宣传海报

【任务目标】

利用创客贴 AI 画匠制作发布到新媒体平台的荔枝宣传海报。所制作的荔枝宣传海报要美观大方，在表现荔枝产品特点的同时要能突出品牌信息。

【任务要求】

本次任务要求利用创客贴 AI 画匠的智能设计功能来制作荔枝宣传海报。

【操作过程】

（1）设置设计选项。进入并登录创客贴 AI 画匠网站，选择"AI 工具"栏中的"智能设计"选项，进入"AI 设计"页面，在底部输入框中单击"场景"选项，在其中选择"竖版海报"选项，如图 3-38 所示。按照相同的方法将风格设置为文艺清新、颜色为红、用途为产品宣传、行业为水果生鲜。

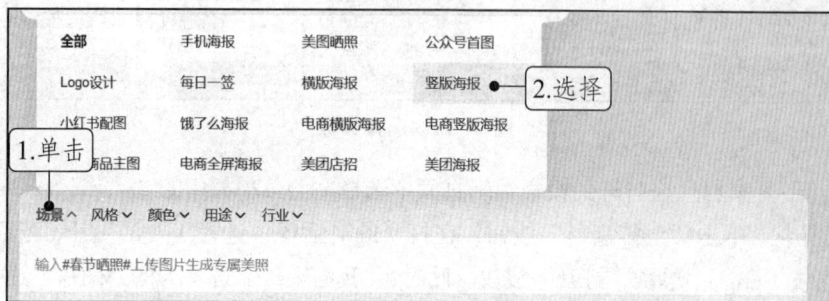

微课视频

制作荔枝宣传海报

图 3-38 选择"竖版海报"选项

（2）输入设计需求。在输入框中输入自己的设计需求，将海报的主题以及海报所需要体现的信息叙述清楚，如图3-39所示。随后，单击"发送"按钮。

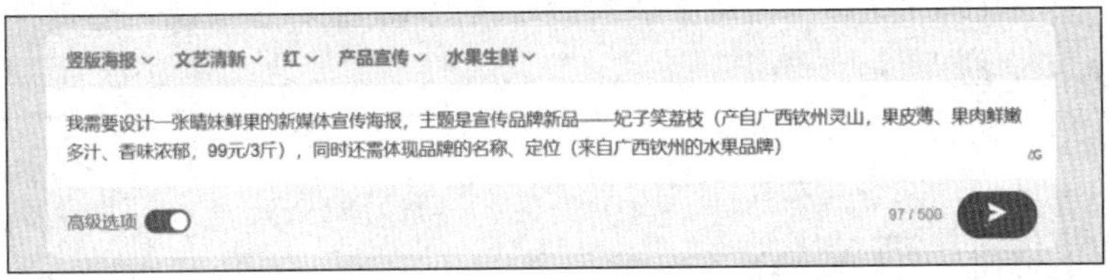

图 3-39 输入设计需求

（3）选择合适的海报。系统将根据输入的设计需求自动生成海报。如果不满意结果，可以单击"再次生成"按钮，重新生成新的海报。若出现满意的海报，可以将鼠标指针移到该海报上，单击"高级编辑"按钮，如图3-40所示，对海报进行编辑、优化。

图 3-40 单击"高级编辑"按钮

（4）编辑海报。在打开的页面中修改海报中的文字。选择顶部的 Logo 形状，单击"换图"按钮，在打开的"打开"对话框中选择晴妹鲜果的 Logo（配套资源：\素材\项目三\品牌标志.png），单击"打开"按钮，如图3-41所示，调整更换后的 Logo 形状的大小和位置。删除多余的形状，最终效果如图3-42所示（配套资源：\效果\项目三\荔枝海报.png）。

图 3-41 更换 Logo 形状

图 3-42 最终效果

👥**技能练习**

为荔枝制作一张用于体现促销信息的网店横幅广告，既可以自选模板制作，也可以使用 AI 设计功能进行制作。

任务三　写作营销文案

🖥**任务描述**

根据营销策略，小张需要撰写营销文案，用以详细介绍荔枝，促进荔枝销量的提升。此外，为了保证文案的视觉效果，小张还要对文案进行排版（见表 3-12）。

表 3-12　　　　　　　　　　　　　　　　　任务单

任务名称	写作荔枝营销文案并排版	
任务背景	小张计划在晴妹鲜果微信公众号发布一篇荔枝营销文案，因此需要为此准备内容	
任务类别	☐ 制订营销策略　☐ 制作营销图片　■ 写作营销文案　☐ 制作营销视频	
工作任务		
任务内容	**任务说明**	
任务演练 1：为荔枝撰写营销文案	利用 AIGC 工具获取写作思路，并借助之前搜集的相关信息进行写作	
任务演练 2：使用 135 编辑器为文案排版	选择合适的排版模板并在模板上修改、优化	

任务总结：

🖥**知识准备**

一、文案标题的写作

对农产品营销而言，文案的标题非常重要。一个吸引人的标题能够吸引消费者的注意力，激发他们的兴趣，促使他们点击并查看文案内容，从而实现营销目标。通常来说，文案标题有以下类型。

（1）直言式标题

直言式标题就是直接点明宣传意图的标题，可以直接告诉消费者将获得哪些利益或服务，让消费者一看标题就知道文案的主题。典型的直言式标题有"橘子红了！个大皮薄的柑橘新鲜上市，现摘现发！""××食用油旗舰店，全场满 100 元减 20 元，还送双倍积分"等。

（2）提问式标题

提问式标题即用提问的方式来引起消费者的注意，从消费者所关心的利益点出发，引导他们思考问题并勾起他们阅读全文、一探究竟的好奇心。典型的提问式标题有"你知道哪种食用油炒菜更好吃吗？""酱油、生抽、老抽、味极鲜……它们的区别在哪里？"等。

（3）警告式标题

警告式标题是通过严肃、警示、震慑的语气来向消费者说明内容，以起到提醒、警告的作用，常用于对事物的特征、功能、作用等属性的描述。典型的警告式标题有"吃橘子有 2 个禁忌，其中一个伤身体！吃之前要搞清楚""牢记！鱼身上的这个部位，千万不要吃"等。

（4）指导式标题

指导式标题用于对某一具体问题提供解决的建议和方法。这种标题通常包含"如何""步骤""方法""技巧"等关键词，并且会给出具体的操作指南或建议。在写作指导式标题时，需要从消费者的角度出发，给出切实可行的方法和建议。典型的指导式标题有"厨师长教你'清蒸鱼'的家常做法，简单又好吃""4 大步骤，让你轻松学会复制××新款鸡翅"等。

（5）命令式标题

命令式标题的开头常为明确的动词，具有祈使意味，可以让消费者感觉到内容的重要性和必要性，从而产生查看行为。典型的命令式标题有"京东生鲜促销活动来咯，快来查收你的福利！""转发这篇文章至朋友圈，即有机会获得 5 斤大米一袋"等。

（6）证明式标题

证明式标题就是以见证人的身份阐释产品、服务或品牌的好处，增强消费者对产品的信任。证明的方式既可以是自证，也可以是他证。典型的证明式标题有"××新出葡萄干，亲测好吃不踩雷！"等。

（7）对比式标题

对比式标题指将两个事物、产品、概念、时间点等进行对比，突出两者之间的不同之处，旨在制造反差，以引发人们的好奇心，促使他们阅读全文。典型的对比式标题有"低温鲜奶和常温奶，哪种营养价值更高？""昔日的水果贵族，如今 10 元两斤没人买？"等。

🔍**素养课堂**

当今网络上的文案众多，很多文案使用夸大其词的标题来夺人眼球，有的标题严重偏离事实（如"价值百万的销售秘籍""一周瘦了 20 斤"），这种做法是不可取的。文案描述能够起到宣传效果，因此也属于广告宣传。《中华人民共和国广告法》规定，广告应当真实、合法，以健康的表现形式表达广告内容，符合社会主义精神文明建设和弘扬中华民族优秀传统文化的要求。农产品商家在写作文案时要严格遵照该要求。

二、文案正文的写作

有吸引力的标题可以引导消费者继续浏览文案正文，但如果文案正文的吸引力不足，消费者就不会接受文案所传达的信息，也不会购买产品或对品牌产生好感。因此，掌握文案正文的写作方法也十分有必要。

（一）正文开头的写作

正文开头直接决定着消费者在打开文案的一瞬间，是选择继续阅读文案还是离开，因此有必要精心设计一个好的开头，以充分吸引消费者的注意力，激发其好奇心，引导其继续阅读文案。具体来说，文案正文开头有以下4种常见的写作方法。

（1）直接开头

直接开头就是开门见山，直截了当地奔向主题，毫不拖泥带水，直接揭示文案的主题思想或点明要说明的对象。直接开头要求快速切入文案中心，将文案需要表达的内容直接描述给消费者。图3-43所示的文案开头就直接引出了文案推广的农产品——车厘子。

（2）论点开头

论点开头即直接在文案开头给出结论，再在正文内容中给出论据，证明开头的结论。这种开头的好处是文案中心清晰、观点鲜明，能够促使消费者进一步了解得出这样的结论的原因。图3-44所示的文案就以论点"早餐只吃牛奶和鸡蛋不够健康"开头，后续再给出具体的理由对开头进行解释说明，并为后续推广健康早餐——坚果做铺垫。

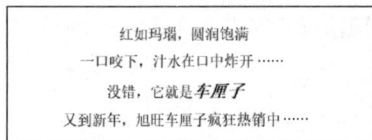

图3-43 直接开头

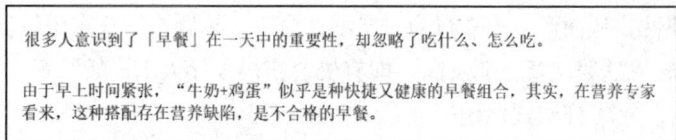

图3-44 论点开头

（3）故事开头

正文的开头以故事引入，容易让消费者进入某种情景，引发消费者的联想，从而激发其阅读兴趣。故事可以是富有哲理或教育意义的寓言故事，或者其他有助于表现主旨的传说故事、真实故事或虚拟故事，用于引出文案主旨。图3-45所示是某生鲜平台推广江永香柚的文案，其开头介绍了平台创始人发现江永香柚的故事，以引出后文对江永香柚卖点的介绍。

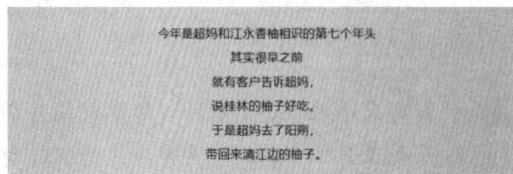

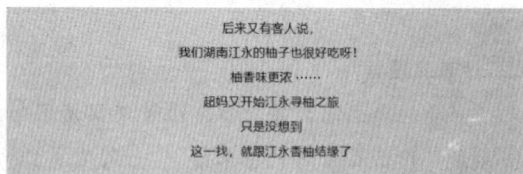

图3-45 故事开头

（4）热点开头

在文案开头借助热点是一个吸引消费者注意力的好办法。一般来说，可以从微博热搜、百度风云榜、抖音热搜等获取热点信息。需要注意的是，要将热点与文案主题自然地结合起来，不要强行"蹭热度"。图3-46所示为一篇推广金华火腿的文案，其开头借助某热播剧的热度，并通过电视剧中出现金华火腿来引出后文对金华火腿品牌发展史的介绍，十分自然。

> 很多金华读者发现，在热播剧《××》中，金华火腿的出镜率很高。有人问："上世纪八九十年代，金华火腿在上海真有这么火吗？"

图 3-46 热点开头

（二）正文中间部分的写作

正文中间部分是文案的主体部分，其主要功能是解释或说明文案的主题。就其内容而言，主题是多种多样的，但结构必须清晰连贯。

（1）并列式结构

并列式结构从推广对象的各方面特征入手，不分先后顺序和主次，各部分并列平行地叙述事件、说明事物。并列式结构的各组成部分是相互独立、完整的，能够从不同角度、不同侧面来阐述推广的对象。例如，一篇推广桂圆的文案就分别介绍了桂圆的口感、种植方式、运输方式、售后保障等，让消费者得以全面了解该桂圆的优势。

（2）递进式结构

递进式结构即正文中材料与材料间的关系是层层推进、纵深发展的，就像剥洋葱一样，一层一层地深入，后面的材料的表述只有建立在前一个材料的基础上才能显出意义。例如，一篇推广某品牌食用油的文案，首先介绍了食用油的脂肪有 3 类脂肪酸以及不同脂肪酸对身体健康的影响，然后介绍花生油、菜籽油、玉米油、大豆油等不同食用油所含的脂肪酸的情况，最后给出购买食用油的建议，每个部分都在前一部分的基础上进行叙述，层层深入。

（3）对比式结构

对比式结构是把两种事物、同一人或事物的前后不同的方面组合在一起进行对比。运用对比式结构，可以将道理讲得更透彻，更有说服力。例如，图 3-47 所示的推广土鸡蛋的文案就分别介绍了土鸡蛋和普通鸡蛋的特点，两者形成对比，凸显了土鸡蛋在口感和营养方面的优势。

一般鸡蛋

专业的人工养殖场里用饲料喂养的鸡下的蛋。由于环境固定、技术专业，产蛋时间固定，产蛋量多。蛋品干净、卫生，但味道差些，口感粗些，香气淡些，蛋黄颜色偏黄白（注意黄白，不是黄红）。

一般鸡蛋也存在生产商抗生素添加不合理，管理不良等问题。

购买原则：选正规品牌养殖商生产的鸡蛋。

土鸡蛋

在生态环境中或检测合格的环境中放养的鸡下的蛋，多以各种野草、青菜、虫子为食物，比起只吃饲料喂养的鸡下的蛋，核黄素（维生素B2）更丰富，所以蛋黄颜色更深；其次由于放养的土鸡长时间积累色素在采食时候的自主选择，好胆固醇和胆固醇的含量更丰富，所以煮出来的蛋口感细腻，味道更香些。由于环境经过专业检测，生产出来的蛋基本不含抗生素和其他药品。其口感好，且相对稀缺，因此成本也高，市售的价格自然也不会低。

购买原则：考虑到成本和时间周期，低于正常价格的土鸡蛋都不建议购买。

图 3-47 对比式结构

（三）正文结尾的写作

一个好的结尾能为文案增色不少。好的结尾能总结全文、突出主题或与开头相呼应，从而充分地展现作者意图，或使消费者留下深刻的印象，引导消费者关注产品、购买产品。农产品商家可参考以下 3 种方法对正文结尾进行撰写。

（1）自然结尾

自然结尾指根据文案的描述自然而然地结束文章，即不在文末设计含义深刻的哲理语句，也不刻意引导或号召消费者开展行动，而是在内容表达完毕之后，写出想要对消费者说的话，并自然而然地结束全文。

（2）首尾呼应式

首尾呼应结尾法即将文章的开头和结尾呼应起来。例如，在文章开头提出某个观点，在结尾时再次解释、总结或强调。

（3）请求号召式

请求号召式结尾指在前文铺垫的基础上，最后向消费者提出请求，或者发出某种号召，促使他们做出某种行动，如关注账号、购买农产品、在评论区留言互动等。

三、文案排版的基本要求

良好的排版可以增强文案的可读性和吸引力。具体来说，文案排版需要遵循如下要求。

（1）使用清晰易读的字体。文案排版通常会涉及大篇幅的文字，因此应选择清晰易读的字体，以确保文案的易读性。此外，还应选择适合电子屏幕阅读的字体，如方正黑体、方正楷体、方正仿宋、华文宋体、思源宋体、Arial 等。

（2）字号和行距适中。文字的字号和行距要适中，以便消费者轻松阅读。通常，标题可以使用较大的字号（20px 以上），正文使用中等字号（14～16px 为宜）。行距应该足够大（1.5 倍行距），从而避免版面显得过于拥挤。

（3）合理分段。文案的段落长度通常不宜过长，应适当分段，以提高文案的可读性和可理解性。一般来说，每段 3～5 行左右为宜，且每个段落都应该有两个字符的段首缩进。如果文案中有重要的亮点或关键信息，可以使用单独的段落来突出它们。当然，分段应该根据文案的具体内容来决定。

（4）突出关键信息。为突出文案中重要的内容，应该使用少量形状（如箭头），为字数设置其他颜色或加粗显示，使用大号文字，为段落添加下划线、底纹、框线等来使相应内容更加醒目，吸引消费者查看。此外，对于并列的相关项目、观点或信息，可以使用符号（如圆点、方框、实心圆等）进行标记。

（5）适当留白。留白在文案排版中非常重要，因为它可以确保文案不会过于拥挤，从而减少消费者的阅读压力。一般来说，需要留白的部分包括文案的左、右、上和下边缘周围、段落之间、图片与文字之间等。

（6）图片插入要合理。图片不能随意放置，插入文案中的图片要和上下文联系得当，同时尽量在完整的段落后插入图片，不要在两个段落中间添加过多的配图，否则会导致文案显得非常杂乱。此外，图片的形状要保持一致（所有图片都为矩形、圆形或不规则图形），与正文版面的风格也需保持一致。

⏰ 行业点拨

当前，网上有很多文案排版工具，包括 135 编辑器、秀米编辑器、96 编辑器等。这些排版工具拥有丰富的模板和样式，农产品商家可以在这些排版工具中快速应用图文格式、收藏样式和颜色、编辑图片素材、添加图片水印、一键排版等操作，从而轻松实现高质量排版，然后将排版完成的文案内容直接复制、粘贴到相关平台中并发布。

任务实施

🍵 任务演练1：为荔枝撰写营销文案

【任务目标】

撰写一篇营销文案以介绍荔枝。营销文案应结构清晰，表述有条理，语言生动形象、有吸引力，并在适当位置配图。

【任务要求】

本次任务的具体要求如表3-13所示。

表3-13　　　　　　　　　　　　　　　　　任务要求

任务编号	任务名称	任务指导
（1）	明确写作思路	借助文心一言生成答案，并从中选择合适的写作思路
（2）	写作文案标题	先确定合适的标题类型，再组织简洁的语言进行表述
（3）	写作文案正文	正文分开头、中间、结尾3个部分分别写作，使用之前搜集的荔枝相关信息和图片素材

【操作过程】

1. 明确写作思路

进入文心一言，在输入框中详细地输入此次文案写作的背景以及自己的要求——提供写作思路。文心一言会给出回复，如图3-48所示。

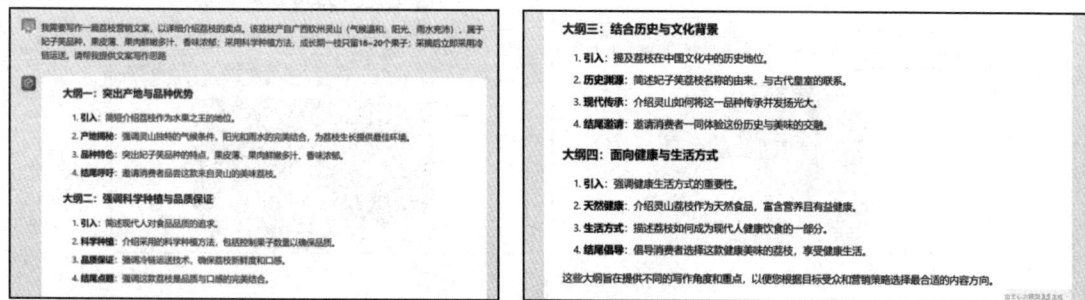

图3-48　文心一言的回复

根据文心一言的回复，小张认为大纲一比较契合此次文案的写作目的——介绍荔枝，因此选择了以其为基础进行优化，并最终确定了一个文案写作大纲：开头直接引入广西钦州荔枝，中间分别从外观、口感、产地、新鲜度4方面介绍荔枝，结尾号召消费者下单。

2. 写作文案标题

由于文案的推广意图十分明确，吸引的就是对荔枝感兴趣的消费者，因此文案标题可以直接一些，采用直言式标题直接向消费者传达关键的营销信息，即告诉消费者荔枝已经上市。然后使用简洁的词语来概括荔枝的核心卖点，如甜、新鲜、基地直发等。最后，还可以通过强调荔枝的季节性强来制造一些紧迫感。最后敲定的文案标题是"又甜又新鲜的荔枝上市啦！果园现摘直发！季节不等人！"

3. 写作文案正文

文案正文可以分为开头、中间、结尾3个部分进行写作，具体步骤如下。

（1）写作正文开头。正文开头可以承接标题，开门见山地引出钦州灵山出产的妃子笑荔枝，语言表述简洁利落即可。写好的正文开头如图3-49所示。

6月是属于荔枝的季节，等了一整年的荔枝粉有福了！今天，晴妹要向大家推荐我们广西钦州灵山出产的妃子笑荔枝。

图3-49　写好的正文开头

（2）写作正文中间部分。由于文案要向消费者详细地介绍荔枝外观、口感、产地、新鲜度4方面的卖点，因此文案中间适合采用并列式结构。在写作时，可以充分利用之前搜集的荔枝相关信息，使用生动的语言，添加细节描述，如荔枝入口的细节、荔枝外观的细节等。此外，还可以配上相关荔枝图片辅助说明，包括荔枝外观图、果肉细节图、果园场景图、采摘图。写好的正文中间部分如图3-50所示。

图3-50　写好的正文中间部分

（3）写作正文结尾。文案结尾可以采用请求号召式结尾，直接号召消费者点击链接购买荔枝。为增强消费者的购买欲，还可以强调优惠的时间期限。此外，还可以将晴妹鲜果的品牌介绍自然地融入其中，并配上品牌标志，以加深消费者对品牌的印象。写好的正文结尾如图3-51所示。

晴妹是广西钦州人，我的家乡是水果之乡，盛产各种水果，为了把家乡的水果分享给更多的朋友，晴妹成立了晴妹鲜果品牌。为了感谢各位家人的支持，晴妹鲜果决定给大家送出福利：3斤装荔枝原价129元，现在只要99元！此优惠仅限本周，赶紧点击链接购买吧！

晴妹鲜果
-来自广西钦州的水果品牌-

图3-51　写好的正文结尾

技能练习

　　再为荔枝撰写一篇营销文案，以提升荔枝的销量。要求文案的标题采用提问式，正文开头采用热点开头，结尾为首尾呼应式。

任务演练2：使用135编辑器为文案排版

【任务目标】

　　为写好的荔枝营销文案排版，使文案的版面美观和谐，便于阅读，并突出关键信息。

【任务要求】

　　本次任务要求在135编辑器中为文案排版，可以在135编辑器提供的模板基础上修改，必要时可以添加样式。

【操作过程】

　　（1）选择模板。进入135编辑器网站并登录，在首页中单击"模板中心"按钮，在打开页面的"价格"栏中选择"免费"选项，然后在下方选择合适的模板。这里选择的是编号为"134839"的模板，单击该模板对应的"立即使用"按钮。在打开的对话框中单击"我知道了"按钮。

　　（2）删去第一个模块。在打开页面中的编辑区中将出现该模板的所有样式模块，选择第一个模块，单击打开面板中的"删除"按钮。

　　（3）粘贴文案开头文字。选择下面写有"欢迎各位来到萧山"的模板，删去所有文字，将素材文件（配套资源：\素材\项目三\荔枝文案.docx）中的第一段文字复制后粘贴过来。选中该段文字，单击打开面板中的第一个列表右侧的下拉按钮，在打开的列表中选择"默认字体"选项，如图3-52所示。

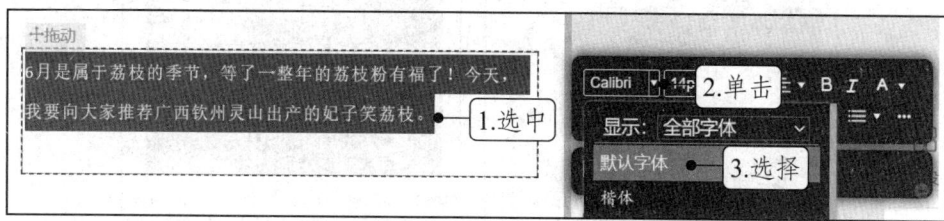

图3-52　选择字体

　　（4）粘贴正文第一个小标题。在下方的模块中选择红色底纹的标题文字"第一家：山野间民宿"，将其修改为"一骑红尘妃子笑"。选中修改后的标题，单击出现面板中的第二个列表右侧的下拉按钮，在打开的列表中选择"17px"选项，调整其字号。

　　（5）更换模块中的图片。选中该模块的图片，在打开的面板中单击"换图"按钮；在打开的"多图上传"对话框中，单击"本地上传"选项卡；在打开的选项卡中单击"普通图片上传"按钮，在打开的"打开"对话框中选中需要的图片（配套资源：\素材\项目三\荔枝2.png），单击"打开"按钮，返回"多图上传"对话框，单击"确定"按钮，如图3-53所示。

（6）修改模块中的文字。选中下方的文字，将其删除，并将素材文件中"一、一骑红尘妃子笑"段落的内容复制后粘贴过来。按照步骤3的方法调整文字的字体为"默认字体"。修改后的效果如图3-54所示。

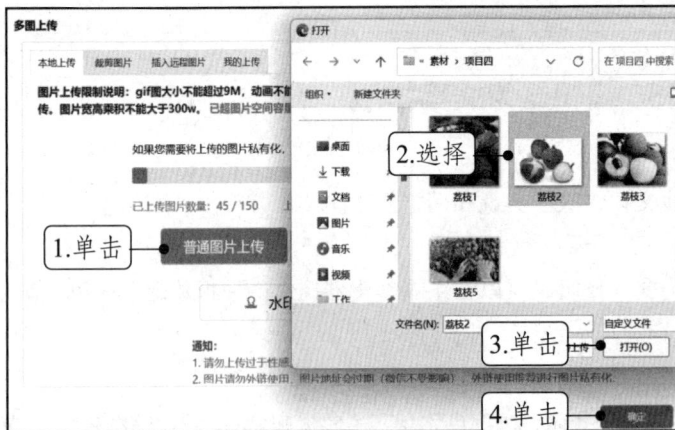

图3-53　更换模块中的图片

图3-54　修改后的效果

（7）继续修改下方的模块。将"第二家：山水人家民宿""第三家：云溪人家民宿"标题模块的文字分别修改为"清甜多汁，果肉细腻""得天独厚的产地优势"，并将字号修改为"17px"，然后分别将下方段落模块中的文字内容修改为素材文件中对应标题下的内容，调整文字的字体为"默认字体"。分别选中两个段落模块中的图片，按照步骤5的方法将其更换为素材图片（配套资源：\素材\项目三\荔枝3.png、荔枝4.png）。排版后的效果如图3-55所示。

图3-55　排版后的效果

（8）复制并修改模块。选中"得天独厚的产地优势"标题模块，单击右侧面板中的"复制"按钮复制该模块。在"END"模块上一行按【Enter】键换行，按【Ctrl+V】组合键粘贴。将粘贴的标题修改为"果园现摘，冷链运送"。

使用相同的方法复制"我们的果园位于……"模块，将其粘贴到"果园现摘，冷链运送"模块下方，将其内容修改为素材文件中"四、果园现摘，冷链运送"标题下的内容，调整文字的字体为默认字体。然后将带有黄色底纹的"03"修改为"04"。选中模块中的图片，将其更换为素材图片（配套资源：\素材\项目三\荔枝 5.png）。复制并修改模块后的效果如图 3-56 所示。

（9）插入并修改模块。将鼠标指针定位至下方合适的位置，在样式展示区上方导航栏中选择"图文/上下图文"选项，在下方选择编号为"132139"的样式，将其插入版面。删去模块中的图片，将模块中的文字修改为素材文件中的最后一段。选中"3 斤装荔枝原价 129 元，现在只要 99 元"文字，单击右侧面板中的"B"按钮将文字加粗。

（10）插入图片。将鼠标指针定位到文案结尾，按【Enter】键，在上方工具栏中单击"单图上传"按钮，在打开的"打开"对话框中选择需要的图片，单击"打开"按钮插入图片（配套资源：\素材\项目三\品牌标志 2.jpg），插入图片后的效果如图 3-57 所示。

图 3-56　复制并修改模块后的效果

图 3-57　插入图片后的效果

（11）删除多余模块并保存。选中下方带二维码的模块并将其删去。在编辑区右侧单击"快速保存"按钮，保存已排版文章。

（12）修改文章标题。在左侧导航栏中选择"我的文章"选项卡，即可在右侧的展示区中看到刚保存的文章。单击"编辑文章标题"按钮，在出现的文本框中输入文案标题："又甜又新鲜的荔枝上市啦！果园现摘直发！季节不等人！"。单击"保存"按钮，如图 3-58 所示。

（13）单击标题下方的"预览"按钮，即可在打开的页面中预览该文章的排版效果（配套资源：\效果\项目三\荔枝文案排版效果.jpg）。

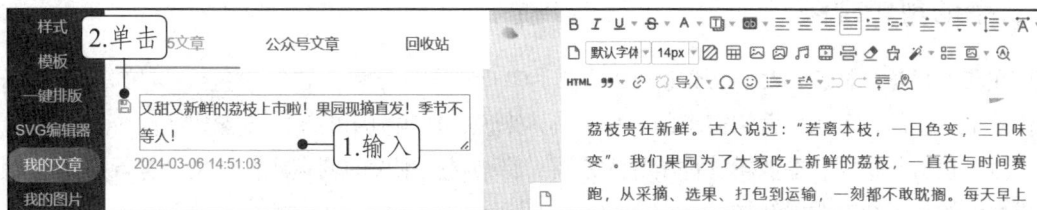

图 3-58　修改文章标题

⏰**行业点拨**

　　排版完成后，在编辑区中右侧列表中单击"复制使用"按钮，在对应的网站内容发布页面中通过按【Ctrl+V】组合键粘贴内容，即可发布排版文案。

任务四　制作营销视频

🖥️**任务描述**

　　根据营销策略，小张还需要制作一个荔枝营销视频。小张研究了营销视频的两种制作方法，认为目前手上的拍摄资源有限，为了在较快的时间内制作出视频，他决定利用 AI 一键成片的方式来生成视频（见表 3-14）。

表 3-14　　　　　　　　　　　　　任务单

任务名称	制作荔枝营销视频	
任务背景	小张计划在微信、微博、短视频/直播平台中发布荔枝营销视频，借助直观的视频加深消费者对荔枝的印象	
任务类别	☐ 制订营销策略　　☐ 制作营销图片　　☐ 写作营销文案　　■ 制作营销视频	
工作任务		
任务内容		**任务说明**
任务演练：使用 AI 一键生成营销视频		视频制作工具：剪映 视频制作方式：AI 生成视频 视频时长：30 秒以内
任务总结：		

🖥️**知识准备**

一、手动剪辑视频

　　在获取视频素材后，农产品商家可以以其为基础，通过分割、删除、组合、拼接等剪辑操作，创作一个完整的、可满足营销需求的视频。具体来说，视频剪辑的基本步骤如下。

　　（1）粗剪与排序。在剪辑软件中导入素材，将素材按预设的剧本或创意概念进行排列组合，形成大致的故事线或逻辑结构。

　　（2）剪辑与修剪。使用剪辑工具对各个片段进行精确剪辑，去掉不必要的开头、结尾或其他无效部分，以确保画面流畅自然，符合叙事节奏。

（3）添加转场与特效。在两个视频片段之间加入过渡效果（转场），使场景切换更加流畅。同时，应用如慢动作、快进、调色、滤镜、动画等视觉特效，以增强视觉表现力。

（4）音频处理。添加背景音乐或音效，根据情节调整音量的大小、淡入淡出等。调整配音或对话的音轨，以确保声音同步于画面。

（5）添加字幕与图形元素。制作并添加字幕以辅助理解或传达关键信息；插入标题、标签、Logo 等图形元素来强化品牌形象或突出重点。

（6）输出与导出。完成所有编辑后，设置合适的视频参数（分辨率、帧率、编码格式等）。导出最终的视频文件，以便在不同平台或设备上播放和分享视频。

> ⏰ **行业点拨**
>
> 　　常用的视频剪辑工具包括 Premiere、会声会影、剪映等。其中，Premiere 的专业性最强，而剪映操作简单，使用门槛较低。

二、AI 生成视频

除了手动剪辑视频外，农产品商家还可以借助 AI 生成视频。AI 生成视频指利用 AI 技术（如深度学习技术）生成新的视频内容。目前，AI 生成视频的方式主要有一键成片、根据指令生成视频。

（一）一键成片

一键成片指利用 AI 技术，根据用户提供的素材（如文本、图片或音频），自动剪辑和生成视频内容，拥有该功能的软件包括剪映、腾讯智影、度加剪辑等。一键成片简化了传统视频制作过程中的许多步骤，使得即使没有视频剪辑经验的人也能够快速制作出具有一定质量的视频。一键成片主要涉及以下 4 个方面。

（1）自动剪辑。AI 可以根据素材的内容和长度自动进行剪辑，去除不需要的部分，保留素材的精华片段。

（2）智能排版。AI 可以帮助用户对文字素材和图片素材进行智能排版，使得最终的视频更加美观。

（3）风格匹配。AI 能根据视频内容和用户的偏好，自动匹配合适的背景音乐和过渡效果。

（4）语音合成。AI 可以将文本转换为语音，为视频提供旁白或解说。

（二）根据指令生成视频

根据指令生成视频指根据用户输入的文本描述生成高质量的视频，包括精细复杂的场景、生动的角色表情，以及复杂的镜头运动。例如，输入"几只巨大的毛茸茸的猛犸象正踏着白雪皑皑的草地走来，它们长长的毛茸茸的皮毛在风中轻轻飘动，远处覆盖着积雪的树木和雄伟的雪山，午后的阳光下有缕缕云彩，太阳高挂在天空中"文字描述，即可生成图 3-59 所示的视频。

扫码观看

根据指令生成的视频

目前，该方面应用的典型代表是 Sora、Pika。

使用这种方法生成的视频与一键成片的视频存在本质上的不同，后者主要是由素材拼接而成，机械感较强，前者则类似是 AI "从无到有" 地 "画" 出来的，内容更有连贯性，关联性与协同性更强。因此，根据指令生成视频比一键成片更为智能。

图 3-59　生成的视频

🔍**素养课堂**

当今科技的发展日新月异，尤其是 AI 技术，很可能在未来为社会生活带来巨大变化。可以预见的是，熟练掌握 AI 工具将成为一项至关重要的技能。作为当代青年学生，应该积极拥抱时代发展潮流，学习 AI 相关知识，掌握新兴 AI 工具，从而提高自己的竞争力。

💻**任务实施**

☕任务演练：使用 AI 一键生成营销视频

【任务目标】

使用剪映将之前搜集的视频素材一键生成荔枝营销视频。所生成的视频要清晰美观，具有视觉吸引力。

【任务要求】

本次任务的具体要求如表 3-15 所示。

表 3-15　　　　　　　　　　　　　　　　　　　任务要求

任务编号	任务名称	任务指导
（1）	确定视频主题并选择视频素材	① 视频主题要与营销目的相契合 ② 所选择的视频素材组接在一起要和谐，且能生动地呈现荔枝的生长和采摘后的状态
（2）	一键生成视频	在剪映中使用 "一键成片" 功能以及系统提供的视频模板，使视频素材自动生成视频

【操作过程】

1. 确定视频主题并选择视频素材

根据营销目的来看，营销视频主要是要直观展示荔枝。考虑到晴妹鲜果刚在新媒体平台开展营销，应以内容优先，营销气息不能太强。因此，可以将视频主题确定为"品尝从枝头摘下的荔枝，感受生活的美好"。然后从荔枝视频素材中选择能展现荔枝的生长环境、荔枝外观、荔枝果肉的素材，需注意的是，各素材的色调、画面风格、节奏应大体一致。

2. 一键生成视频

（1）导入素材。在手机中打开剪映 App，在主界面中点击"一键成片"按钮，在打开的界面中按照预想的素材排列顺序，依次点击需要导入的素材（配套资源：\素材\项目三\荔枝视频 1.mp4～荔枝视频 3.mp4、荔枝视频4.mov），点击"下一步"按钮，如图 3-60 所示。

（2）选择模板。在打开的界面会出现系统推荐的视频模板，向右滑动浏览，点击合适的模板选项。这里选择一个风格清新明快、表现人间烟火的模板，预览视频生成效果。若满意，则直接点击右上角的"导出"按钮，如图 3-61 所示。

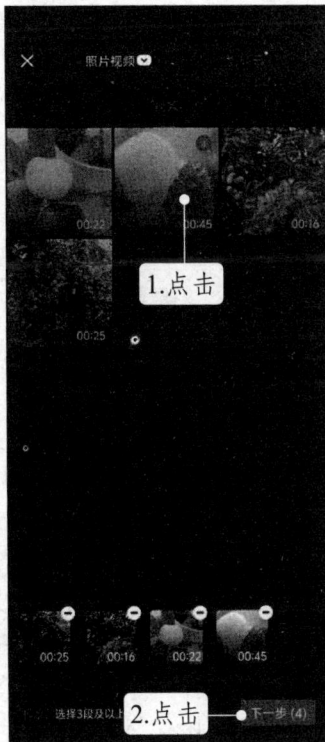

图 3-60　导入素材　　　　　　图 3-61　选择模板并导出视频

（3）在打开的界面中点击"无水印保存并分享"按钮，生成的视频将自动保存到手机中（配套资源：\效果\项目三\荔枝营销视频.mp4）。

综合实训

实训一　为丹东草莓写作营销文案

实训目的：练习写作营销文案，以巩固文案写作方法，提升文案写作水平。

实训要求：为丹东草莓撰写一篇营销文案，采用直言式标题，正文以论点开头，中间采用并列式结构介绍草莓的各个卖点，结尾请求号召消费者购买草莓。该丹东草莓的信息如下。

- 产地：辽宁省丹东市。
- 特点：个大、色红、味甜，果肉细腻、多汁。
- 价格：18 元/斤。
- 种植环境：丹东地处北纬 40 度，气候适宜，土壤肥沃，水源、阳光充足。
- 采摘方式：每天早上采摘后直接打包、发货，确保草莓的新鲜度和口感。
- 包装方式：采用两层泡沫网包装，保证草莓在运输途中的安全。

实训思路：本次实训的具体操作思路可参考图 3-62。

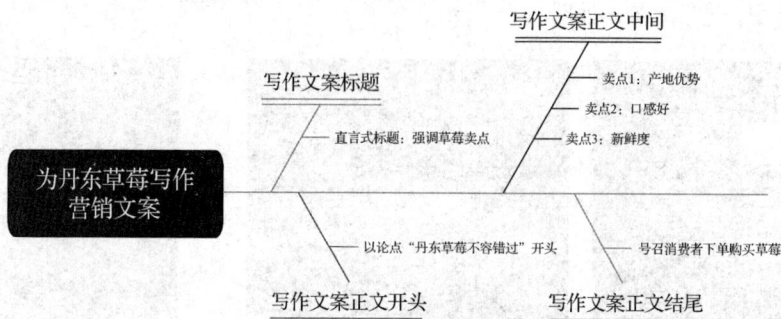

图 3-62　文案写作思路

实训结果：本次实训完成后，参考效果如图 3-63 所示（配套资源：\效果\项目三\草莓文案.docx）。

图 3-63　实训参考效果

实训二　为丹东草莓制作营销海报

实训目的：练习制作营销海报的方法，以提升审美能力和制作营销图片的能力。

实训要求：在千图网中搜索与草莓相关的图片素材，然后在创客贴中找到合适的模板，修改模板内容并进行优化。

实训思路：本次实训的具体操作思路可参考图 3-64。

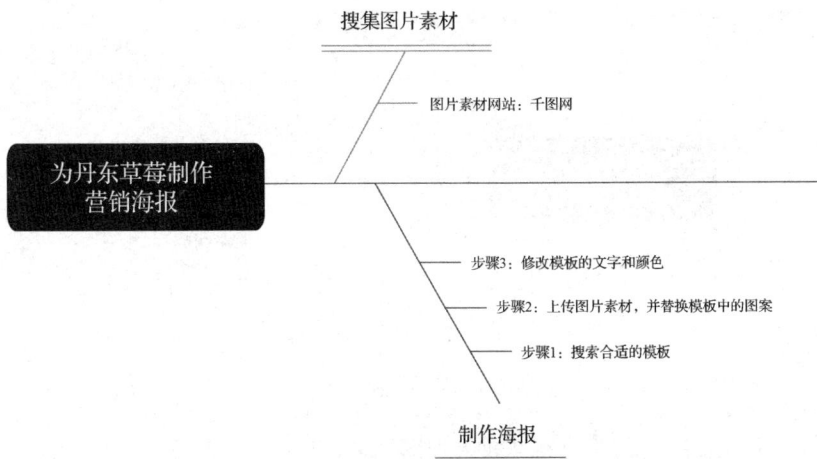

图 3-64　营销海报制作思路

实训结果： 本次实训完成后的参考效果如图 3-65 所示（配套资源：\效果\项目三\草莓海报.jpg）。

图 3-65　实训参考效果

实训三　为丹东草莓生成营销视频

实训目的： 练习制作营销视频，以提升视频制作水平。

实训要求： 基于丹东草莓营销文案，在剪映中利用"图文成片"功能生成一个营销视频。

实训思路： 本次实训的具体操作思路可参考图 3-66。

输入文案并设置成片方式

— 文案来源：实训—写作的营销文案

— 成片方式：智能匹配素材

为丹东草莓生成
营销海报

— 预览并检查生成的视频

— 导出视频

生成视频

图 3-66 营销视频制作思路

实训结果：本次实训完成后的参考效果如图 3-67 所示（配套资源：\效果\项目三\草莓视频.mp4）。

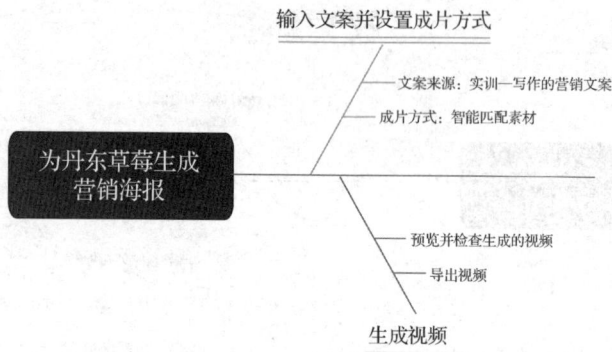

图 3-67 实训参考效果

巩固提高

1. 什么是农产品营销？

2. 农产品价格策略、促销策略有哪些？

3. 农产品品牌名称要满足哪些要求？

4. 图片素材的来源有哪些？

5. 文案标题的类型有哪些？

6. 文案正文中间部分可以采用哪些结构？

7. 文案排版有哪些基本要求？

8. 某网店新上架了一款柠檬，需要你撰写一篇文案帮助其进行营销，请说说大致的写作思路，包括如何写作标题、选择什么样的开头、中间部分采用什么结构，以及如何结尾等。

9. 现需要推广一款李子，在爱给网中搜索"李子"相关视频素材，在剪映中使用一键成片功能为其制作一个营销视频。

项目四
农产品新媒体营销

学习目标

【知识目标】

1. 掌握微信个人号、公众号、视频号的营销方法。
2. 掌握组建社群以及开展社群营销的方法。
3. 熟悉微博营销、微博粉丝获取与维护的方法。

【技能目标】

1. 能够为微信个人号添加好友，并发布朋友圈。
2. 能够利用微信公众号发布文章进行营销，并设置自定义菜单。
3. 能够将微信视频号与公众号绑定，并发布视频。
4. 能够组建社群并开展社群线上分享活动。
5. 能够在微博上开展话题营销、借势营销、关联营销，并通过互动、开展活动等方式获取与维护粉丝。

【素养目标】

1. 学会使用新媒体这一新工具，并用其不断推动农业数字经济转型。
2. 意识到诚信对农产品营销的重要性，做到如实宣传、运营。

项目导读

在数字化时代，新媒体平台以其即时性、互动性、个性化等特点，逐渐成为人们日常生活的重要组成部分，农产品的新媒体营销也已成为农业品牌建设、农产品销售，以及农业文化传播的重要途径。所谓农产品新媒体营销，顾名思义，就是利用新媒体平台，如微博、微信等，对农产品进行广泛而深入的市场推广。根据营销策略，晴妹鲜果应开展新媒体营销。正好荔枝现在进入了热卖期，于是小张打算在微信、微博平台注册账号，利用此前制作的营销内容来宣传荔枝，以提升荔枝的销量。同时，与用户开展互动、拉近与用户之间的距离，从而增强用户对品牌的忠诚度。

任务一　农产品微信营销

任务描述

老李提醒小张，微信是十分热门的新媒体平台，应将其作为新媒体营销的重点平台。小张在研究后做出计划：对于微信个人号营销，需先积累一定的微信好友，并发布朋友圈营销；对于微信公众号营销，主要通过发布文章来吸引用户关注，并设置公众号自定义菜单，引导用户查看重要的营销信息；至于微信视频号营销，则集中精力开展短视频营销，可以发布之前制作的荔枝营销视频试水，再借助引流策略为视频引流。梳理完毕后，小张填写了任务单（见表4-1）。

表4-1　　　　　　　　　　　　　　　　　　　　　　　任务单

任务名称	开展农产品微信营销	
任务背景	小张专门为晴妹鲜果注册了营销用的微信个人号、公众号、视频号（公众号和视频号均使用个人号注册），准备通过微信进行荔枝的营销	
任务类别	■ 农产品微信营销　　□ 农产品社群营销　　□ 农产品微博营销	
工作任务		
任务内容	**任务说明**	
任务演练1：为微信个人号添加好友并发布朋友圈	① 基于已收集用户的手机号，通过搜索手机号添加好友； ② 发布朋友圈时，可以在分享生活的基础上融入广告	
任务演练2：在微信公众号中发布文章并设置自定义菜单	文章来源：之前写好的荔枝营销文案 自定义菜单作用：介绍品牌、活动，引导用户查看荔枝营销文案	
任务演练3：在微信视频号中发布视频并引流	视频来源：之前制作的荔枝营销视频 引流方式：借助微信公众号引流	

任务总结：

知识准备

一、微信个人号营销

微信个人号营销是基于个人微信号所开展的营销活动，通过个人微信号发布有价值的内容，从而吸引用户关注，建立自己的品牌形象，并与用户进行互动，建立信任关系。

（一）微信个人号打造

微信个人号最好以个人身份呈现，如企业或品牌的创始人、客服等。打造微信个人号涉及昵称、头像和个性签名的设置：昵称可以以"店铺名称+角色+名字""名字+个人特征"的结构体现，如"杨哥五谷杂粮铺-客服孙明""张桥-丑橘基地直发"。头像可以选择品牌标志、农产品图片或自己手持农产品的照片。个性签名可以以简单直接的方式介绍品牌或农产品，如"××（农产品企业或品牌）创始人""只售林下散养土鸡所产土鸡蛋，6 年 500 位回头客"等。

（二）微信好友的获取与维护

高质量的微信好友是微信个人号营销的基础，农产品商家要积极获取尽可能多的微信好友，并做好维护。

（1）微信好友的获取

微信个人号好友的获取可以采用以下途径。

① 手机通讯录添加好友。通过微信读取手机通讯录，识别通讯录中已存在的微信用户，然后向对方发送好友请求。

② 手机号或微信号搜索。如果已经得知他人的手机号或微信号，可以直接在微信中搜索并添加。

③ 其他平台引流。通过微博、抖音、快手等其他社交平台发布吸引人的内容，从而引导用户添加微信好友。

④ 微信群推广。加入或创建与农产品相关的行业群、兴趣群，在群内分享有价值的内容并互动，逐渐积累粉丝，并将其转化为微信好友。

⑤ 公众号引流。在微信公众号上发布文章，并在底部设置引导关注个人微信号的提示，从而吸引精准粉丝成为好友。

⑥ 活动宣传。参加各类农产品展销会、社区活动等，现场派发带有个人微信二维码的宣传单或名片，吸引感兴趣的人加好友。

⑦ 地推营销。在人流量较大的地方（如商场、公园等）做地面推广活动，通过试吃、赠送样品等方式吸引潜在用户扫码添加好友。

（2）微信好友的维护

微信个人号营销效果的好与坏，很大程度上取决于与好友关系的亲疏。因此，将用户添加为好友后，还要维护与好友的关系，常用的方法就是通过与好友互动来建立信任关系，具体有私聊互动、朋友圈互动两种方式。

① 私聊互动。定期与好友在微信私聊中进行互动可以让你们之间建立起一种亲切的关系，让用户感受到品牌的关心。这种互动既可以是简单地问候早安、晚安，或者关心一下用户的生活，也可以是回答用户的问题、提供帮助或解决用户遇到的困难。

② 朋友圈互动。朋友圈互动指为好友发布的朋友圈内容点赞、留言等，加深自己在好友心目中的印象。

（三）微信朋友圈的内容策划

朋友圈是微信个人号传播营销信息，与用户建立联系和互动的重要场所。农产品商家可以在朋友圈发布有趣、吸引人的动态，并植入产品或品牌的广告，进而达到营销目的。朋友圈相对比较私人化、生活化，很多用户不喜欢在朋友圈看到太多广告，因此在发布朋友圈动态进行营销时需掌握以下技巧。

（1）适度发布产品信息。不要经常在朋友圈中发布产品信息，一般一天一到两次或两天一次，并且内容最好是产品的上新信息、产品详情信息、促销活动、发货情况等。

（2）在生活分享中植入广告。在朋友圈中直接发布广告可能会招致微信好友的反感，因此可以选择在生活分享的内容中植入广告，只要写出自己生活中的趣事或心情感悟，将营销信息自然地融入其中，让好友在真实的生活场景中感受和了解营销信息即可。图 4-1 所示的朋友圈表面上是分享人生感悟，实际上融入了绿植的营销信息。

（3）展示消费评价。用户购买产品后常常会对产品的质量、包装、使用便利度等进行评价，农产品商家可以将这些评价整理出来，以文字或图片的形式发布在朋友圈中，从而吸引更多的潜在用户了解产品和品牌。图 4-2 所示为某商家发布在朋友圈中的消费评价，这种以微信对话的形式展示的消费评价显得更真实可信，更容易获得用户的认可和信任。

图 4-1　在生活分享中植入广告

图 4-2　展示消费评价

> **素养课堂**
>
> 　　微信个人号营销的门槛很低，普通农户只需要利用自己的微信就可以销售和推广农产品，降低了信息传播和农产品交易的成本，使得包括普通农户在内的广大农村群体能够以较低的投入参与农产品电商运营。可以说，微信对于推动农业实现数字经济转型发挥了重要作用。

二、微信公众号营销

当前，使用微信公众号、阅读微信公众号发布的文章已经成为很多用户的一种习惯。因此，很多企业也将微信公众号作为重要的营销平台。微信公众号支持发布形式多样的内容，包括文字、图片、音频、视频等，有助于高效传播营销信息。

（一）微信公众号的类型

当前，微信公众号主要有 4 种类型，分别是服务号、订阅号、小程序和企业微信。各类型微信公众号的特点、主要功能及适用对象等如表 4-2 所示。

表4-2　　　　　　　　各类型微信公众号的特点、主要功能及适用对象

账号类型	特点	主要功能	适用对象
服务号	具有用户管理和提供业务服务的能力，每月可群发4条消息	服务交互	具有开通微信支付、销售产品等需求，且服务需求高的媒体、企业、政府或其他组织
订阅号	具有发布和传播信息的能力（类似报纸、杂志，提供新闻信息或娱乐资讯），1天可群发1条消息	向用户传达资讯	只想简单地发送消息、宣传推广的个人、媒体、企业、政府或其他组织
小程序	它是一种开放功能，不用下载，可以在微信内被便捷地获取与传播	建立用户与商家之间的联系	有服务内容的个人、媒体、企业、政府或其他组织
企业微信	可以充当企业办公管理工具和客户管理工具，可与微信消息、小程序、微信支付等协同使用	企业管理和沟通、客户管理	公司内部通信和客户管理使用

对于用于营销的微信公众号来说，服务号和订阅号目前的使用频率更高。订阅号通过微信认证资质审核通过后，有一次升级为服务号的机会，升级成功后类型不可再变；服务号不可变更为订阅号。

（二）微信公众号自定义菜单内容设置

微信公众号自定义菜单可以通过提供直观、简洁的导航界面提升用户体验，引导用户参与互动或消费行为，如领取优惠券、购买产品等，有效促进转化率。同时，根据用户需求个性化定制菜单内容，不仅可实现精准的信息推送，还可以实现资源整合，如一键链接至小程序、外部网页等，一站式满足用户的多种需求。此外，自定义菜单还可简化购物流程、增强用户服务效率，以及设置签到、积分兑换等互动功能，从而增加用户黏性与忠诚度。

在设置自定义菜单时，可根据用途设置不同类别的菜单，如品牌介绍、官方活动、合作联系、文章分类或推荐、商城入口和互动社区等。

（1）品牌介绍。此菜单项下可以设置关于品牌的详细介绍页面，包括企业或产品的历史沿革、产品线概况、公司愿景与使命，以及微信公众号的独特定位等，从而帮助新关注的粉丝快速了解微信公众号的核心价值。

（2）官方活动。用于集中发布和更新品牌正在进行或即将开展的各项线上线下活动详情，如新品发布会、促销折扣信息、线下聚会时间地点等，从而提高用户参与度，增加品牌曝光度。

（3）合作联系。设立专门的合作入口，细分广告投放、内容转载授权、商务洽谈等多种合作形式的联系方式，帮助潜在合作伙伴快捷地找到联系入口并发起合作意向，拓宽商业合作渠道。

（4）文章分类或推荐。为用户提供精细化的内容导航服务，按照不同的主题、类别对已发布的文章进行整理归档，以便用户按需查找阅读，并可根据用户的兴趣偏好推荐相关优质内容，从而提升内容消费的精准度和满意度。

（5）商城入口。可直接在具有电商属性的公众号的菜单中嵌入商城链接，一键跳转至线上店铺或商品列表页面，以缩短购物路径，有效提高转化率，让用户能够在享受阅读体验的同时轻松完成购买行为。

（6）互动社区。构建一个开放式的交流平台，用户可以在其中发表评论、提问或者分享心得，

同时。农产品商家可以借此收集用户反馈，组织话题讨论，甚至举办在线问答、投票等活动，增强粉丝之间的互动性及对品牌的归属感。

（7）在线客服。设置快捷入口直达人工客服或自动回复系统，便于用户随时咨询问题，以提升客户服务响应速度。

（8）用户服务。包括订单查询、物流追踪、售后支持等，通过菜单直接为用户提供便捷的自助服务通道。

（9）会员中心。提供会员注册、积分兑换、等级查看等功能，鼓励用户成为会员并积极参与互动以获得特权与优惠。

图 4-3 所示为某绿植商家的微信公众号自定义菜单，其中包括品牌介绍、合作联系、商城入口、文章分类或推荐等。

图 4-3　微信公众号自定义菜单

知识拓展

除了自定义菜单，农产品商家还可以设置自动回复。通过灵活使用和优化自动回复功能，微信公众号能够为用户提供全天候的基础服务支持，提升用户体验，同时也减轻了客服的工作压力，提高了工作效率。

自动回复包括被关注回复、收到消息回复和关键词回复。其中，被关注回复指用户关注微信公众号后自动回复，收到消息回复指用户发送聊天消息后回复已设置好的指定内容，关键词回复指用户发送指定关键词后自动回复。

（三）微信公众号文章的内容策划

微信公众号文章在微信营销中的作用举足轻重，它不仅是内容传播和品牌建设的核心载体，更是企业与用户进行深度互动、实现营销目标的重要工具。农产品商家可以通过撰写高质量的文章，传递农产品食用方法、营养价值、挑选技巧等有价值的内容，吸引并保持用户的关注。此外，农产品商家还可以在文章中巧妙地融入促销信息、新品推荐或者购买链接，引导用户产生购买行为，直接促进销售转化。

要想实现既定的营销目的，农产品商家需要精心策划微信公众号文章的内容。具体来说，需要做好以下 5 点。

（1）明确定位与目标群体

首先，要明确微信公众号的定位，是提供行业资讯、专业知识分享，还是进行产品推广、客户服务等。研究目标用户的需求、兴趣点及行为习惯，以便有针对性地制作符合他们需求和喜好的内容。

（2）做好内容规划

根据微信公众号定位，制订长期的内容战略规划，包括主题分类、推送频次（如每日更新、每周固定几篇）；设计多元化的内容形式，如图文消息、长图文、短视频、音频、直播、H5（HTML5，构建网页内容的一种语言描述方式）等；制订热点追踪计划，对重大节日、社会热点事件等及时作出响应，结合自身品牌特性策划相关专题内容。

（3）输出原创、有价值的内容

重视原创内容的质量，确保内容的专业性、独特性和实用性，提供有价值的见解或解决方案；结合品牌故事、企业文化、用户案例等元素，打造具有情感共鸣的品牌故事系列内容。

（4）设计互动与激励机制

在内容中嵌入互动环节，如问答、投票、征集、挑战赛等形式，提高用户参与度；设置用户激励机制，如阅读抽奖、评论有奖、转发赠品等，鼓励用户分享并传播内容。

（5）数据分析与优化

定期分析微信公众号的后台数据，了解用户的阅读喜好、活跃时段、转发分享情况等，根据数据反馈调整内容策略。对高阅读量、高转发率的内容进行深度挖掘，提炼成功因素，并将其复制到其他内容策划中。

三、微信视频号营销

视频号是微信官方推出的短视频平台，农产品商家可以随时随地在视频号上记录和发布与农产品相关的短视频，并与更多用户分享。目前，在视频号上观看短视频的用户越来越多，在微信中利用视频号进行营销是一个比较好的选择。微信视频号营销属于短视频营销，短视频营销的详细知识将在项目五中详细介绍，这里重点介绍微信视频号的引流策略，主要包括以下5种策略。

（1）视频号评论置顶促进曝光。在视频号优秀作品下方评论，第一个获得3个赞及以上的评论会被置顶，可以获得更多的曝光。因此，农产品商家可以到一些热门视频号的作品下方发布吸引力比较强的评论，从而为自己的账号引流。

（2）发掘视频号本身的引流潜力。即利用视频号内容来引流涨粉，如在视频底部、视频结尾处通过文字引导语（如"关注××了解土鸡蛋的知识""点赞超过××更新下一期"）引导用户点赞和关注等。另外，部分农产品商家还会拍摄系列视频作品，然后在每期视频结尾附带问题，再用"关注我，下期告诉你答案"的话术来引导用户关注视频号。

（3）转发到微信朋友圈。将视频号中的视频分享到朋友圈，可以收获一波来自朋友圈的流量。如果好友点赞自己的视频或者将视频分享到他的朋友圈，就可以形成二次传播。

（4）转发到微信群。如果农产品商家创建了微信群，还可以将视频转发到微信群中，并采用发红包等方式号召群成员为自己的视频点赞和评论，进而让自己的视频获得更多的平台推荐流量。

（5）利用微信公众号引流。在微信公众号的文章中嵌入视频号发布的视频（见图4-4），或者直接通过公众号转发视频，从而引导用户点击并跳转至视频号观看内容。此外，还可以将视频号与公众号进行绑定。绑定后，用户就可以在公众号主页看到视频号的链接和所发布的内容（见图4-5）。

图4-4　文章嵌入视频

图4-5　视频号绑定微信公众号

知识拓展

微信视频号带货的主要方式是通过"视频号小店"带货。视频号小店是微信生态内专门为视频号创作者提供的电商工具，农产品商家可以通过在视频号内容中插入农产品购买链接或卡片，以直观生动的视频形式展示产品的生产环境、品质特点等，从而吸引用户点击并完成购买。视频内容与产品紧密结合，用户在被视频内容吸引的同时，可以直接点击跳转至产品详情页下单，实现从内容观看到实物购买的无缝衔接。

任务实施

任务演练1：为微信个人号添加好友并发布朋友圈

【任务目标】

为晴妹鲜果微信个人号添加一定数量的好友，并通过该账号发布朋友圈，营销荔枝。

【任务要求】

本次任务的具体要求如表4-3所示。

表4-3　　　　　　　　　　　　　　　任务要求

任务编号	任务名称	任务指导
（1）	添加好友	搜索手机号→输入申请理由→设置用户的备注和标签→发送好友申请
（2）	发布朋友圈营销内容	分享个人打包发货日常并植入荔枝广告

【操作过程】

1. 添加好友

（1）搜索手机号。打开微信 App，在主界面右上角点击"Q"按钮，在打开的界面的搜索框中输入某用户的手机号，在打开的界面中点击"查找手机/QQ 号"选项，在打开的界面中查看用户微信名片，点击"添加到通讯录"按钮。

（2）输入申请理由。在打开的"申请添加朋友"界面中的"发送添加朋友申请"栏中输入申请理由，这里输入的是"我是晴妹鲜果掌柜晴妹，竭诚为您服务"。

（3）设置备注。在"设置备注"栏中输入备注，这里将备注设置为用户的微信昵称+城市+性别。

（4）设置标签。在"添加标签和描述"栏中点击"标签"选项，在打开的"从全部标签中添加"界面中点击"新建标签"按钮，在打开的窗格中输入以"城市分级+性别"为结构的标签。在这里输入"一线/新一线+女"，点击"确定"按钮，如图 4-6 所示。返回"从全部标签中添加"界面，点击右下角的"保存"按钮。

（5）发送好友申请。返回"申请添加朋友"界面，点击"发送"按钮，如图 4-7 所示。

2. 发布朋友圈营销内容

（1）策划朋友圈内容。朋友圈适合通过分享生活趣事的方式植入营销信息，这里分享晴妹作为果农一天的工作，然后植入荔枝营销信息。

（2）打开朋友圈。打开微信主界面，点击"发现"按钮，打开"发现"界面，选择"朋友圈"选项。

（3）选择照片。在打开的界面中点击右上角的"发布"按钮，在打开的面板中点击"从相册选择"选项。在打开的界面中选中需要发布的照片（配套资源：\素材\项目四\朋友圈图 1～5.png），点击"完成"按钮。

（4）输入文字并发布。打开编辑界面，输入文字，点击"发表"按钮，完成发布。发布后的朋友圈如图 4-8 所示。

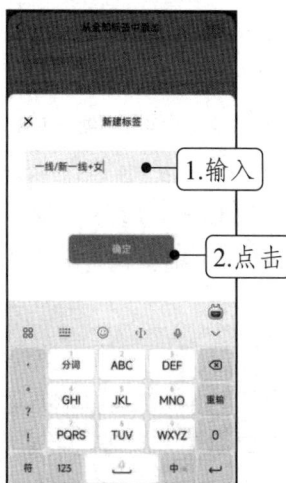

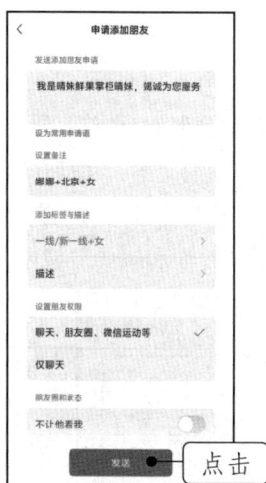

图 4-6　设置标签　　图 4-7　发送好友申请　　图 4-8　发布后的朋友圈

105

技能练习

重新撰写一条晴妹收到用户好评后感到开心的朋友圈，并植入荔枝营销信息。

任务演练 2：在微信公众号中发布文章并设置自定义菜单

【任务目标】

在晴妹鲜果微信公众号中发布之前写好并排版好的荔枝营销文案，为荔枝做宣传。同时设置自定义菜单，为用户提供浏览导航，以提升用户体验。

【任务要求】

本次任务的具体要求如表 4-4 所示。

微课视频

在微信公众号中发布文章并设置自定义菜单

表 4-4　　　　　　　　　　　　　　　任务要求

任务编号	任务名称	任务指导
（1）	发布文章	在 135 编辑器中复制文章，并将文章粘贴到微信公众平台发布界面
（2）	设置自定义菜单	设置"品牌介绍""福利""立即尝鲜"菜单

【操作过程】

1. 发布文章

（1）发布图文消息。进入微信公众号后台，选择页面右侧"新的创作"面板中的"图文消息"选项，如图 4-9 所示。

图 4-9　发布图文消息

（2）输入标题和作者名称。打开后台编辑页面，在"请在这里输入标题"处输入文章标题，在"请输入作者"处输入作者名称，如图 4-10 所示。

（3）输入正文内容。登录 135 编辑器网站，在首页导航栏选择"编辑器"选项，在打开的页面左侧选择"我的文章"选项。选中荔枝营销文案，在打开的页面中单击"复制使用"按钮。返回微信后台编辑页面，将鼠标指针定位于"从这里开始写正文"处，按【Ctrl+V】组合键粘贴文案。

（4）设置封面。单击页面下方的"封面和摘要"栏中的"拖曳或选择封面"按钮，在打开的下拉列表中选择"从正文选择"选项，如图 4-11 所示。

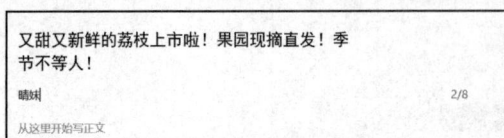

图 4-10　输入标题和作者名称

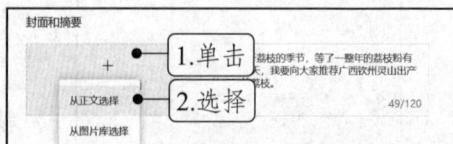

图 4-11　设置封面

（5）选择图片。在打开的"选择图片"对话框中选择第 2 张图片，然后单击"下一步"按钮，如图 4-12 所示。在打开的页面中拖动方框或调整方框的 4 个控制点，可以调整图片所显示的内容。此处不做调整，直接单击"完成"按钮。

（6）完成发布。返回后台编辑页面，单击右下角的"发表"按钮，如图 4-13 所示。

图 4-12　选择图片

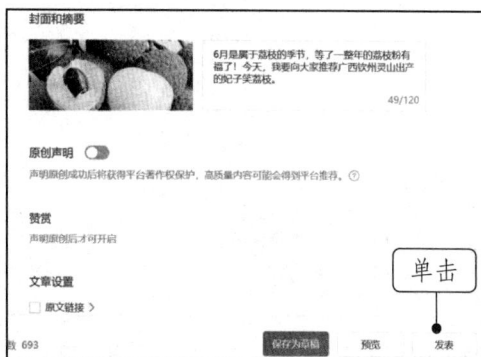

图 4-13　完成发布

（7）确认发布。在依次打开的提示对话框中分别单击"发表"按钮、"继续发表"按钮。在打开的对话框中，用手机微信 App 扫描二维码，在手机上点击"确定"按钮即可完成对微信公众号文章的发布。

2. 设置自定义菜单

（1）添加菜单。进入微信公众号首页，选择左侧导航栏中的"内容与互动/自定义菜单"选项，在打开的"自定义菜单"页面中单击"添加菜单"按钮，如图 4-14 所示。

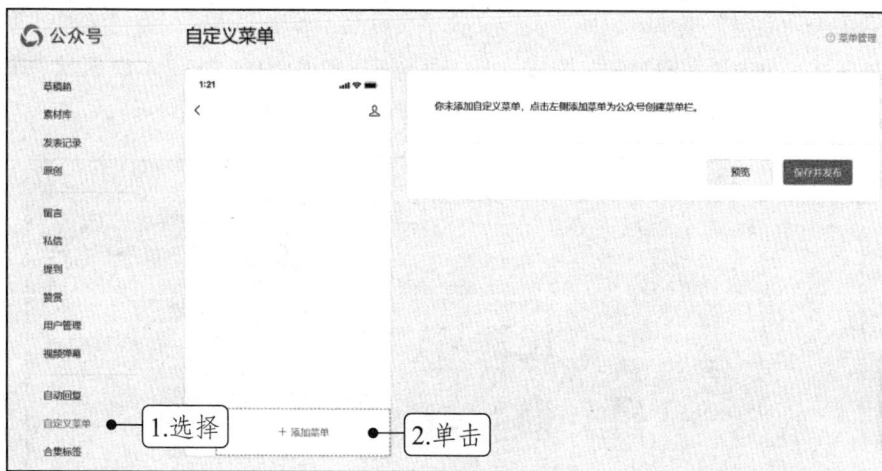

图 4-14　添加菜单

（2）设置"品牌介绍"菜单。在打开的页面右侧输入菜单名称，并在此处输入"品牌介绍"，默认选中"发送消息"单选按钮，在"菜单内容"栏中单击"文字"按钮，在出现的输入框中输入晴妹鲜果的品牌介绍（配套资源：\素材\项目四\品牌介绍.txt），如图 4-15 所示。

图 4-15　设置"品牌介绍"菜单

（3）设置"福利"菜单。单击"品牌介绍"菜单右侧的"+"按钮，继续新增菜单。设置菜单名称为"福利"，在"菜单内容"栏中单击"图片"按钮，在打开的"选择图片"对话框中单击"上传文件"按钮，在打开的"打开"对话框中选择要添加的图片（配套资源：\素材\项目四\公众号福利.png），单击"打开"按钮，然后返回"选择图片"对话框，单击"确定"按钮，如图 4-16 所示。

（4）设置"立即尝鲜"菜单。单击"福利"菜单右侧的"+"按钮，设置菜单名称为"立即尝鲜"，设置"菜单内容"为"图文消息"。在打开的"选择已有图文"对话框中选择之前发布的文章，然后单击"确定"按钮。返回"自定义菜单"页面，单击"预览"按钮，即可在左侧预览自定义菜单样式。单击"立即尝鲜"按钮，将自动发送设置的消息，如图 4-17 所示。确认后，在页面右下角单击"保存并发布"按钮，即可成功设置自定义菜单。

图 4-16　选择图片

图 4-17　预览效果

任务演练 3：在微信视频号中发布视频并引流

【任务目标】

在视频号中发布视频，并借助微信公众号为视频号引流，以增加荔枝及其品牌的曝光度。

【任务要求】

本次任务的具体要求如表 4-5 所示。

表 4-5　　　　　　　　　　　　　　　　任务要求

任务编号	任务名称	任务指导
（1）	发布视频	选择要发布的视频→添加视频描述→发布
（2）	为视频号引流	将视频号与微信公众号绑定，然后通过微信公众号转发视频

【操作过程】

1. 发布视频

（1）进入视频号界面。打开微信 App，点击"我"选项，在打开的界面中点击"视频号"选项。打开视频号主界面，点击"发表视频"按钮，在打开的界面中点击"从相册选择"按钮。

（2）选择视频。在打开的界面中点击需要发布的视频（配套资源：\素材\项目四\荔枝营销视频.mp4），然后点击"下一步"按钮，在打开的界面中预览效果并点击"完成"按钮。

（3）添加视频描述。在打开的界面中输入视频介绍"荔枝熟啦！新鲜诱人的妃子笑荔枝，就在晴妹鲜果！关注我，有惊喜哦"，然后点击界面右上角的"发表"按钮。

微课视频
发布视频

2. 为视频号引流

（1）将视频号与微信公众号绑定。进入微信公众号后台，将鼠标指针定位到"新的创作"面板中的"视频消息"选项处，在打开的列表中选择"视频号"选项。在打开的对话框中单击"去绑定"按钮，然后在打开的对话框中使用微信 App 扫描二维码，在手机上点击"去绑定"按钮。在打开的"选择视频号"界面中，会显示管理员管理的视频号。点击该视频号，在打开的界面中点击"绑定"按钮即可完成绑定。

微课视频
为视频号引流

（2）选择视频。再次将鼠标指针定位到"新的创作"面板中的"视频消息"选项处，在打开的列表中选择"视频消息"选项，在打开的对话框中选择所绑定的视频号所发布的荔枝营销视频，单击"确定"按钮，如图 4-18 所示。

（3）发布视频。在打开的对话框中编辑封面，这里保持默认内容，单击"完成"按钮。在打开的页面中添加标题和文字描述，完成后单击"发表"按钮，如图 4-19 所示，即可通过微信公众号转发视频号的视频。

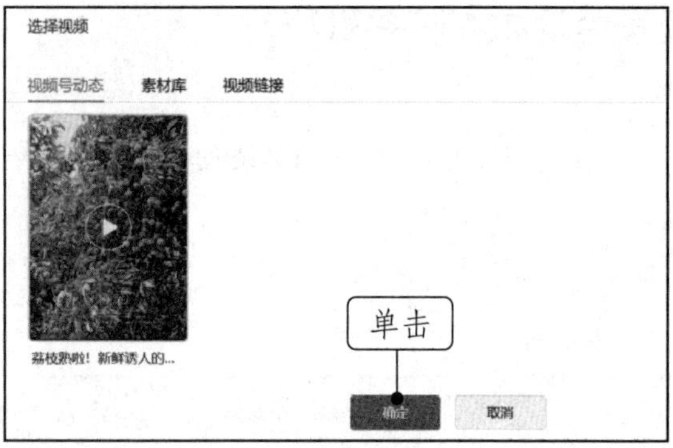

图 4-18　选择视频

图 4-19　发布视频

任务二　农产品社群营销

任务描述

　　小张向老李汇报：经过一段时间的经营与营销，晴妹鲜果积累了一定数量的老用户。老李强调，应该针对这些用户开展社群营销，并安排小张先组建社群，然后使用特定的社群营销方法进一步提升用户对品牌的忠诚度（见表 4-6）。

表 4-6　　　　　　　　　　　　　　　　任务单

任务名称	开展农产品社群营销	
任务背景	晴妹鲜果的老用户主要来自淘宝网店以及抖音、微信，晴妹鲜果微信个人号已经将这些用户添加为好友，准备建立粉丝社群	
任务类别	□ 农产品微信营销　　■ 农产品社群营销　　□ 农产品微博营销	
工作任务		
任务内容	任务说明	
任务演练 1：组建品牌粉丝社群	确定社群定位、名称、口号、规则和管理者，并在微信中创建社群	
任务演练 2：组织社群线上分享活动	活动前做好准备、活动中积极调动气氛、维护秩序，活动后在社群中发布总结	

任务总结：

知识准备

一、组建社群的流程

　　社群营销建立在一个定位明确、活跃、有凝聚力的社群的基础之上。因此，要开展社群营销，农产品商家首先就要明确社群定位、建立社群，然后吸引有共同特点的成员入群并维持社群活跃度，此后就可以开展社群营销了。

（一）明确社群定位

社群是由一群有共同兴趣、认知、价值观的成员组成的，社群成员在某方面的特点越相似，彼此之间就越容易建立感情联系。因此，在建立社群之前，必须先做好定位，明确要吸引哪一类的用户。例如，团购绿色蔬菜的社群吸引的是关注食品健康和安全的用户，美食制作分享的社群吸引的是热爱制作美食用户。只有对社群进行精准定位，才能推出契合用户兴趣的活动和内容，从而不断强化社群的兴趣标签，增强成员的情感认同。

（二）设置社群名称

名称是社群的标识符号，会影响用户对社群的第一印象。农产品商家可以围绕构建社群的核心点来命名。例如，以灵魂人物、品牌为延伸取名，如××荔枝哥粉丝群、××品牌粉丝群；以农产品延伸命名，如汶川车厘子团购群等，适合已经拥有大量粉丝或消费群体的社群；也可以根据目标用户群体的需求，在社群名称中设置能够吸引用户的关键点，以便用户辨认和识别，如生鲜品鉴团、老饕食品讨论会等。

（三）确定社群口号

社群口号就是社群的广告口号，社群口号可以是令人记忆深刻、具有特殊意义、特别重要的一句话或短语。好的社群口号不仅可以向他人传达社群的核心竞争力方面的信息，展现社群的个性魅力，还能引起社群成员的共鸣和认同，从而吸引更多认同该口号的人加入社群。社群口号可以从以下 3 个方面来确定。

（1）功能特点。通过一句简洁直观的话来描述社群的功能或特点，如绿植网店社群口号为"养花爱好者的交流园地"等。

（2）利益获得。直接以社群能够带给用户的利益为口号，以吸引对该利益感兴趣的用户，如某农产品团购社群的口号为"每周一鲜，带您尝遍全国地道农产品"。

（3）情感价值。以精神层面的情感价值为社群口号，以吸引认可社群价值观的用户，如某绿色果蔬品牌社群的口号为"回归自然，传承匠心，共享绿色生活"。

（四）制订社群规则

俗话说"无规矩不成方圆"，要使社群长期发展，保证社群营销的效果，就必须制订与社群定位相符的规则，并通过规则来约束社群成员的行为。

（1）引入规则。包括邀请制、付费制、任务制等。其中，任务制指要通过完成某项任务（如转发消息并认证、集赞、填写报名表、注册会员等），才能成为社群成员。

（2）交流规则。主要包括发言时间、发言礼仪、对恶意发言的处罚、出现争论后的解决办法等方面的规则。

（3）淘汰规则。针对影响社群正常发展的各种行为，如垃圾广告、辱骂他人等，可以制订相应的淘汰规则，设置犯规的次数与触发力度，将情节严重者剔除出社群，以维持社群的正常秩序。

（4）名称规则。名称规则用于规范社群成员的名称，能够使新成员在第一时间了解社群成员的基本信息。群成员名称一般包括身份、昵称、序号、归属地等元素，常以"序号+身份+昵称"、"序号+身份+归属地"的模式出现。

（五）选择社群管理者

社群管理者是社群发展的基石，对社群的发展与维护起着至关重要的作用。一般来说，社群管理团队有以下角色。

（1）群主。社群的总负责人，应具有较强的管理能力和人格魅力，能够为社群提供资源，并且能针对社群的定位、发展、成长等制订长远且正确的计划。

（2）管理员。管理员负责整个社群的管理，包括规划社群活动、修订社群规则、管理干事等相关事宜，是社群发展方向与发展规模的决定性成员。

（3）干事。管理员所属的下层管理人员，负责管理社群的具体事务。

知识拓展

农产品商家应根据社群的定位，通过合适的渠道吸引成员加入。具体来说，在引入社群成员时，除了可以在线上平台、线下活动宣传外，农产品商家还可以采用以下方法。

（1）老用户介绍。制订用户邀请奖励机制，如邀请一定数量的新成员加入社群，可获得积分、优惠券或礼品等回馈，以激励现有用户主动拉新。

（2）优惠活动吸引。提供只针对社群成员的专享优惠，如新品尝鲜价、社群专享折扣、免费试吃样品等，从而吸引更多为了享受优惠的用户。

（3）社区互动与口碑传播。建立良好的社群互动氛围，鼓励成员发表评价、提问和分享心得，通过口碑传播吸引更多同类用户。

二、社群营销的方法

社群营销不等于建群+无休止的广告，这样很容易造成成员的流失。农产品商家在开展社群营销时要讲究方法，要让群成员感受到社群的价值，再实现营销。

（一）开展社群交流

社群交流指挑选一个有价值的话题，发动社群成员共同参与讨论。这个话题一般不能太大、太沉重，要便于讨论、能引发多数社群成员的兴趣。例如，绿色食品分享群就可以围绕当季新鲜绿色食品开展讨论，号召成员分享自己的体会。可以在社群交流中植入农产品的广告。例如，农产品商家以成员的身份发言："今天用土鸡蛋烤了小饼干，很成功！关键一点是鸡蛋好。我家的鸡蛋是货真价实的土鸡蛋，没有腥味，烤出来的饼干特别香。"

在确定话题后，要约定一个大部分成员都能参与的时间作为讨论时间，然后通过群公告、@全体成员的方式通知，从而确保更多成员了解并参与讨论活动。每次开展讨论前，农产品商家都需要提前制订好规则，并安排好话题组织者、主持人、控场人员等。在讨论的过程中，当出现偏离交流主题甚至无意义刷屏的内容时，控场人员应该及时控制场面，将话题拉回主题，并对捣乱的社群成员予以警告。讨论结束后，农产品商家可以设计一些福利环节，为表现出彩的群成员赠送福利，以吸引更多群成员参与下一次话题讨论。

（二）开展社群分享

社群分享指面向社群成员分享一些知识、心得、体会、感悟等，通常具有一定价值，如实用价值、指导价值等。分享者既可以是社群外的人员（通常具有一定的专业性或知名度），如某行业资深人士等，也可以是社群内具有一定能力或资质的成员。在分享过程中，同样可以植入相关的营销信息，如通过品牌冠名等方式开设分享课程。

在举办线上分享活动前，农产品商家可以通过各种渠道进行宣传，吸引新的成员加入。在分享过程中，主持人要先介绍分享内容、分享嘉宾等，为分享活动暖场、营造良好的分享氛围，引导成员提前做好倾听准备，然后充分调动群成员的积极性，让群成员参与互动。必要时，主持人还可以提前安排活跃气氛的群成员，避免冷场。在分享期间或分享结束后，农产品商家有必要对分享活动进行总结，将比较有价值的交流内容整理出来进行分享和传播，并引导成员前往微博、微信朋友圈等发布分享信息，扩大社群的影响力。

（三）灵魂人物营销

灵魂人物指在社群中占据主导地位的人，是整个社群的核心，一般为具有人格魅力、专业技能、出众能力的人，他们能够吸引用户加入社群，对社群的定位、发展、成长等有着长远的考虑，如农产品短视频领域的达人等。

以灵魂人物为主体进行社群营销，就是通过灵魂人物在某一领域的影响力，吸引感兴趣的用户加入社群，同时通过灵魂人物的号召力推销农产品。一般而言，社群成员对社群灵魂人物都比较信任，因此由灵魂人物来推荐农产品，可以打消成员对农产品品质、售后方面的顾虑。例如，某美食短视频达人以性格耿直、豪爽的人格魅力获得大量的用户关注，在建立自己的社群后，凭借着自己在社群中的号召力向社群成员推荐了很多物美价廉的水果，取得了不错的销量，并进一步提升了自己的口碑，为后续的社群营销打下了坚实的基础。

⏰ 行业点拨

围绕灵魂人物进行营销这种营销方式对灵魂人物的要求较高，需要灵魂人物具有独特的人格魅力和一定的网络影响力，最好能具备某种特长、善于交流、有较高情商等。一般而言，要成为此类灵魂人物，就需要打造个人IP，即需要先找到自己擅长的领域，对个人IP进行定位，打造个人IP品牌；然后通过社交平台持续输出自身的知识、经验、观点、看法等，扩大个人影响力。当个人IP有一定影响力后，还需要妥善经营个人IP，使口碑形成良性循环。

（四）开展社群打卡

社群打卡指为了培养成员良好的行为习惯所采取的方式，是监督和激励社群成员完成任务的手段之一，可提升社群成员的活跃度。例如，某红薯农产品商家为提升社群的活跃度，决定引导成员在社群中打卡，便发布了"只要在社群中连续打卡分享有关红薯的内容超过90天，就可以获得'铁粉'礼盒一份"的消息。于是，成员纷纷在社群中参与社群打卡。

要开展社群打卡，农产品商家需要做好以下 3 个方面的准备。

（1）树立榜样。将打卡活动中表现好的成员挑出来作为榜样，号召其他成员向他们学习，营造社群的打卡氛围。

（2）提供奖励。达到一定打卡次数或连续打卡天数后，给予用户阶段性奖励。例如，连续打卡 7 天可获赠小礼品，连续打卡 30 天则升级为 VIP 会员，享受更多特权。

（3）设置竞争。设立打卡排行榜，按打卡次数、连续打卡天数、打卡内容质量等因素排序，排名前列的成员可获得额外奖励；开展团队打卡活动，成员组成小组，集体完成打卡任务，并根据小组总成绩进行排名，获胜团队全体成员都有奖励。

（五）开展线下社群活动

不定期地开展线下社群活动，不但可以让成员更有归属感，还可以使成员之间的关系从单纯的网络好友延伸为现实中的好友，连接成员的生活圈，使好友关系更牢固。

线下社群活动包括核心成员聚会、核心成员和外围成员聚会、核心成员地区性聚会等，核心成员和外围成员聚会人数多，组织难度大，而核心成员地区性聚会组织方便，因此更容易成功。社群聚会可以通过消息、视频、图片等方式将实况发布到社群或社交平台，增加社群影响力，加强社群成员黏性，持续激发和保持社群的活跃度，以激励更多成员积极参与线下活动。

（1）活动准备。在开展活动前，首先需要确定活动的目的，如农产品知识分享、感情联络等。在策划线下活动前，可在社群中征集社群成员的意见，了解社群成员希望举办的活动类型。另外，还需要对活动方案、活动流程、活动预算等进行规划，并针对活动过程中可能遇到的各种问题做好相应准备。

（2）开展活动。在确定线下活动类型后，需要在微信、QQ、微博、知乎等平台宣传推广活动。另外，还应安排参与成员报名，设计活动海报并发布，收集活动参与人员对于活动的建议，并针对活动进行直播，发布活动总结和相关照片（见图 4-20）等事宜。另外，还需要与活动相关合作方联系，如与场地、设备等合作方的洽谈等。

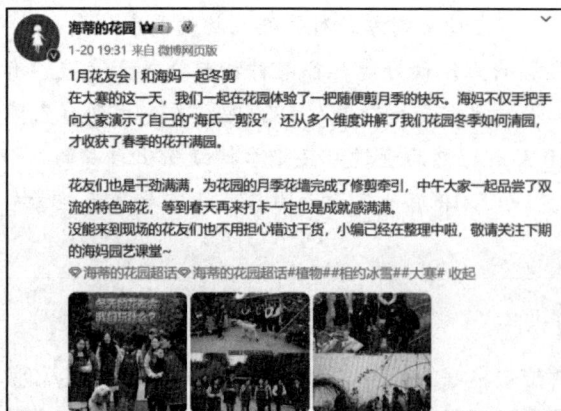

图 4-20 发布活动总结和相关照片

⬚ **任务实施**

☕ **任务演练 1：组建品牌粉丝社群**

【任务目标】

确定晴妹鲜果粉丝社群的定位、名称、口号、规则和管理者，然后在微信中组建一个粉丝群。

【任务要求】

本次任务的具体要求如表 4-7 所示。

表 4-7　　　　　　　　　　　　　　　　　　任务要求

任务编号	任务名称	任务指导
（1）	确定社群的定位、名称、口号	结合晴妹鲜果的品牌定位确定
（2）	确定社群的规则和管理者	根据维持社群秩序的需要来确定，规则和管理体系不需要太复杂
（3）	组建微信粉丝群	发起群聊→进行群聊基本设置

【操作过程】

1. 确定社群的定位、名称、口号

（1）确定社群的定位。从品牌本身的角度来看，晴妹鲜果主打新鲜、健康、高品质的水果；而从目标用户需求来看，晴妹鲜果的用户注重健康饮食、追求生活品质。因此，小张将社群定位为：一个专注于分享新鲜水果知识、健康生活理念，以及高品质水果的社群，致力于为广大注重健康饮食的用户提供一个交流、学习的平台。

（2）确定社群的名称。为加深粉丝对品牌的印象，并保证社群名称简洁易记，小张直接使用"晴妹鲜果粉丝群"作为社群的名称。

（3）确定社群的口号。小张将社群口号设计为"品质鲜果，乐享生活！"，既突出了社群的功能——提供优质水果，也强调了社群能带给用户的实际利益——享受高品质生活。

2. 确定社群的规则和管理者

（1）确定社群的规则。小张与晴妹商量后制订以下规则。

① 引入规则：用户需关注晴妹鲜果公众号，在晴妹鲜果淘宝店下过单，然后由管理员邀请加入社群。

② 交流规则：倡导友好、尊重、互助的交流氛围，禁止发布广告、辱骂他人等内容，违规者首次警告，二次禁言，三次移出社群。

③ 淘汰规则：严禁发布无关信息、恶意刷屏等干扰正常交流的行为，累计三次违反社群规定者将被移出社群。

④ 名称规则：成员名称采用"地区+昵称"的形式，如"北京-小林"，以便识别和增进地域性交流。

（2）确定社群的管理者。在起步阶段，社群的规模不大，因此只需一名群主和管理员。其中，群主可以由晴妹本人担任，因为晴妹在短视频、直播中出镜，已积累了一定数量的粉丝，其个人魅力对成员具有一定感染力；而管理员由待人热情、工作细心的客服小娜担任。

3. 组建微信粉丝群

（1）发起群聊。在微信主界面点击"+"按钮，在打开的列表中点击"发起群聊"选项。

（2）添加群聊成员。打开"发起群聊"界面，在该界面中选择要添加的群聊成员，点击"完成"按钮。

（3）设置群名称。进入群聊界面，点击右上角的"..."按钮，在打开的"聊天信息"界面中点击"群聊名称"选项。打开"修改群聊名称"界面，输入微信群名称，点击"完成"按钮，如图4-21所示。

（4）设置群公告。返回"聊天信息"界面，点击"群公告"选项，在打开的界面中输入群公告的内容，如图4-22所示。完成后点击"完成"按钮。设置好群公告后，微信会自动以群消息的形式通知全部群成员。

（5）设置群管理员。在"聊天信息"界面中点击"群管理"选项，打开"群管理"界面，在其中点击"群管理员"选项，在打开的"群管理员"界面中点击"添加成员"按钮，如图4-23所示。在打开的界面中点击需要添加的群管理员，选择完毕后点击右上角的"完成"按钮。

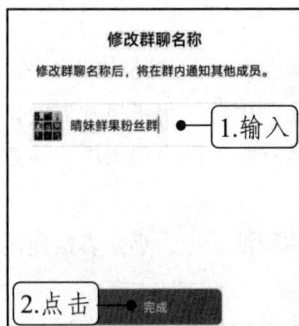

图 4-21　设置群名称　　　　图 4-22　设置群公告　　　　图 4-23　设置群管理员

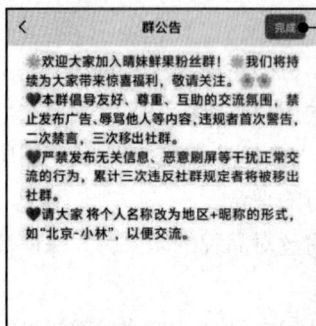

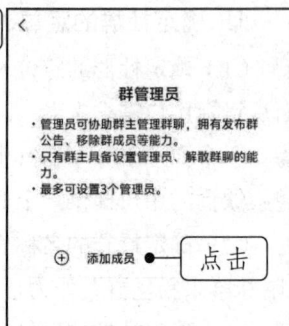

任务演练2：组织社群线上分享活动

【任务目标】

在"晴妹鲜果粉丝群"中开展线上分享活动，以提升社群活跃度以及成员对晴妹鲜果品牌的认知度。

【任务要求】

本次任务的具体要求如表4-8所示。

表 4-8　　　　　　　　　　　　　　　任务要求

任务编号	任务名称	任务指导
（1）	活动准备	确定分享主题、活动时间，发布活动通知
（2）	开展活动	通知所有人活动开始→红包暖场→开场介绍→维持秩序→植入营销信息
（3）	活动总结	在群中发布活动总结

【操作过程】

1. 活动准备

（1）确定分享主题。考虑到晴妹鲜果粉丝群的定位是追求健康、高品质的生活，小张认为可以邀请知名营养师或美食博主以直播的形式进行一场名为"晴妹鲜果美食课堂：健康膳食搭配与创意食谱分享"的主题分享活动，讲解如何根据人体所需的营养成分科学搭配食材，并着重介绍该如何使用水果进行健康膳食搭配。

（2）确定活动时间。在微信群中发起投票，提供几个备选时间让成员投票，并选出一个较多成员认可的时间作为活动时间。最终确定活动时间为 6 月 28 日晚上 20:00。

（3）发布活动通知。确定活动时间后，在微信群中正式发布活动通知，如图 4-24 所示，确保更多成员了解此活动并积极参与。

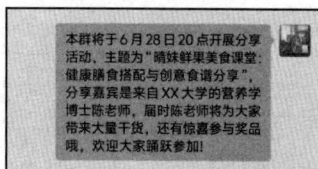

图 4-24 发布活动通知

2. 开展活动

（1）通知所有人活动开始。在分享活动开始前 5 分钟，打开群聊界面，在下方的输入框中输入"@"，然后在打开的界面中点击"所有人"选项。返回群聊界面，继续输入文字"小伙伴们，我们的分享活动马上就要开始啦！"，点击"发送"按钮发送消息，如图 4-25 所示。

（2）红包暖场。点击界面右下角的"+"按钮，在打开的列表中点击"红包"按钮。在打开的"发红包"界面中设置红包个数、总金额，以及红包封面语，点击"塞钱进红包"按钮，如图 4-26 所示。在打开的窗格中点击"支付"按钮，即可发放群红包。

（3）开场介绍。在社群气氛活跃起来后，晴妹介绍了本次分享活动的主题和分享嘉宾，引导成员提前做好倾听准备。同时，她还向成员说明了活动流程和规则。其中，规则主要包括在嘉宾分享期间禁止干扰，不得闲聊与主题无关的话题，如图 4-27 所示。

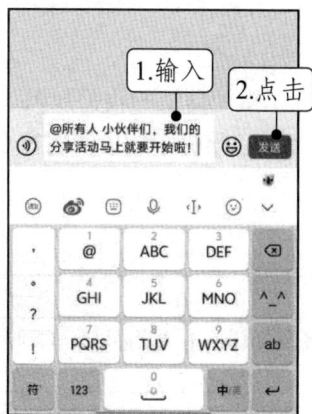

图 4-25 通知所有人活动开始

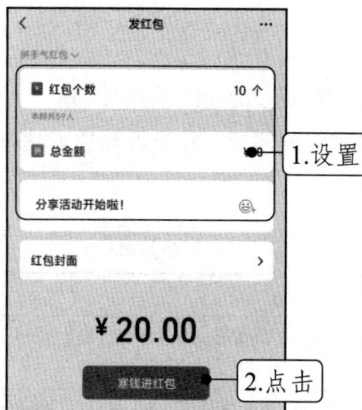

图 4-26 红包暖场

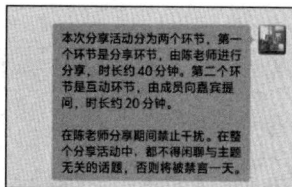

图 4-27 开场介绍

（4）维持秩序。活动中，晴妹应及时提醒有违反活动规则行为的成员，维护好活动秩序。对于提醒后依然不改正的成员，晴妹可以暂时将其踢出群聊（待其表示愿意遵守规则后再重新邀请他入群）。具体操作为：打开"聊天信息"界面，点击群成员列表中的"-"按钮，在打开的界面中选择需要踢出的成员，然后点击"完成"按钮。

（5）植入营销信息。为取得一定的营销效果，晴妹多次在活动中植入了营销信息。首先，在嘉宾分享知识之前，晴妹提到本次分享活动是由晴妹鲜果赞助的；其次，在分享间隙，插入对晴妹鲜果荔枝的介绍，如图 4-28 所示；在互动环节结束后，晴妹向积极参与互动的成员发放晴妹鲜果提供的奖品——一箱荔枝。

3. 活动总结

活动结束后，晴妹及时在微信群中发布活动总结，回顾活动内容，感谢大家的参与，并对未来的活动进行了展望，如图 4-29 所示。

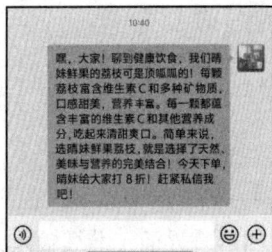

图 4-28　植入营销信息

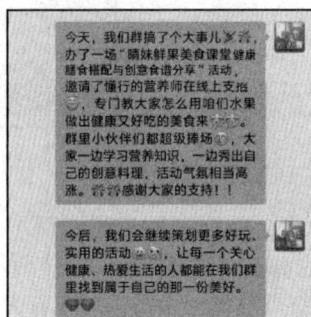

图 4-29　发布活动总结

技能练习

策划一场社群打卡活动，明确打卡规则、开展形式，以及该如何提升群成员打卡积极性。

任务三　农产品微博营销

任务描述

微博营销也是晴妹鲜果新媒体营销的重要组成部分。小张研究了微博营销的相关知识，打算利用微博为荔枝做宣传，同时积累粉丝，并拉近与粉丝之间的关系，以培养一批忠实用户（见表 4-9）。

表 4-9　　　　　　　　　　　　　　　　　　任务单

任务名称	开展农产品微博营销
任务背景	社群营销仅局限于社群内部，而微博的信息传播范围广，开展微博营销有助于扩大产品以及品牌的影响力
任务类别	□ 农产品微信营销　　□ 农产品社群营销　　■ 农产品微博营销

续表

工作任务	
任务内容	任务说明
任务演练1：发布话题营销微博	查找热门话题，并围绕话题写作微博
任务演练2：开展微博互动	互动形式：有奖转发+话题讨论

任务总结：

知识准备

一、微博营销的方法

微博庞大的用户基础为农产品商家提供了更大的营销空间。只要营销方法得当，不管是产品推销还是品牌宣传，都可在短时间内获得裂变式的营销效果。

（一）话题营销

微博话题营销是利用微博的话题功能，通过借助或创建具有吸引力的话题，引导用户参与讨论和分享，从而提高品牌知名度、促进产品销售的一种营销手段。农产品商家在开展话题营销时既可以借助热门话题，又可以自己创建话题。

（1）借助热门话题

热门话题具有非常庞大的阅读量与讨论量，很适合用来进行营销。在微博的热门话题榜中可以查看当前的热门话题，点击话题名称进入话题查看其具体内容，并结合自己的产品或服务，写一段与话题相关性较高的内容并带上该话题，可以使关注该话题的用户群体加入讨论与互动，从而扩大营销信息的传播范围。在选择话题时，通常需要遵循两个基本原则。

① 话题必须具有可讨论性，最好与用户的生活息息相关，才能引起用户的兴趣。

② 要保证营销信息与话题之间的自然关联与协调性，不能使用生硬的话语，以避免招致用户的反感。

图4-30所示为农产品商家发布的一条话题营销微博，该微博主要推销的是车厘子，加上了当时的热门话题#车厘子自由#，利用话题的热度为车厘子引流。

（2）品牌自建话题

如果没有合适的热门话题，农产品商家也可以自己创建话题。商家在创建话题时最好能融入品牌名称，并充分结合市场趋势以及用户兴趣点，设计既具吸引力又富有传播力的话题。常见的自建话题类型包括：品牌名称+系列栏目名称（如#光明好食光#，见图 4-31），品牌名称+互动挑战（如#××品牌美食创意大赛#），品牌名称+节令活动（如#××品牌丰收季尝鲜攻略#），品牌名称+用户故事（如#分享你与××品牌的不解之缘#），品牌名称+社会公益（如#××品牌助力乡村振兴#），品牌名称+主推产品（如#××品牌××产品#）等。

图 4-30　话题营销微博

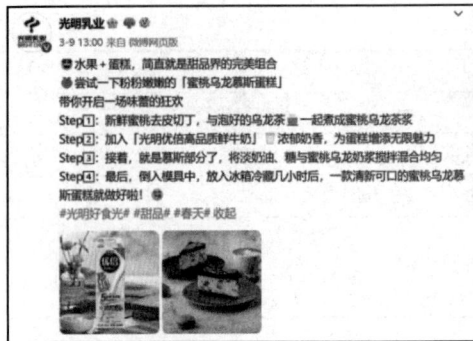

图 4-31　品牌名称+系列栏目名称

（二）借势营销

借势营销是微博营销非常重要的一个方法，主要指品牌或企业利用热点事件、节日庆典、名人效应、社会流行趋势等具有高关注度的社会现象，将其与自身产品或服务相结合，通过创意性的内容制作和信息发布，吸引广大用户的注意力，从而达到提升品牌知名度、增强用户黏性、推动产品销售等营销目的。借势营销的方式主要有以下 4 种。

（1）热点事件借势。当发生重大新闻事件或社会热点时，品牌可以围绕这些事件创作与自身产品或服务相关的微博内容，如借用热门话题、发布相关评论或创意海报，借此提高品牌在热点话题中的曝光度。

（2）节日/节气营销。每逢节假日或节气，许多品牌会推出相关产品或服务，并在微博上发布与节日相关的互动活动，如话题讨论（见图 4-32）、祝福语征集、抽奖活动等，以吸引用户参与活动并传播。

（3）借助名人效应。通过与网络达人、专家、艺人等合作，让其在微博上推广品牌产品，利用他们的粉丝基础和影响力迅速扩大品牌影响力。

（4）结合社会流行趋势。紧跟潮流，如结合当前流行的短视频、表情包、网络热词等元素，创作富有创意且与品牌密切相关的微博内容，以吸引年轻用户的关注。图 4-33 所示的微博博主即在营销文案中加入了网络热词"多巴胺"。

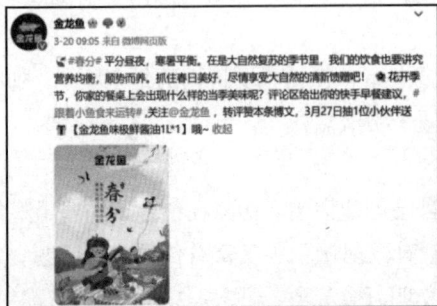

图 4-32　节气营销

图 4-33　加入网络热词

（三）关联营销

关联营销即品牌通过与其他品牌合作，联合通过微博发布营销信息，以扩大曝光度，覆盖更多的用户群体。

（1）话题关联。创造囊括各品牌名称的话题，各账号在发布内容时均使用该话题，用户在浏览话题时能看到不同账号的相关内容，从而形成关联效应。例如，金龙鱼发布的一条与爱玛关联营销的微博，就各取两个品牌名称的一个字，创建了一个新话题，如图 4-34 所示。

（2）互相@对方账号。在发布内容时，一方账号在微博中提到另一方的账号（如@对方微博账号），并邀请对方参与讨论或转发内容。这样一来两方的粉丝都能够看到彼此的互动，从而实现跨账号传播。

（3）内容联动。合作拍摄视频、撰写文章或制作漫画等形式的内容，双方账号共同发布，从而体现双方品牌或产品的深度融合。

（4）转发与评论互动。当一方账号发布内容后，另一方账号进行转发并加上自己的观点，或在评论区进行深度互动，从而增加粉丝之间的交流和品牌间的联系。

（5）联合推广活动。共同举办线上或线下的联合活动，如联合直播、联合抽奖、联名产品发布等，并在各自的微博账号上同步宣传，如图 4-35 所示，共享粉丝资源和影响力。

图 4-34　话题关联　　　　　　　　　图 4-35　联合推广活动

二、微博粉丝的获取与维护

微博营销是基于粉丝进行的营销。对于农产品商家而言，微博上的每一个活跃粉丝都可能是潜在营销对象。要想使微博营销取得良好的效果，一方面要获取更多的粉丝，另一方面要与粉丝互动，以增强粉丝黏性。

（一）获取粉丝

微博中粉丝的数量决定其影响力，只有微博粉丝的数量越多，所发布的微博信息才越能被更多人看到，才能引导更多人进行互动。因此，要积极增加自己的粉丝数量。除了通过运营微博账号，持续发布优质的微博内容来吸引粉丝外，还可采用以下两种方法积累粉丝。

（1）活动增粉。通过活动增粉是一种常见的积累粉丝的方式，特别是一些新鲜、有趣、有奖励的活动，更容易吸引粉丝用户的关注和广泛传播，可以通过"关注+转发"抽奖（见图 4-36）、参与话题讨论等形式，引导粉丝转发微博，吸引非粉丝用户的关注。

（2）内容增粉。创作并分享高质量、有价值的内容，包括科普性知识、实用技巧、有趣故事、热点话题等，以吸引潜在粉丝的关注。

（3）外部平台引流。农产品商家如果还在微信、小红书、抖音等平台上营销，还可以将这些平台中已有的粉丝引流到微博。

（4）与同类人群互粉。微博上有很多关注同一个领域、有共同或相似爱好的群体，这些群体中的人有共同话题，交流方便，故而很容易形成互粉关系，也就是互相关注。因此，在开展微博营销前期，可以试着加入这类圈子，与他们进行互动，吸引对方的关注。

（二）维护粉丝

获取粉丝以后，农产品商家还需要注意维护粉丝，提高粉丝的活跃度、增加粉丝黏性，这才能让营销效果最大化。

（1）定期更新内容

持续发布新鲜且有质量的内容，保证一定频率的更新，让粉丝养成定期查看微博的习惯。

（2）设立粉丝专属称号

农产品商家可以为长期活跃且对品牌忠诚度高的粉丝设立专属称号，并经常使用该称号与粉丝互动。例如，金龙鱼为粉丝取名"鱼粉"，并经常在微博发布带有粉丝名的文案（见图4-37）。这可以有效增强粉丝的归属感，激励更多粉丝积极参与互动。

图4-36　"关注+转发"抽奖

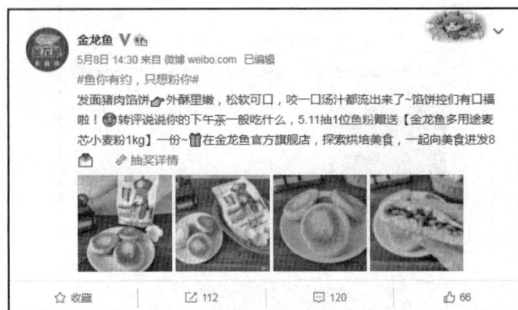

图4-37　设立粉丝专属称号

（3）与粉丝互动

经常与粉丝保持互动，能拉近与粉丝之间的距离，让粉丝对品牌产生好感，从而增加粉丝的黏性。与粉丝互动的方法有很多，下面介绍3种常见的与粉丝互动的方法。

① 在微博中直接提问，吸引粉丝参与讨论与回复，如图4-38所示，并积极参与其中。

② 发起讨论、投票和有奖征集（见图4-39）、有奖转发等互动活动。在活跃气氛的同时，还能了解粉丝的想法。

图4-38　直接提问

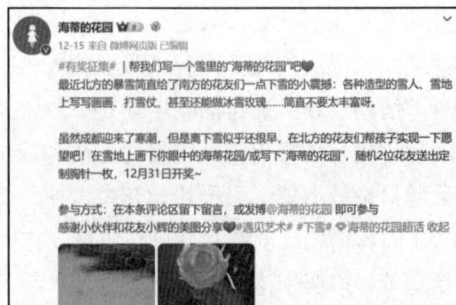

图4-39　有奖征集

③ 多关注留言、评论，特别是粉丝的反馈意见，要及时向粉丝做出合适的回应，以保证粉丝的忠诚度。

素养课堂

诚信是品牌立足市场的基石。在微博有奖互动活动中，如实宣传奖品信息、严格遵守活动规则、公平公正评选获奖者，可以大大提升品牌在粉丝心中的信誉度，让粉丝感受到品牌值得信赖，从而增强用户对品牌的忠诚度。其实不仅是微博营销，农产品营销也应该重视诚信，做到如实宣传。

任务实施

任务演练 1：发布话题营销微博

【任务目标】

发布营销微博为荔枝做宣传，并加入热门话题。

【任务要求】

本次任务要求在微博中查看荔枝相关热门话题，并结合话题撰写营销微博，最后发布。

> 微课视频
>
> 发布话题营销微博

【操作过程】

（1）查看热门话题。进入微博首页，搜索"荔枝"，在打开的页面左侧列表中选择"话题"选项，在打开的面板中查看荔枝的相关话题，如图 4-40 所示。可以看出，话题"#荔枝#""#荔枝的正确打开方式#"的热度较高，可以将其同时加入微博内容。

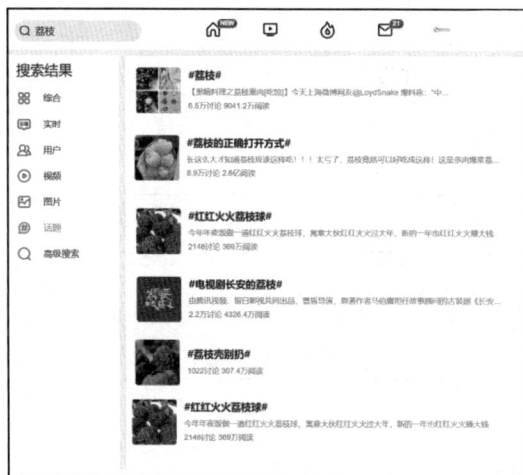

图 4-40　查看热门话题

（2）构思营销微博。就找到的话题来看，"#荔枝的正确打开方式#"这个话题更具体，可以围绕该话题撰写一则介绍如何制作荔枝饮品的微博，并植入晴妹鲜果荔枝广告。

（3）发布微博。在微博首页输入框中单击"图片"按钮，在打开的对话框中选择需要的图片（配套资源：\素材\项目四\荔枝 1~5.png），单击"打开"按钮。返回微博首页输入框，输入微博内容，单击"表情"按钮，在打开的列表中选择合适的表情，输入完毕后单击"发送"按钮，即可成功发布微博，如图 4-41 所示。

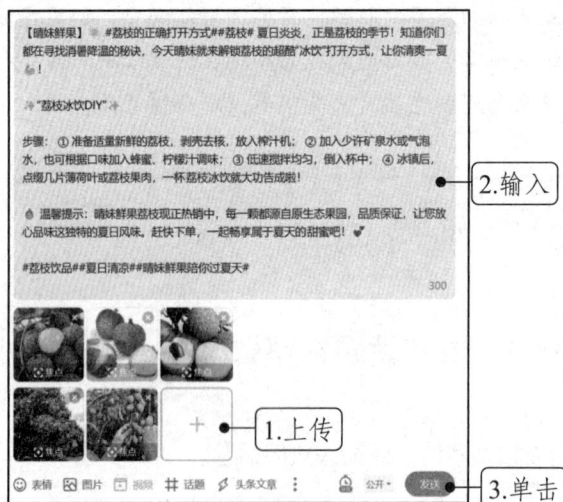

图 4-41　发布微博

技能练习

在微博上发布营销荔枝的借势微博，借助网络热点的热度吸引关注。

任务演练 2：开展微博互动

【任务目标】

在微博上开展有奖转发活动，并发起话题讨论。

【任务要求】

本次任务的具体要求如表 4-10 所示。

表 4-10　　　　　　　　　　　任务要求

任务编号	任务名称	任务指导
（1）	开展有奖转发活动	撰写荔枝营销信息，介绍活动规则
（2）	发起话题讨论	选一个粉丝感兴趣的、与荔枝相关的话题

【操作过程】

1. 开展有奖转发活动

有奖转发活动可以扩大传播范围，因此可以顺势营销荔枝。小张首先撰写了荔枝相关的营销信息，简单介绍荔枝的卖点；然后详细地介绍有奖转发活动的规则，包括活动时间、参与方式、抽奖方式等，发布后的效果如图 4-42 所示。

2. 发起话题讨论

考虑到荔枝是夏季的代表性水果，小张首先将微博的主题确定为"荔枝的夏日情缘"，意在唤起粉丝对夏日和荔枝的美好回忆，加强情感共鸣。同时，通过提问方式引发用户对自己与荔枝的独特记忆，如与家人、朋友共享荔枝的温馨时刻，从而引发粉丝的情感触动。最后，鼓励粉丝分享个人的荔枝故事，通过讨论互动增强粉丝参与感，发布后的效果如图 4-43 所示。

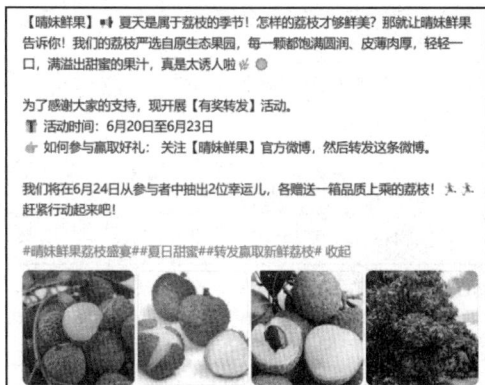

图 4-42　开展有奖转发活动

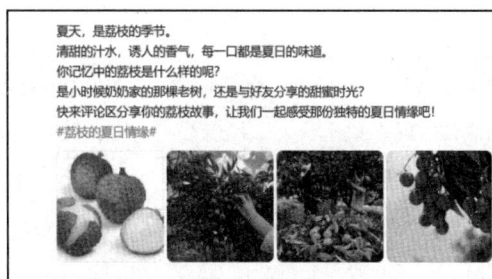

图 4-43　发起话题讨论

综合实训

实训一　为杂粮品牌策划线下社群营销活动

实训目的： 策划社群营销，以提升社群营销的实践能力。

实训要求： 杂粮品牌康源建立了微信粉丝群，为增强社群的凝聚力，康源打算开展线下营销活动。现需要策划活动前、活动中、活动后各阶段需要完成的具体工作。

实训思路： 本次实训的具体操作思路可参考图 4-44。

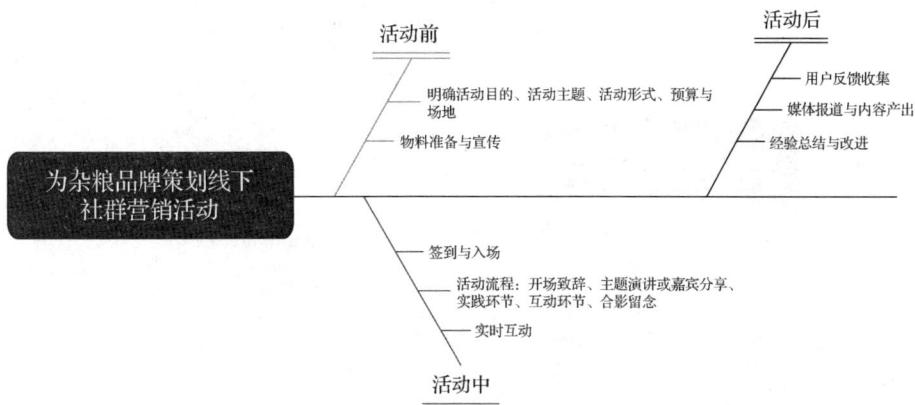

图 4-44　线下社群营销活动策划实训思路

实训结果： 本次实训最终的活动策划结果如表 4-11 所示。

表 4-11　　　　　　　　　　　活动策划结果

活动阶段	具体工作	细节说明
活动前期准备	明确活动目标	提升品牌知名度、增加粉丝黏性、促进产品销售等
	制订活动主题	健康生活·杂粮烹饪大赛
	确定活动形式	讲座、品鉴会、DIY 制作
	活动预算与场地选择	预算规划、选择易于布置的场地
	物料准备与宣传	宣传海报、易拉宝、样品礼品等；微信群预告、H5 页面/小程序设计
	组织工作团队	分工明确，包含策划、执行、客服、媒体对接等
活动中期执行	签到与入场	便捷高效的签到环节，赠送到场礼
	活动流程	开场致辞、主题演讲、实践环节、互动环节、合影留念
	实时互动	线上线下同步互动，直播活动现场，微信红包、投票等形式
活动后期总结与复盘	用户反馈收集	问卷调研、微信群讨论等方式获取用户反馈
	媒体报道与内容产出	新闻稿、视频剪辑、图文报道等内容发布
	经验总结与改进	针对活动执行中的问题与成功之处进行全面复盘

实训二　发布微信朋友圈和微博营销杂粮产品

实训目的： 开展微信个人号营销和微博营销，以巩固微信营销和微博营销的相关知识。

实训要求： 分别发布朋友圈和微博营销康源牌五谷杂粮礼盒。该礼盒集合了燕麦、糙米、小米、红豆、绿豆等杂粮，品质上乘，旨在为用户提供健康、营养且口感丰富的饮食选择。

实训思路： 本次实训的具体操作思路可参考图 4-45。

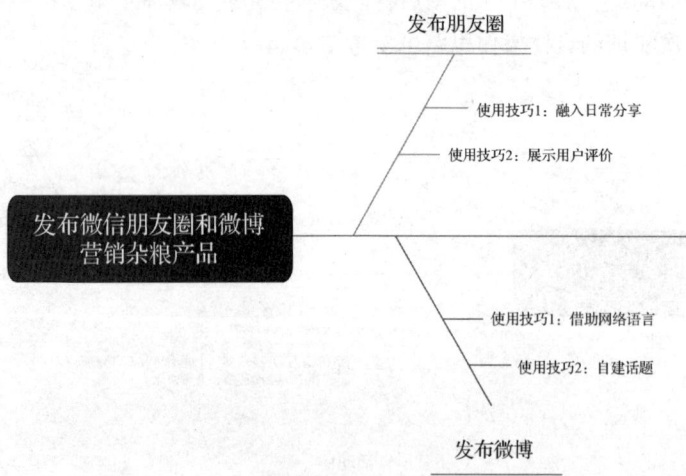

图 4-45　发布微信朋友圈和微博的实训思路

实训结果： 发布的朋友圈和微博内容如图 4-46 所示。

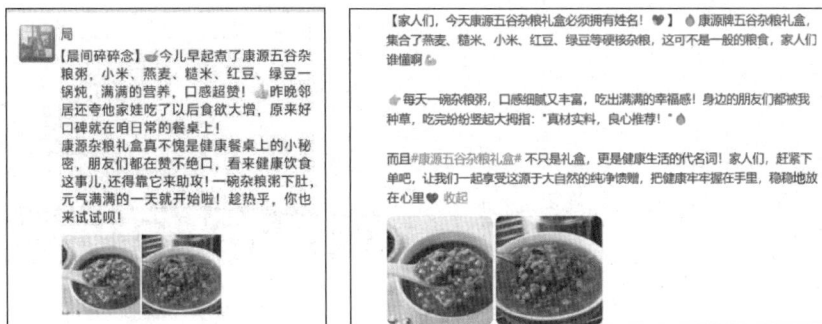

图 4-46 实训参考效果

巩固提高

1. 微信个人号好友的获取途径有哪些？

2. 微信公众号有哪些账号类型？

3. 微信视频号的引流策略有哪些？

4. 组建社群的流程是怎样的？

5. 社群规则包括哪些方面？

6. 社群营销可以采用哪些方法？

7. 什么是灵魂人物营销？

8. 与微博粉丝互动的方法有哪些？

9. 某水产品网店打算注册微信个人号进行营销，可以通过哪些方法添加好友？如果要发布朋友圈营销水产品，可以发布哪些方面的内容？

10. 在微信公众平台注册一个新的订阅号，并发布一篇科普文章，用于介绍该如何挑选食用油，并在其中融入菜籽油的广告。

11. 在微博上开展有奖转发活动，并在评论区回复粉丝的留言。

项目五
农产品短视频营销

学习目标

【知识目标】

1. 熟悉短视频营销的特点以及常见的农产品短视频营销平台。
2. 掌握短视频账号主页的设置，熟悉农产品短视频内容领域。
3. 熟悉农产品短视频的制作和推广方法。
4. 熟悉短视频数据分析平台以及短视频数据分析指标。

【技能目标】

1. 能够根据营销需要，选择适合的农产品短视频营销平台和内容领域。
2. 能够撰写农产品短视频的脚本，并根据脚本拍摄和剪辑短视频。
3. 能够使用免费和付费方法推广短视频。
4. 能够使用短视频数据平台分析各项数据指标，得出有价值的信息，以优化短视频营销策略。

【素养目标】

1. 认识短视频内容价值导向的重要性，传播正能量、符合主流价值观的短视频内容。
2. 积极制作反映乡村振兴、农村或农户新面貌的短视频，传递乡村之美。

项目导读

近年来，随着手机和移动互联网的普及，短视频进入高速发展期。各种短视频平台的不断涌现、短视频用户数量的飞速增长，使得短视频的营销价值逐渐凸显，各大农产品商家纷纷将短视频营销纳入产业布局。传统农业也在各大短视频平台的扶持和国家政策的支持下，实现了与短视频行业的融合，走出了一条新的营销道路。根据营销策略，晴妹鲜果也需要开展短视频营销，即在短视频平台开设账号，通过发布优质的短视频来吸引用户关注，争取培养一批忠实粉丝，并提升晴妹鲜果的影响力。正好晴妹鲜果在主推广西沃柑，所以小张和老李打算先制作一个推广沃柑的短视频试水。

任务一　认识农产品短视频营销

任务描述

老李提醒小张，在开展短视频营销之前，需要在众多短视频平台中确定适合晴妹鲜果的平台。小张研究了短视频营销的特点以及当前主流的短视频平台，并填写了任务单（见表5-1）。

表5-1　　　　　　　　　　　　　　　　任务单

任务名称	选择短视频营销平台	
任务背景	晴妹鲜果团队的精力有限，需要从众多短视频平台中选择一个短视频平台开展营销活动	
任务类别	■ 选择短视频营销平台　□ 打造短视频账号　□ 制作农产品短视频　□ 推广农产品短视频 □ 短视频数据分析	
工作任务		
任务内容		**任务说明**
任务演练：选择短视频营销平台		对比分析各大主流短视频平台，结合晴妹鲜果的实际情况选择

任务总结：

知识准备

一、短视频营销的特点

短视频营销是以短视频平台为核心，以短视频的内容、创意等为导向，通过精心策划短视频内容实现品牌塑造、产品营销等目的的一种营销形式。短视频营销具有以下4个特点。

（1）传播度高

短视频因其格式简短、易于分享，能够迅速在社交媒体上实现病毒式传播，从而在短时间内引起广大用户的关注。

（2）互动性强

在短视频营销的过程中，用户可以对短视频内容发表评论、点赞、分享或直接与创作者私信交流；还可以参加由农产品商家发起的挑战赛，创作相关短视频。这些活动都能提高用户的参与度，从而增加用户和农产品商家互动的机会。

（3）内容直观

短视频通过声音、画面传递信息，使得品牌或产品的营销更加生动、直观。因此，在展示整体效果、农产品细节、使用体验等方面，短视频无疑比文字、图片更具有优势。

（4）门槛低、成本低

相较于传统广告，短视频制作门槛较低，成本也相对较低。短视频平台内置了各种拍摄模板和特效，让没有专业拍摄知识的用户也能利用智能手机，轻松制作一个精美的短视频。

二、农产品短视频营销的主流平台

观看短视频逐渐成为人们日常生活的一部分，各种短视频平台也如雨后春笋般出现。其中，抖音、快手、微信视频号的用户较多，很多农产品商家也在这3个平台上开展短视频营销。

（1）抖音

抖音是国内主流的短视频平台之一。根据 QuestMobile 数据显示，截至 2023 年 9 月，抖音的月活跃用户数达到 7.43 亿。而根据《2023 抖音三农生态数据报告》显示，2023 年，抖音上共有10.2 亿个三农视频，收获 2.4 万亿次播放，获赞 530 亿次。

近年来，抖音推出"新农人计划"，投入大量资源扶持平台三农内容创作，助力三农内容创作者快速变现。农产品商家可以入驻抖音，创作短视频内容，开展对农产品的营销。在粉丝数量、视频发布数量等达到一定要求后，农产品商家还可以开通产品分享功能，在短视频中分享产品链接，或开通小店直接上架农产品。

（2）快手

快手也是目前主流的短视频平台之一。与抖音相比，快手以三四线城市和农村地区的用户为主。快手的内容相对更接地气，与农业领域的内容十分契合，因而快手上聚集了大量新农人。据《2023 快手三农生态数据报告》显示，快手三农兴趣用户规模达 3.3 亿，快手农技作者规模达 21.6万，涵盖种植业、养殖业、渔业、农业机械、花卉园艺等领域，每天农技人直播 5 万小时，覆盖26825 个乡镇。

快手同样大力扶持三农领域内容创作。2023 年，快手发布快手三农红人计划和快手三农耕耘计划，对三农内容创作者加以流量和奖金扶持。此外，快手还通过本地生活农资渠道、电商渠道、达人商业变现渠道等助力三农创作者创收。

（3）微信视频号

微信视频号是微信官方于 2020 年 1 月推出的短视频平台，其入口位于微信 App 朋友圈入口的下方。微信视频号依托于微信，在短时间内就获得了海量的活跃用户，是目前比较主流的短视频营销平台之一。

与抖音、快手等平台相比，微信视频号可以在发布短视频时添加公众号推文的链接，而且短视频在发布后，还能被转发到微信朋友圈或微信群，借助微信的各大流量入口扩大短视频的影响力。

> **⏰ 行业点拨**
>
> 西瓜视频、抖音火山版、腾讯微视等也是常见的短视频平台。此外，一些新闻资讯平台（如今日头条）、社交平台（如微博、小红书），以及视频平台（如爱奇艺、哔哩哔哩）也开通了短视频板块。

任务实施

☕任务演练：选择短视频营销平台

【任务目标】

为晴妹鲜果选择一个短视频营销平台，以便之后可以围绕该平台的特点开展有针对性的短视频营销活动。

【任务要求】

对比抖音、快手、微信视频号 3 个主流短视频平台的用户定位、内容特点和三农领域扶持情况，然后结合晴妹鲜果的实际情况选择短视频平台。

【操作过程】

小张搜索并整理了抖音、快手、微信视频号的相关信息，结果如表 5-2 所示。

表 5-2 整理结果

平台	用户定位	内容特点	三农领域扶持情况
抖音	来自一、二线城市的年轻用户占比高、品位较高，消费能力较强	内容多元化，对短视频的质量要求相对较高	针对三农领域频繁推出扶持措施
快手	三、四线及以下城市用户占比较高，"小镇青年"是其消费主体	内容更接地气，强调真诚、原生态，搞笑段子、生活日常等内容较受欢迎	扶持三农领域的内容创作，助力三农内容创作者变现
微信视频号	覆盖人群更广泛，一、二、三、四线城市用户均较活跃，用户年龄主要分布在 20～45 岁	内容多元化，知识科普、美食制作、感人故事、生活记录等内容较多	对三农内容创作者扶持相对较少

通过对比分析，小张认为抖音、快手在三农领域扶持方面做得更好，因此首先排除微信视频号。根据晴妹鲜果的消费者画像，该品牌的目标消费群体主要分布于一线、新一线城市及部分省会城市，与抖音的用户群体重合度高，因此小张最终选择抖音作为短视频营销平台。

任务二 打造短视频账号

任务描述

确定在抖音上开展短视频营销后，小张替晴妹鲜果注册了一个营销专用的抖音账号。接着，老李安排小张为该账号设置名称、头像和简介，并确定内容领域，争取给用户留下一个鲜明、深刻的印象（见表 5-3）。

表 5-3 任务单

任务名称	打造短视频账号
任务背景	抖音针对新账号有流量扶持，为了更好地利用这波流量涨粉，需要精心设置账号主页，同时发布有针对性的短视频

任务类别	☐ 选择短视频营销平台　■ 打造短视频账号　☐ 制作农产品短视频　☐ 推广农产品短视频 ☐ 短视频数据分析	
工作任务		
任务内容	**任务说明**	
任务演练1：设置短视频账号的名称、头像和简介	账号的名称、头像和简介可以根据晴妹鲜果的品牌信息进行设置	
任务演练2：确定短视频账号内容定位	对比分析各内容领域，结合晴妹鲜果的拍摄条件进行定位	

任务总结：

知识准备

一、短视频账号主页的设置

短视频账号主页是用户了解账号的重要渠道，因此农产品商家应该认真设置。具体来说，农产品商家应重点设置账号名称、头像和简介。此外，账号背景图也可酌情设置。

（一）账号名称

一个个性化的账号名称不仅能够吸引用户的眼球，还能提升品牌的认知度。在设置短视频账号名称时，需要注意以下要点。

（1）简洁明了。账号名称应该简短、易于记忆，避免使用过长或复杂的词汇。

（2）内容相关。账号名称最好能体现账号发布短视频的内容或风格，如美食、旅游、搞笑、教育等，让人一眼就能看出账号的主题。

（3）独特。尽量避免使用常见的或已经被广泛使用的名字，以免与他人混淆。

（4）易于拼写和搜索。账号名称应该容易拼写，尽量不要使用复杂的数字组合或特殊符号，以便用户搜索账号。

（二）账号头像

一幅有吸引力的头像可以加深短视频账号在用户心中的印象。农产品商家在设置账号头像时，需要注意以下要点。

（1）清晰度。确保头像图片清晰，不要使用模糊或低分辨率的图像。

（2）个性化和相关性。头像应该反映账号主题或品牌。个人账号可以选择博主个人照片；如果是品牌，则可以选择与品牌形象相关的图形或标志。

（3）简洁性。避免使用过于复杂的设计，以免造成视觉上的混乱。如果头像包含文字，则应确保文字简洁明了、易于阅读。

（4）色彩使用。使用鲜艳的颜色可以吸引注意力，但同时要确保颜色搭配和谐，不会让人感到不适。

（5）尺寸大小。根据不同平台的要求，选择合适的头像尺寸。很多短视频平台都会提供头像的最小和最大尺寸要求。

（三）账号简介

短视频账号的简介是用户了解创作者和短视频内容的重要途径，包含以下6个要素。

（1）个人或品牌介绍。简介应明确标明个人身份或品牌。如果是个人账号，可以简单介绍自己的身份、兴趣爱好、专业领域或想要分享的内容类型。如果是品牌账号，则应说明品牌的主要产品或服务。

（2）内容定位。简介可以介绍短视频的主题或领域，这有助于吸引对这些内容感兴趣的用户。

（3）特色亮点。强调账号视频内容有何独特之处，如创新的观点、独特的风格、专业的技巧等，这有助于账号脱颖而出。

（4）更新信息。提供关于视频发布频率的信息，让用户及时知道新内容已发布。

（5）关注或互动引导。引导用户关注账号，为短视频点赞、评论等。

（6）联系方式。必要的话，可以提供联系方式或其他社交平台的账号，以便商务联系。

图5-1所示为某牛奶品牌的短视频账号简介，介绍了品牌的基本情况和优势，并引导用户关注。图5-2所示为某海鲜商家的短视频账号简介，介绍了个人情况、更新频率并引导用户为短视频点赞。

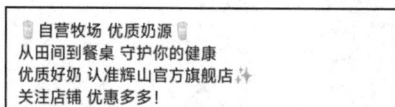

图5-1　某牛奶品牌短视频账号简介

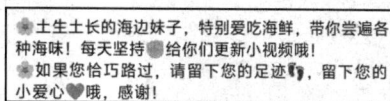

图5-2　某海鲜商家的短视频账号简介

（四）账号背景图

在账号主页中，农产品商家还可以设置背景图。背景图可以是对简介的强化、补充。图5-3所示的简介介绍了品牌，并通过背景图展示品牌产品，以深化用户对品牌的印象。在背景图中，也可利用"点这里""关注我"等文字引导用户关注账号，如图5-4所示。

图5-3　补充简介

图5-4　引导关注

二、农产品短视频的内容定位

短视频内容定位指在创作短视频时，明确并聚焦短视频的核心主题，以创作符合目标用户口味的内容。通常来说，在进行农产品短视频内容定位时，可以从 5 个领域中进行选择。

（1）产品展示。这类短视频主要展示农产品的外观、质地、口感等特点。如图 5-5 所示，可以通过高清的画面和生动的描述吸引用户的注意力，从而提高用户对农产品的认知度和购买意愿。

（2）农业生产。展示农产品的生产过程，包括种植、养殖、采摘、加工等环节，如图 5-6 所示，可以涉及农业生产技术分享、农业技能展示、农业成果展示、农业机械的操作展示等，让用户了解农产品的来源和品质，以增加用户对农产品的信任度和购买信心。

（3）美食制作。这类短视频主要使用农产品制作各种美食，提供食谱和烹饪指导，如图 5-7 所示，吸引喜欢自己动手制作美食的用户。

图 5-5　产品展示　　　　　　图 5-6　农业生产　　　　　　图 5-7　美食制作

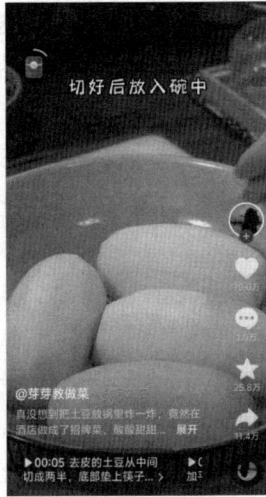

（4）食品健康知识。这类短视频主要介绍农产品的营养价值和对健康的益处，指导用户如何选择和食用更健康的食品。

（5）乡村生活。这类短视频主要展现的是乡村的日常生活及风俗、优美的田园风景、和谐的人际关系，以及诱人的农家美食等，呈现了独特的乡村风情。

素养课堂

除了营销农产品外，农产品商家还可以向用户输出优秀的乡村文化和现代化的农业生产知识等，展现新乡村建设的成就以及当代农民的新面貌，从而促使更多人了解乡村，领略乡村之美。

任务实施

任务演练 1：设置短视频账号的名称、头像和简介

【任务目标】

为晴妹鲜果的抖音账号设置名称、头像和简介，帮助用户快速了解账号。

【任务要求】

本次任务要求先确定账号名称、头像和简介，然后在抖音中进行具体的设置操作。

【操作过程】

1. 确定账号名称、头像和简介

短视频账号的名称和头像可以直接使用晴妹鲜果的品牌名称和品牌标志，以加深用户对品牌的印象。而账号简介不需要太复杂，简单介绍品牌信息并号召关注即可，具体内容为："【晴妹鲜果】——来自广西钦州的水果品牌，专注于为您带来新鲜可口的水果。每周更新，不定期送出惊喜福利，快来关注我，一起享受自然的美好吧！"

2. 在抖音中设置账号

（1）设置账号名称。打开抖音 App，在操作界面中点击"我"按钮，进入短视频账号主页，点击"编辑资料"按钮。在打开"编辑资料"的界面中点击"名字"选项。进入"修改名字"界面，在"我的名字"文本框中输入"晴妹鲜果"，点击"保存"按钮。

（2）设置账号头像。进入"编辑资料"界面，点击账号头像处的"更换头像"按钮。在打开的列表中，点击从"相册选择"选项，如图 5-8 所示。进入相册，点击需要的头像图片（配套资源：\素材\项目五\账号头像.png）。进入头像设置界面，在其中调整图片的大小和显示的重点，调整完成后点击"完成"按钮，如图 5-9 所示。然后在打开的界面中点击"完成"按钮即可。

（3）设置账号简介。进入"编辑个人资料"界面，点击"简介"选项。进入"修改简介"界面，在"个人简介"文本框中输入之前确定的简介内容，点击"保存"按钮，如图 5-10 所示。

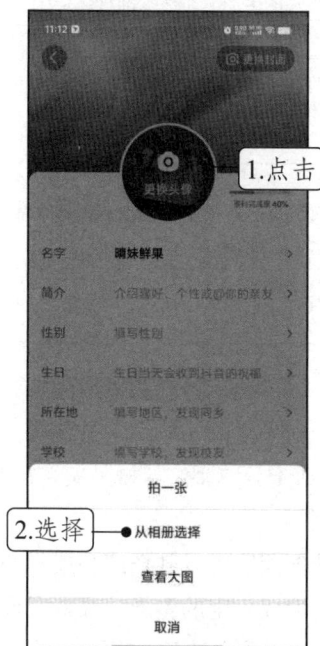

图 5-8 更换头像

图 5-9 调整头像

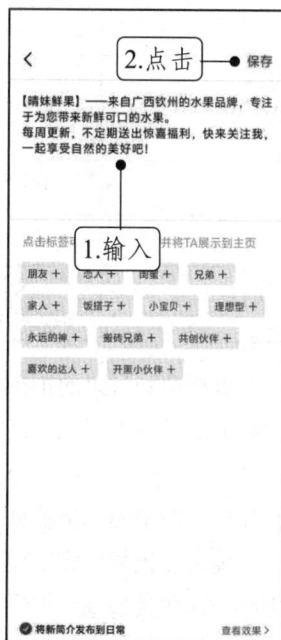

图 5-10 设置简介

任务演练 2：确定短视频账号内容定位

【任务目标】

为晴妹鲜果的抖音账号确定内容定位，以确保后续发布的短视频内容具有针对性，能被抖音精准推送给感兴趣的用户。

【任务要求】

本次任务的具体要求如表5-4所示。

表 5-4　　　　　　　　　　　　　　　　任务要求

任务编号	任务名称	任务指导
（1）	分析各内容领域	分析各内容领域的拍摄要求和选题情况
（2）	分析晴妹鲜果的拍摄条件和资源	分析团队在短视频拍摄能力、设备，以及资源方面的优劣势
（3）	确定短视频内容定位	结合前面的分析结果确定具体定位，需体现品牌特色

【操作过程】

（1）分析各内容领域。小张研究了各内容领域的农产品短视频，认为目前各领域的内容已经较为成熟，竞争也比较激烈，要想脱颖而出，需要突出差异性。此外，他还分析了各内容领域短视频的拍摄要求和选题情况，如表5-5所示。

表 5-5　　　　　　　　　　　　　农产品短视频内容领域分析

内容领域	拍摄要求	选题情况
产品展示类	能捕捉农产品高清细节，展现其色泽、形状和纹理	选题难度小，但选题面窄，营销性强，趣味性弱
农业生产类	具备户外环境的拍摄技巧，如应对天气变化、光线调节；能准确传达相关农业技术要点	可展现的生产活动很多，但容易流于生产技术的呈现，以致仅能吸引农业生产者
美食制作教程类	厨房环境保持干净整洁，光线充足；拥有一定的烹饪知识和技巧；清晰演示每个步骤，并使用特写镜头突出重点操作	对于水果而言，可制作的美食不多
食品健康知识类	善于借助营养成分表、模型等视觉辅助工具来直观解释农产品的营养价值；确保所传递的健康信息科学准确	选题局限于水果科普知识，容易同质化
农村生活类	要有人文关怀和敏感度，拥有故事叙述能力，能够捕捉和表现农村生活的韵味和情感	可展现丰富的生活内容，但需进一步提炼

（2）分析晴妹鲜果的拍摄条件和资源。目前，晴妹团队规模小，可用于短视频拍摄的资金不多，团队成员拍摄水平也不高。但该团队也有优势：晴妹本人对于水果生产、采摘、打包等十分熟悉，形象气质良好，可以出镜介绍；团队成员对拍摄地及农村生活十分熟悉，与村民关系良好，可以自如地进出果园拍摄各种场景。

（3）确定短视频内容定位。结合以上分析结果，小张认为晴妹的团队可以胜任产品展示类、农业生产类这两类短视频拍摄，可以将这两种类型结合起来，既能形成一定的差异，又能吸取两个内容领域的优势，增强内容的丰富性和吸引力。具体来说，可以将短视频内容定位为分享果农晴妹的日常工作和生活，包括水果施肥、浇水、采摘、打包工作，水果的生长变化，晴妹与其他果农的互动等，并适时地介绍成熟水果的外观、细节和口感，从而促进水果销售。

任务三 制作农产品短视频

任务描述

打造完账号后，小张的下一步工作就是实际制作短视频。老李对小张提出了具体的要求：拍摄并剪辑一个完整的沃柑营销短视频，以提升沃柑销量，同时吸引用户关注。根据老李的要求，小张对任务进行了规划（见表 5-6）。

表 5-6   任务单

任务名称	制作沃柑营销短视频	
任务背景	正值沃柑成熟上市，需要制作短视频来宣传沃柑	
任务类别	☐ 选择短视频营销平台　☐ 打造短视频账号　■ 制作农产品短视频　☐ 推广农产品短视频 ☐ 短视频数据分析	
工作任务		
任务内容	任务说明	
任务演练 1：写作沃柑营销短视频脚本	写作流程：确定短视频主题、规划内容框架、填充内容细节、完成脚本	
任务演练 2：拍摄并剪辑沃柑营销短视频	拍摄工具为智能手机，剪辑工具为剪映 App	

任务总结：

知识准备

一、短视频脚本写作流程

短视频脚本是介绍短视频的详细内容和具体拍摄工作的说明书，为短视频创作提供内容提纲，能够为后续的拍摄、剪辑等工作提供流程指导，并明确各职能分工。短视频脚本写作流程一般包括确定短视频主题、规划内容框架、填充内容细节、完成脚本 4 部分。

（一）确定短视频主题

每个短视频都需要有一个明确的主题。农产品商家在确定短视频主题时首先要关注目前所属内容领域里的热门选题，如美食制作类短视频的热门选题有减脂餐、宝宝辅食等。此外，还要考虑目标用户的喜好和需求。例如，要拍摄美食制作类短视频，目标人群是"宝妈"，那么就可以将短视频主题确定为"宝宝辅食制作"。

（二）规划内容框架

确定短视频主题之后，就需要规划内容框架。规划内容框架，需要想好通过什么样的内容细节及表现方式来展现短视频主题，包括人物、场景、事件等，并对此作出详细规划。例如，需要拍摄一个健康早餐的美食制作类短视频来推广××牌鸡蛋，已确定短视频主题为"制作水波蛋燕麦粥"，那么在规划内容框架时，可包含表5-7所示的内容。

表5-7　　　　　　　　　　　　　　内容框架

脚本要点	要点内容
拍摄主体	水波蛋燕麦粥的原料和成品
人物	一名身穿围腰的男子
场景	厨房
事件	男子展示水波蛋燕麦粥的制作方法

（三）填充内容细节

在确定好内容框架之后，就需要在脚本中填充更多的细节内容。例如，男子在水烧开的锅中加入白醋，缓缓放入鸡蛋。

（四）完成脚本

完成内容细节的填充后，还需要确定每个镜头的景别、拍摄方式、画面内容、台词、声音、时长，然后将其整理为完整的脚本。

（1）镜号。镜号是用来标识镜头的编号，通常按照它们在短视频中出现的顺序来标记，使用数字进行编号。

（2）景别。景别通常包括远景、全景、中景、近景和特写5种。由于不同的景别能够传达不同的情感和细节，所以需要根据整个故事的脉络和矛盾冲突来选择合适的景别。例如，如果主角感到紧张，就可以使用特写镜头来捕捉他们颤抖的手部动作，以展现内心的情感变化。

拓展阅读
景别、运镜与拍摄角度

（3）拍摄方式。拍摄方式包括运镜方式和拍摄角度。运镜方式可以包括固定的静态镜头或动态的推、拉、摇、移等运动镜头。拍摄角度有平视、俯视、仰视等。选择合适的拍摄方式可以增强短视频的表现力。

（4）画面内容。画面内容需要用简洁而具体的语言来描述，以表现要传达的具体画面形象。必要时，可以使用图形或符号来辅助表达。

（5）台词。台词指在短视频中所说的话语或者以文字形式出现在画面中的文字内容。台词若是人物的对话，其作用包括揭示情节发展，将用户注意力引导到特定情节点及展现角色的性格特点。例如，要塑造一个勤俭持家的人物，可以设计该人物在买菜时与店主还价的对话。台词若以文字形式出现在画面中的文字内容，则应起到解释说明、强调信息等作用。

（6）声音。声音指短视频采用的背景音乐或音效。背景音乐有助于创造特定的氛围，以增强用户的情感共鸣。在写作脚本时应选择与短视频的主题和内容风格一致的背景音乐，如表现安逸宁静的农村生活的短视频可以使用舒缓的轻音乐。音效可以增强短视频真实感，包括现场的环境声、自然声音、特定事件的声音效果等。

（7）时长：时长与内容的详略、质量有关。通常应根据短视频整体的时间、故事的主题和主要矛盾冲突等因素确定每个镜头的时长。

表 5-8 所示为某农产品短视频脚本示例。

表 5-8　　　　　　　　　　　　　　　短视频脚本示例

镜号	景别	拍摄方式	画面内容	台词	背景音乐/音效	时长
1	近景	移镜头(水平向左移动)，平拍	一片绿油油的稻田	看，这就是我们家乡的稻田	轻快的乡村音乐	3秒
2	近景	固定镜头，平拍	农民正在稻田里劳作	我们的农民们每天都在辛勤工作	劳动的声音和自然环境音	9秒
3	……	……	……	……	……	……

二、短视频的拍摄设备和方法

当前，人们对于短视频的质量有较高的要求，因此要进行农产品短视频营销，应该具备短视频拍摄的能力，能够熟练运用各种拍摄设备，掌握一定的拍摄方法，才能制作精美的短视频。

（一）短视频的拍摄设备

要拍摄短视频，首先需要配置一些拍摄设备。目前，常用的拍摄器材主要包括以下 3 种。

（1）智能手机

智能手机是当前主流的拍摄器材，其优势是便携、易用、随时可拍，适合资金不足的农产品商家。大部分智能手机都配备有摄像头，具有自动对焦、多种拍摄模式和一定的视频处理能力。此外，智能手机拍摄的短视频可以直接通过短视频平台分享，非常适合快速传播和互动。智能手机拍摄的短视频往往更接地气，适合记录日常生活、旅行、美食等轻松、随性的内容。

（2）相机

农产品商家如果运营资金较为充足，且有专业的拍摄技术，可选用相机来拍摄短视频。与智能手机相比，相机的画质、像素、画面动态范围、清晰度、镜头效果等都更专业，同时提供了更多的拍摄参数和模式供用户选择。

（3）无人机

目前，无人机也被广泛应用于农产品短视频拍摄中。无人机能够从空中拍摄到独特的视角，使得短视频更具视觉冲击力，适合拍摄大范围的乡村风光、活动现场等。

⏰**行业点拨**

还有一些辅助器材可以提高拍摄质量，包括话筒（用于提高音频质量）、三脚架（用于减少画面抖动）、手机稳定器（用于消除因手部晃动造成的画面不稳）、外接镜头（用于增加手机摄像头的拍摄功能）、补光灯（在自然光线不足时为被摄物体提供光源）等。

（二）短视频的拍摄方法

为提高短视频拍摄效率、降低拍摄成本，目前很多农产品商家都会使用智能手机来拍摄短视频，这里以 vivo 手机为例介绍短视频的拍摄方法，具体步骤如下。

（1）设置分辨率帧率。在手机桌面点击"摄像机"图标，进入拍摄界面，点击"录像"选项卡，在"录像"界面点击"1080P 30"按钮。在打开界面中点击"1080P/30fps"选项，在打开的界面中可根据需要选择其他分辨率帧率选项，如图 5-11 所示，这里保持默认设置。

（2）调出构图线。返回"录像"界面，点击右上角的"选项"按钮，在打开的列表中点击"构图线"选项，即可调出构图线。

（3）调整焦距并拍摄。假设目前需要拍摄农产品的细节，可以在取景框中下部点击"1×"右侧的"2"按钮，调整焦距为"2×"。镜头对准拍摄物，点击取景框下方的"拍摄"按钮◉开始拍摄，如图 5-12 所示。点击"停止拍摄"按钮▪结束拍摄，如图 5-13 所示。

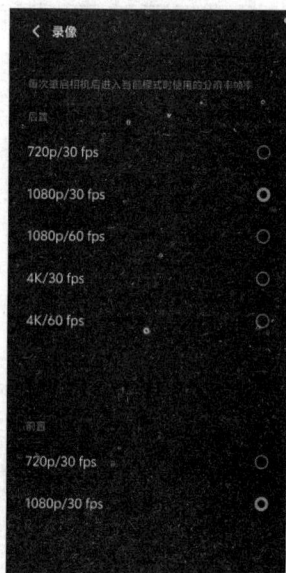

图 5-11　设置分辨率帧率　　　　图 5-12　调整焦距　　　　图 5-13　结束拍摄

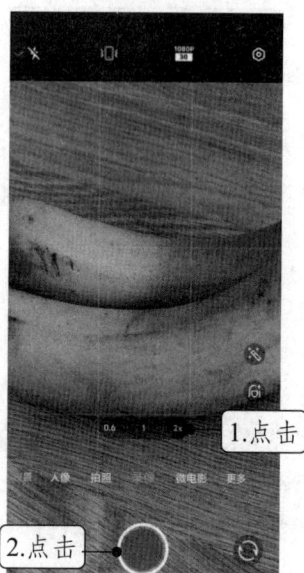

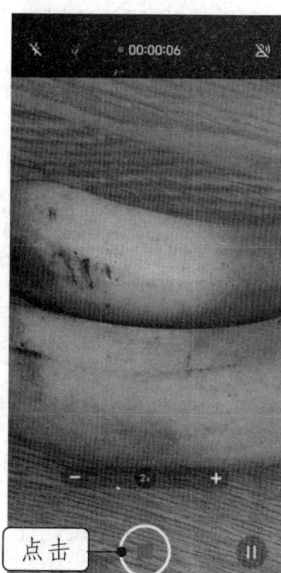

📖　**知识拓展**

1080P 是分辨率（常见的分辨率还有 720P、4K 等），在其他参数一定的情况下，分辨率越高，视频越清晰，但视频文件所占空间也会越大。30fps 是帧率（常见的帧率还有 60fps）。在分辨率相同的情况下，帧率越高，视频越清晰。

将焦距调整为"2×"是将拍摄物放大到原来的 2 倍，以呈现物体的细节。

三、短视频剪辑的要点

短视频剪辑需要综合考虑内容、画面、声音、字幕、特效等多个方面，以呈现高质量、有趣味性的视频内容。具体来说，短视频剪辑需要注意以下要点。

（1）适当的节奏控制。在剪辑短视频时，要把多余的人物对白和画面删除，留下对情节发展有帮助的核心内容，从而避免节奏拖沓。此外，短视频的节奏应该与内容相匹配。例如，在介绍快速生长的植物时，可以使用较快的剪辑节奏来展示其生长过程；而在展示宁静的田园风光时，可以使用较慢的节奏来营造宁静的氛围。

（2）合理使用转场。转场是连接视频场景的一种技巧，使用转场效果（常见的转场效果包括溶解、擦除、推移等）来平滑地连接两个镜头，可以使短视频看起来更加流畅。此外，可以在短视频的不同部分使用不同的转场效果，以区分主题或营造特定的氛围。但应避免使用过于复杂的转场效果，这可能会分散用户的注意力或使短视频显得过于烦琐。

（3）保证内容的逻辑性。在剪辑时，应确保视频内容的连贯性和逻辑性。例如，在展示农产品的种植过程时，应按照实际的生长顺序来排列镜头。如果短视频中有多个主题或多条故事线，可以使用明显的转场或标题来对其加以区分。

（4）注意声音和画面的配合。确保短视频中的声音（包括旁白、对话、背景音乐和声效）与画面内容相匹配，以增强短视频的整体感。例如，视频画面中水果从枝头掉在地上，相应的也应该匹配物体落下的声音。此外，当镜头切换时，背景音乐或环境声音的音量要保持一致，从而避免突然的音量变化分散用户的注意力。

（5）合理添加字幕。字幕应选择清晰易读的字体和合适的字号，字幕的颜色应与视频背景画面区分开（一般使用白色），避免使用刺眼的颜色或过于花哨的字体样式。字幕应放置在画面中不遮挡主要内容的位置，通常位于画面下方中央或下方两侧。

任务实施

任务演练 1：写作沃柑营销短视频脚本

【任务目标】

为沃柑营销短视频写作脚本，为后续短视频拍摄提供参考。

【任务要求】

本次任务的具体要求如表 5-9 所示。

表 5-9　　　　　　　　　　　　　　　　　任务要求

任务编号	任务名称	任务指导
（1）	确定短视频主题	根据账号内容定位以及当前的具体拍摄情况和需求确定
（2）	规划内容框架	确定拍摄主体、人物、场景、事件和广告植入方式
（3）	填充内容细节	主要涉及展现沃柑的方法
（4）	完成脚本	确定镜头数以及每个镜头的景别、拍摄方式、画面内容、台词、音效、时长

【操作过程】

1. 确定短视频主题

根据晴妹鲜果的账号内容定位，短视频的内容应围绕果农晴妹的日常工作展开。结合当前果园中沃柑成熟的情况以及营销沃柑的需求，可以将此次短视频的主题确定为"分享果园采摘沃柑的日常，并展示成熟的沃柑"。

2. 规划内容框架

该短视频只需要简单展示沃柑，因此不需要情节，直接在果园中拍摄即可。整个短视频以晴妹的主观视角展开，她本人可以不出镜，通过第一人称的台词介绍沃柑。规划的内容框架如表 5-10 所示。

表 5-10　　　　　　　　　　　内容框架

脚本要点	要点内容
拍摄主体	沃柑
人物	晴妹
场景	果园
事件	介绍沃柑

3. 填充内容细节

小张认为本次的短视频主要是在果园中展示沃柑，可以先展示果树上的沃柑，再展示沃柑的外观、果肉，并通过切开沃柑挤出汁水、近距离地展示果肉等方式直观地展示沃柑的细节。

4. 完成脚本

分别确定短视频各个镜头的景别、拍摄方式、画面内容、台词和背景音乐、时长等项目，完成的脚本如表 5-11 所示。

表 5-11　　　　　　　　　　　短视频脚本

镜号	景别	拍摄方式	画面内容	台词	背景音乐	时长
1	近景	移镜头（水平向左移动），平拍	果园中的果树上挂满了沃柑	晴妹果园的沃柑成熟啦！今天开始采摘咯	欢快的轻音乐	3 秒
2	近景	固定镜头，平拍	一只手握住枝头上的沃柑，一只手用水果刀横向切下，切开后用握住的那只手用力捏，挤出汁水	切开来看，皮薄肉厚，汁水充足		8 秒
3	近景	固定镜头，平拍	一只手拿着三个沃柑，其中一个切开，露出果肉	再近距离给大家看看，果肉非常细腻		5 秒
4	近景	移镜头（水平向右移动），俯拍	果篮里摆满了采摘下来的沃柑	都是现摘的，想吃的赶紧拍，待会儿晴妹给大家发货		3 秒

任务演练 2：拍摄并剪辑沃柑营销短视频

【任务目标】

按照短视频脚本使用智能手机拍摄短视频，拍好后使用剪映 App 剪辑。要求最后制作出的短视频流畅、具有视觉吸引力，且能展现沃柑的特点。

【任务要求】

本次任务的具体要求如表 5-12 所示。

表 5-12　　　　　　　　　　　　　　　任务要求

任务编号	任务名称	任务指导
（1）	拍摄短视频	根据短视频脚本规定的景别、拍摄方式进行拍摄，必要时使用三脚架辅助拍摄
（2）	剪辑短视频	删除多余片段、添加字幕、添加转场效果、添加音乐

【操作过程】

1. 拍摄短视频

（1）做好拍摄准备。小张选择自己的 vivo 手机作为拍摄设备，进入"录像"界面，在手机中设置分辨率帧率为 1080P/30fps，并调出构图线。

（2）拍摄镜号 1。选择一棵果实较多的果树，调整手机与果树间的距离，使果树占据画面的大部分空间。然后点击"拍摄"按钮◉，水平向左移动手机，拍摄果树以及枝头的沃柑。拍摄结束，点击"停止拍摄"按钮▪。

（3）拍摄镜号 2。将手机固定在三脚架上，将镜头对准需要拍摄的沃柑，使其位于画面中心位置，使用步骤 2 的方法拍摄另一人用刀切开沃柑并挤汁水的动作，效果如图 5-14 所示。

（4）拍摄镜号 3。选择光线好的位置，将手机固定在三脚架上，一手拿着需要拍摄的沃柑展示，将镜头对准沃柑拍摄，保证切开的沃柑位于构图线的交叉点上，效果如图 5-15 所示。

（5）拍摄镜号 4。取下手机，对准盛放沃柑的果篮，水平向右移动手机。拍摄果篮中的沃柑，效果如图 5-16 所示。

图 5-14　拍摄镜头 2　　　　图 5-15　拍摄镜头 3　　　　图 5-16　拍摄镜头 3

2. 剪辑短视频

（1）添加剪辑素材。打开剪映 App，使用抖音账号登录，点击"开始创作"按钮。在打开的界面中点击刚拍摄好的短视频（配套资源：\素材\沃柑1～4.mp4），然后点击"添加"按钮。

（2）删除多余视频片段。打开剪辑界面，移动视频轨道，使时间线位于第 3 秒处，点击"剪辑"按钮，在打开的列表中点击"分割"按钮，如

微课视频

剪辑短视频

图 5-17 所示。点击被分割后的第 2 段视频素材，点击"删除"按钮。

点击第 3 段视频素材，移动视频轨道，使时间线位于第 16 秒处。按照相同的方法进行分割，并删除第 3 段视频中被分割出来的后半部分。

（3）添加字幕。①移动视频轨道，使时间线位于起始处，点击"文字"按钮，在打开的列表中点击"新建文本"按钮，如图 5-18 所示。在打开列表的文本框中输入"晴妹果园的沃柑成熟啦！"换行输入"今天开始采摘咯"。

移动视频画面中的文本框，使其位于底部位置，然后点击"编辑"按钮。在打开的面板中点击"样式"选项卡，向右拖曳字号栏中的滑块，将字号设置为"14"，然后点击"√"按钮，如图 5-19 所示。向右拖曳字幕素材右侧的边框，将字幕素材持续时长调整为 3 秒。

图 5-17 删除多余片段　　　图 5-18 添加字幕　　　图 5-19 设置字幕

② 返回剪辑界面，在第 3 秒处添加字幕"切开来看，皮薄肉厚，汁水充足"，并将视频画面中的文本框移动到靠近底部的位置，调整字号为"12"，然后点击"√"按钮。向右拖曳字幕素材右侧的边框，使字幕素材时长持续到第 11 秒。

使用相同的方法分别在第 3 段、第 4 段视频素材开始处添加字幕"再近距离给大家看看，果肉非常细腻""都是现摘的，想吃的赶紧拍，待会儿晴妹给大家发货"，使其分别持续到第 3 段、第 4 段视频素材结束。

（4）添加转场效果。移动视频轨道，使时间线位于第 3 秒处，点击第 1、2 段视频素材之间的连接按钮，在打开的"转场"面板中点击"叠化"选项，点击"√"按钮，如图 5-20 所示。按照相同的方法为第 2、3，3、4 段视频素材间添加转场效果。

（5）添加音乐。移动视频轨道，使时间线位于开始处。点击"关闭原声"按钮，然后点击"音频"按钮，如图 5-21 所示，在打开的列表中点击"音乐"按钮，在打开的界面中点击"纯音乐"选项。点击音乐进行试听，选定后点击右侧的"使用"按钮。

（6）设置淡出效果。返回剪辑界面，点击音乐素材，向左拖曳音频素材右侧的边框，使音频素材持续时长与视频素材时长相等。点击"淡入淡出"按钮，将淡出时长设置为 2 秒，点击"√"按钮，如图 5-22 所示。

图 5-20　添加转场效果　　　　图 5-21　添加音频　　　　图 5-22　设置淡出效果

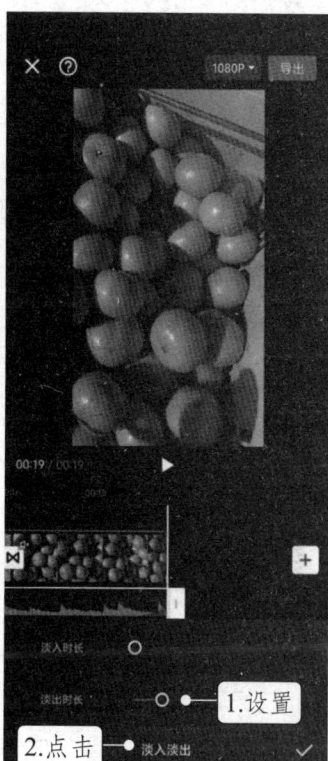

（7）点击右上角的"导出"按钮（配套资源：\效果\沃柑短视频.mp4），即可将该短视频保存在手机中。

扫码查看

沃柑短视频

技能练习

为手边的水果制作一个营销短视频，包括写作短视频脚本，拍摄并剪辑短视频。简单展现水果的外观和果肉特点。

素养课堂

近年来，国家非常重视对不良短视频内容的整治。例如，2023 年 12 月，中央网信办开展为期一个月的"清朗·整治短视频信息内容导向不良问题"专项行动。专项行动围绕短视频领域价值导向失范和不良内容多发等乱象，集中整治 3 类短视频信息内容导向不良问题：传播虚假信息问题、展示不当行为问题（打造低俗人设等）、传播错误观念问题（传播错误价值导向等）。对此，农产品商家要在制作短视频时引以为戒，避免出现以上问题。

任务四　推广农产品短视频

任务描述

在沃柑营销短视频制作完成后，老李安排小张推广该短视频，要求在 300 元的预算内，让短视频观看量突破 5000，账号"新增粉丝"200 人。小张在研究了短视频推广的方法后，决定将付费推广和免费推广结合起来（见表 5-13），争取实现推广目标。

表 5-13　　　　　　　　　　　　　　　　　　任务单

任务名称	推广沃柑营销视频	
任务背景	晴妹鲜果抖音账号目前粉丝量很少，单纯依靠短视频自身很难获得较好的效果，因此必须加以大力推广	
任务类别	☐ 选择短视频营销平台　☐ 打造短视频账号　☐ 制作农产品短视频　■ 推广农产品短视频 ☐ 短视频数据分析	
工作任务		
任务内容		任务说明
任务演练 1：发布并免费推广沃柑短视频		添加关键词和话题标签
任务演练 2：投放 DOU+推广短视频		投放目标是提升账号粉丝量

任务总结：

知识准备

一、免费推广短视频的方法

适当的推广有助于扩大短视频的影响力。当前免费推广短视频有以下 7 种方法。

（1）添加话题标签。发布短视频时，在标题中添加合适的话题标签（以"#"开头的文字）可增加短视频内容的曝光机会。农产品商家既可以添加热门话题标签，也可以自主创建话题标签。在图 5-23 所示的短视频中，"#新农人 2024 计划"是抖音官方创建的话题标签，"#我的乡村生活""#美食"则是该账号根据近期热门话题和短视频内容主动添加的话题标签。

（2）标题中加入关键词。用户搜索短视频主要是通过关键词进行的，因此短视频标题中一定要包含内容相关关键词。选取合适的关键词，能够提升短视频的搜索排名，为短视频带来更多流量。农产品商家可以在短视频平台中搜索农产品名称，查看相关的热门关键词。例如，搜索"丑橘"，系统将自动显示与"丑橘"相关的热门关键词，如图5-24所示。

（3）参与或发起挑战赛。挑战赛是短视频平台上举行的一种竞赛活动（见图5-25），农产品商家可以参与自己账号内容领域相关的挑战赛，借助挑战赛的影响力让自己获得更多的曝光。此外，产品商家还可以自己发起挑战赛，根据农产品特性，创造富有互动性和趣味性的个人挑战或游戏，如"一分钟内剥开多少颗荔枝""如何搭配水果做出健康早餐"等，通过发布示范视频，邀请用户模仿并扩散，从而扩大自身账号及品牌的影响力。

图 5-23　话题标签　　　　　图 5-24　关键词　　　　　图 5-25　挑战赛

（4）免费资源互换。与其他同类账号或者本地特色账号进行内容互推，互相介绍对方的内容给自己的粉丝，以实现双赢。

（5）多平台传播。多平台传播是指在多个平台（如抖音、快手、微信视频号等）建立账号，同步发布短视频，以尽可能获得更多用户的关注。值得注意的是，不同平台间的账号名称和发布内容应相同，以免他人盗取短视频或使用账号名称在其他平台引流。

（6）号召粉丝支持。农产品商家可以在短视频平台建立粉丝群等，积极与粉丝互动，增强粉丝忠诚度，然后在短视频发布后号召粉丝给短视频点赞、评论，使短视频获得更好的数据表现，进而被系统推荐给更多用户。

（7）私信引流。私信引流指在同类型的农产品短视频达人的粉丝中选择一些粉丝，给对方发送私信，引导其关注自己的短视频账号及作品，以此来达到推广的目的。

二、付费推广短视频的方法

当前，短视频平台的竞争十分激烈，仅仅依靠免费推广手段可能难以迅速提升短视频内容的覆盖面。农产品商家在必要时也可以采取付费的方式来推广短视频。

（1）与达人合作推广。与达人合作推广是指寻找有影响力的短视频达人合作推广，例如，让短视频达人在短视频标题中@自己的账号，点赞自己的短视频，与自己的短视频合拍，或在短视频中借助文字、口播等宣传自己的账号，从而吸引短视频达人粉丝的关注。这种方法通常需要农产品商家支付一定的推广费用。

> **⏰ 行业点拨**
>
> 　　合拍是抖音等短视频平台的特色功能，拍摄者可以找到自己感兴趣的短视频，然后自己拍摄短视频与其互动，如合唱一首歌、同跳一支舞等。在合拍短视频中，界面会被分为两部分：一部分用于显示拍摄者自己拍摄的短视频，另一部分用于显示被合拍的短视频。

（2）借助付费推广工具。短视频平台一般提供付费推广工具，如抖音 DOU+、快手粉条等，使用这些工具后可将短视频推荐给更多对该短视频内容感兴趣的用户，提升短视频的播放量与互动量。在进行付费推广时，需要注意以下 3 点。

① 明确推广目标。在开始付费推广之前，首先要明确推广目标，如增加粉丝量、提高视频播放量、提升产品销量等。通常来说，在短视频营销初期，应以提高粉丝量为主要目的；在有一定粉丝基础后，则可以以提高互动量为主要目的，通过提高与粉丝的互动率来增强粉丝的黏性，为促进农产品销售奠定基础。

② 选择优质短视频。付费推广只是增加曝光的一种方式，而短视频内容的质量才是吸引用户的关键。如果想吸引新的用户，可以制作并发布有特点、有新意的短视频，或选择真人出镜，提升用户对人物主角的熟悉度；如果要提高粉丝的互动率，则需要制作并发布现有粉丝感兴趣的短视频，并在内容中增加互动点，从而激发粉丝的参与热情；如果要提高农产品转化率，则应发布体现农产品卖点的短视频，或将农产品信息自然融入短视频，促使用户购买。

③ 监控推广效果。在推广过程中，要密切关注推广效果，如点击率、转化率等数据指标。要根据实际推广效果及时调整推广策略，以获得更好的推广成绩。

💻 任务实施

☕ 任务演练 1：发布并免费推广沃柑短视频

【任务目标】

发布沃柑短视频，并使用免费推广的方法推广，以提升短视频的流量。

【任务要求】

本次任务要求在抖音通过搜索查找相关关键词和话题标签，然后在发布短视频时添加。

【操作过程】

（1）查找合适的关键词。进入抖音，点击右上角的"搜索"按钮，在打开界面的搜索框中输入"沃柑"，下方将自动出现一系列相关关键词，如图 5-26 所示。其中，"沃柑广西正宗超甜"与所推广的沃柑情况相符，可以在标题中添加。

（2）查找合适的话题标签。点击搜索框右侧的"搜索"按钮，在打开的搜索结果页面中点击"话题"选项卡，在其中查看相关话题标签，如图5-27所示。其中，"#沃柑基地""#广西沃柑""#沃柑种植"均与短视频内容契合，热度也高，因此可以将这3个话题标签加入标题。

（3）发布短视频。在抖音主界面中点击"+"按钮，在打开的界面中点击"视频"按钮，在打开的界面中点击"相册"按钮，在打开的界面中点击之前制作的沃柑短视频，点击"下一步"按钮。在打开的界面中预览短视频效果，点击"下一步"按钮。在打开的界面中的输入框中输入标题"广西正宗超甜沃柑成熟啦！晴妹现在摘，然后马上给大家发货"，然后点击"#话题"按钮，在出现的"#"后输入"广西沃柑"。按照此方法添加"#沃柑基地""#沃柑种植"话题标签。最后，点击"发布"按钮，如图5-28所示。

图5-26　相关关键词　　　图5-27　相关话题标签　　　图5-28　发布短视频

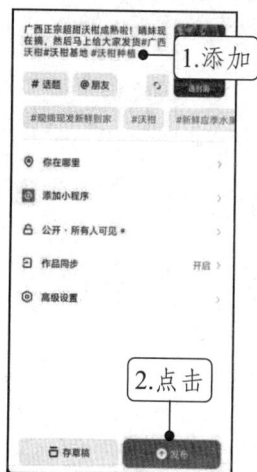

任务演练2：投放DOU+推广短视频

【任务目标】

为刚发布的短视频投放DOU+，以提升短视频的营销效果。

【任务要求】

本次任务要求为沃柑短视频投放DOU+，投放目标为提升短视频播放量和账号粉丝量，选择平台提供的投放套餐，预算为100元。

【操作过程】

（1）打开DOU+。打开抖音App，点击底部的"我"按钮，在打开的界面中点击刚发布的短视频，在打开的短视频播放界面点击"..."按钮，在打开的面板中点击"上热门"选项，如图5-29所示。

（2）设置投放计划。在打开的"DOU+上热门"界面的"我想要"栏中设置想要提升的项目，在这里点击"粉丝量"选项，然后选择想要的投放套餐，点击"基础套餐"选项，最后点击"使用新人优惠，一键投放"按钮，如图5-30所示，在打开的界面中完成支付。

图 5-29 上热门

图 5-30 设置投放计划

任务五　短视频数据分析

任务描述

沃柑短视频发布后收获了一些点赞和评论，而且账号也新增了一些粉丝。老李安排小张分析该短视频的具体数据表现（见表 5-14），以得出有价值的分析结果，为后续的短视频营销提供策略支持。

表 5-14　　　　　　　　　　　　　　任务单

任务名称	分析沃柑短视频数据	
任务背景	小张自我感觉沃柑短视频的营销效果不错，但还需要以精准的数据为基础进行深入分析	
任务类别	☐ 选择短视频营销平台　☐ 打造短视频账号　☐ 制作农产品短视频　☐ 推广农产品短视频 ■ 短视频数据分析	
工作任务		
任务内容	**任务说明**	
任务演练：分析沃柑短视频数据	短视频数据分析平台：抖音后台 分析目的：考察推广目标是否完成；总结短视频的长处与不足	
任务总结：		

📋 **知识准备**

一、常见的短视频数据分析平台

短视频数据分析平台会提供大量有用的数据，为农产品商家提供宝贵的数据支持。常见的短视频数据分析平台主要包括短视频平台账号后台和第三方数据分析工具。

（一）账号后台

短视频平台自带的账号后台（如抖音、快手、哔哩哔哩等短视频平台的创作者中心或数据中心）为用户提供基本的数据分析工具，这些工具提供的通常是短视频观看量、点赞量、评论量等基础数据，以及用户画像、地域分布、活跃度等更详细的信息。通过这些数据，农产品商家可以了解自己的内容表现、目标用户特点，从而优化内容创作和营销策略。

（二）第三方数据分析工具

当前市面上有很多专门的第三方短视频数据分析工具，包括新榜、飞瓜数据、卡思数据、蝉妈妈等。这些工具通常提供更为丰富、深度的数据服务，可以帮助农产品商家优化短视频内容、提升营销效果。同时，它们还可能提供实时监测、行业报告、案例研究等功能，从而帮助用户全面了解短视频生态并做出精准决策。

二、短视频数据分析指标

短视频数据分析指标涵盖视频播放、用户互动等各个层面。通过综合分析这些指标，可以对短视频的表现进行全面评估，从而为内容创作、产品优化和市场营销策略提供数据支持。常见的短视频数据分析指标如表 5-15 所示。在实际应用中，根据不同的业务需求和目标，可能需要重点关注某些特定的指标，并据此调整内容和运营方向。

表 5-15　　　　　　短视频数据分析指标

指标	含义	意义
播放量	短视频被播放的次数	评估短视频曝光度的重要指标
点赞量	短视频被点赞的次数	用户对短视频内容的认可和喜爱的直接体现，高点赞量/率通常意味着短视频内容很受用户欢迎
点赞率	用户点赞次数÷视频总播放次数	
评论量	短视频的评论数	用户对短视频内容的反馈和互动意愿的体现，评论量/率越高，说明短视频引发的关注度越高
评论率	用户发表评论的次数/视频总播放次数	
转发量	短视频被用户转发到其他平台或分享给其他人的次数	评估短视频传播效果的重要指标，转发量/率越高，说明短视频的传播范围越广
转发率	用户将视频分享到其他平台或发送给其他人的次数/视频总播放次数	
收藏量	用户收藏短视频的数量	反映短视频的长期价值

续表

指标	含义	意义
平均播放时长	所有用户观看短视频所花时间的平均值	反映短视频内容质量和用户参与度的关键指标，观看时长较长通常意味着内容的质量较高、吸引力大
完播率	完整播放次数÷短视频总播放次数	反映了短视频内容的吸引力和用户的留存率，高完播率通常意味着短视频内容能够持续吸引用户的注意力
转化率	用户在观看短视频后采取进一步行动（如购买、关注等）的比例，即转化次数/观看次数	衡量短视频营销效果的重要指标
吸粉量	用户观看短视频后关注账号的数量	评价账号成长速度和影响力的重要指标，较高的吸粉量意味着短视频有效地吸引了大量新的关注者
5s完播率	短视频播放后超过5s的播放量÷总播放量	5s完播率高，意味着短视频的开头能够迅速吸引用户的注意力
2s跳出率	作品播放后2s内跳出的播放量÷总播放量	反映出短视频内容对用户的吸引力以及短视频加载速度、开头几秒钟的内容质量等因素，2s跳出率高，意味着短视频的开头不吸引人，或者加载速度不理想
不感兴趣率	用户对视频点击"不感兴趣"按钮的次数÷播放量	用于评估短视频投放效果，较高的不感兴趣率可能意味着短视频与用户的需求不符

任务实施

任务演练：分析沃柑短视频数据

【任务目标】

分析沃柑短视频的数据表现，涉及播放、互动、涨粉等方面。

【任务要求】

本次任务要求在抖音后台查看沃柑短视频的"播放分析""互动分析"和"观众分析"界面中的数据，并进行有针对性的分析。

【操作过程】

（1）分析播放数据。在抖音App首页点击"我"选项，在打开的界面中点击"更多"按钮，在打开的列表中点击"创作者服务中心"选项，在打开界面的"7日账号数据"栏中点击"详情"按钮，打开"数据中心"界面，点击"作品分析"选项卡。其中，点击沃柑短视频，即可打开该短视频的"作品数据详情"界面，如图5-31所示。从图中可以看出，该短视频的播放量突破了1万，超额完成播放量5000的目标；完播率为33%左右（高于30%属于优秀），播放时长在10秒左右（高于7秒属于优秀），说明短视频对用户的吸引力较大。2s跳出率为23.01%（低于40%为合格）、5s完播率为58.43%（高于50%属于优秀），说明短视频的开头足够吸引用户，后续可以借鉴沃柑短视频开头的拍摄方法。

（2）分析互动数据。在"作品数据详情"界面中点击"互动分析"选项卡，可以在其中查看粉丝数据，如图5-32所示。从图中可以看出，该短视频的评论率仅为0.65%（合格水平为1%）、点赞率仅为2.00%（合格水平为3%）、分享率仅为0.34%（合格水平为0.5%），因此后续需要多在短视频台词、标题，以及评论区中号召用户参与互动。

（3）分析粉丝数据。在"作品数据详情"界面中点击"观众分析"选项卡，可以在其中查看粉丝数据，如图5-33所示。从图中可以看出，该短视频的吸粉量为238个（实现了新增粉丝200个的目标），脱粉率（仅为0.03‰，低于10%为合格）很低，不感兴趣率为3%（合格水平为3%），说明该短视频推广效果不错，精准度较高，后续可以考虑继续使用DOU+推广。

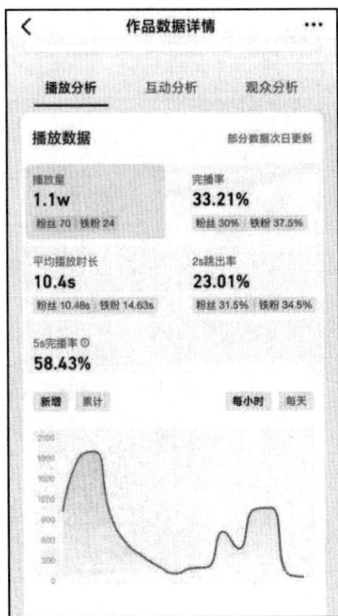

图5-31 播放数据

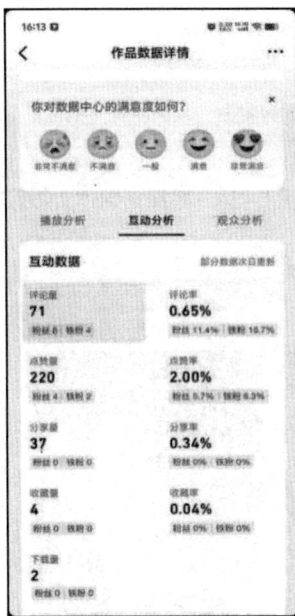

图5-32 互动数据

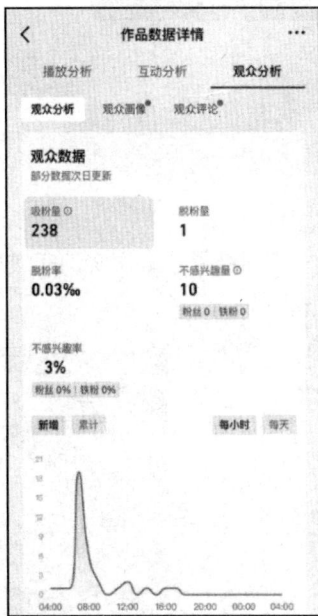

图5-33 用户数据

总的来说，沃柑短视频对用户的吸引力较强，但在引导用户互动方面还需加强。此外，该短视频的推广效果不错，达到了预期目标。

> **⏰ 行业点拨**
>
> 需要注意的是，前文提到的完播率、2s跳出率、评论率、点赞率等指标的合格/优秀水平只是参考值。在实践中，应结合不同平台、视频类型和目标用户来具体分析。

✍ 综合实训——制作并推广香蕉短视频

实训目的：练习制作并推广短视频，以巩固短视频的制作与推广方法。

实训要求：为香蕉制作一个短视频，介绍香蕉的卖点（基地直发、皮薄肉厚、肉质细腻等），要求先写作短视频脚本，然后根据脚本拍摄并剪辑。制作完成后，在抖音上发布并推广。

实训思路：本次实训的具体操作思路可参考图5-34。

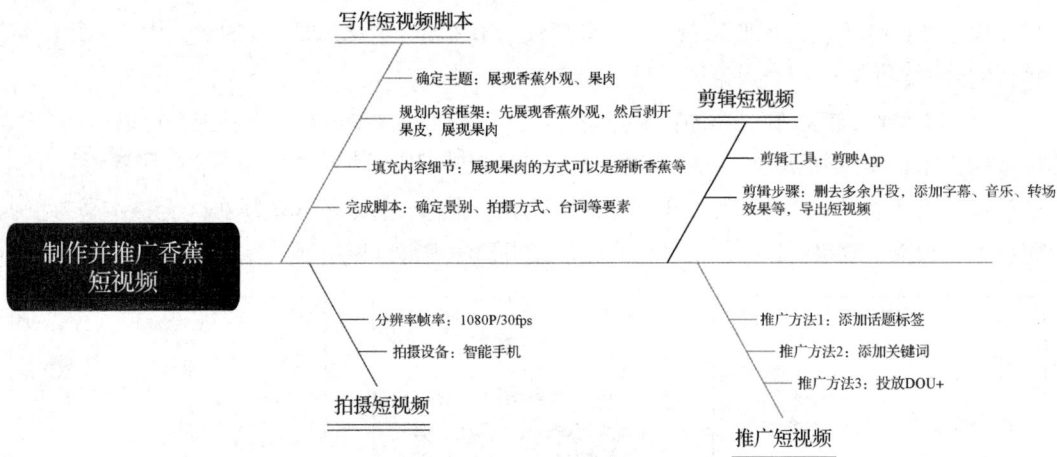

图 5-34　短视频制作实训思路

实训结果：本次实训完成后的参考效果如图 5-35 所示（配套资源：\效果\项目五\香蕉短视频.mp4）。

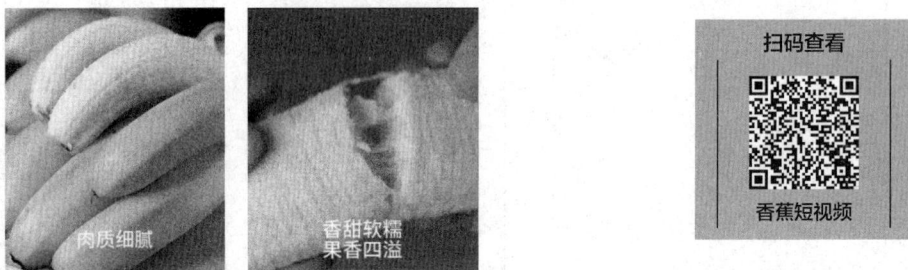

图 5-35　实训参考效果

巩固提高

1. 短视频营销的特点有哪些？

2. 短视频脚本写作有哪些步骤？

3. 农产品短视频可选择哪些内容领域？

4. 短视频的拍摄设备有哪些？

5. 短视频免费推广和付费推广的方法分别有哪些？

6. 常见的短视频数据分析平台有哪些？

7. 短视频数据分析指标有哪些？各项指标的含义和意义是什么？

8. 假设现有一个品牌名为吴姐腊肉，主打农家自产腊肉，在抖音中发布与腊肉制作、食用相关的短视频。现该品牌注册了一个抖音账号，请在抖音平台为该账号设置名称、头像（配套资源：\素材\项目五\账号头像 2.png）和简介。

9. 在抖音中查看自己发布短视频的数据，包括播放、互动、粉丝方面的数据，分析自己短视频的优缺点。

项目六
农产品直播营销

学习目标

【知识目标】

1. 熟悉直播营销的优势和主流平台。

2. 了解直播营销的准备工作以及直播互动、讲解的相关知识。

3. 掌握直播数据分析与复盘的相关知识。

【技能目标】

1. 能够选择直播营销平台，并做好打造主播人设、选品、布置直播间、写作直播脚本、发布直播预告等准备工作。

2. 能够讲解农产品并开展直播互动。

3. 能够分析直播数据，并复盘直播。

【素养目标】

1. 认识到直播营销对拓宽农产品销路、助力乡村振兴的积极意义。

2. 熟悉直播相关的法律法规，提供积极正面的直播内容。

项目导读

近年来，观看直播已成为人们喜爱的娱乐方式，直播营销也成为农产品电商的重要营销方式。农产品与直播的联合，既为农产品打通新的销售渠道，又为用户提供了新的农产品选购空间。从新闻主播、知名艺人到领导干部，乃至普通农户都纷纷参与直播营销。按照此前的规划，晴妹鲜果也需要开展直播营销，并由晴妹本人担任主播（外形条件佳，气质大方自然，属于典型的农家妹子；性格外向开朗，有亲和力，具有一定的表现力；对于各种水果的种植、采摘、食用方法，农村生活、农活、农具、地方风俗等都比较了解）。老李、小张和晴妹运营团队成员组成了直播团队，帮助晴妹打造合适的直播人设，同时做好充分的直播准备，争取开展一场成功的直播。

任务一　认识农产品直播营销

任务描述

有了开展短视频营销的经验，小张意识到，直播营销也需要借助相关的平台来开展，因此首先需要为晴妹鲜果选择合适的直播营销平台并开通直播（见表 6-1），以便后续根据该平台的特点开展有针对性的直播营销。

表 6-1　　　　　　　　　　　　　　　　任务单

任务名称	选择直播营销平台并开通直播间	
任务背景	晴妹鲜果的短视频营销取得了一定的成绩，小张想要乘胜追击，选择合适的直播营销平台开展直播营销	
任务类别	■ 选择直播营销平台　□ 做好直播准备　□ 开展直播营销　□ 直播数据分析与复盘	
工作任务		
任务内容	任务说明	
任务演练：选择直播营销平台并开通直播间	从主流直播营销平台中选择	

任务总结：

知识准备

一、直播营销的优势

近年来，直播营销展现出强大的带货能力，各大直播间不断制造出惊人的销售纪录。直播营销之所以受到众多企业或品牌的青睐，主要是由于直播营销具有直观即时、销售方式直接、易触发购买热潮等特点。

（1）直观即时。直播营销可以直接将农产品的形态、加工过程等直观地展现在用户面前，让用户能够了解农产品真实的生长、种植及后续的加工情况，构建真实的场景，使用户拥有更丰富的购物体验。直播营销不会对直播内容进行剪辑和加工，播出的内容与用户所看到的内容是完全一致的，可以降低用户对于食品质量的顾虑，增强用户的信任感。

（2）销售方式直接。直播营销可以更加直观地通过口播来传递各种优惠信息，同时开展现场促销活动，可大大刺激用户的消费热情，提高营销效果。用户在观看直播的同时可以直接点击农产品链接进行购买，无需另外搜索，这样不仅提升了购物体验，也可以促进用户成交转化。例如，点击直播间下方的"购物车"按钮，可在打开的界面中查看直播间销售的各种农产品，如图 6-1 所示。

（3）易触发购买热潮。一般而言，价格实惠的农产品往往容易让用户产生临时性、冲动性的消费行为。只要用户在直播间，基本都可以在直播界面看到显示的产品热卖信息，如图 6-2 所示，从而营造一种浓厚的购物氛围，进而触发购买热潮。

图 6-1 直播间所售农产品

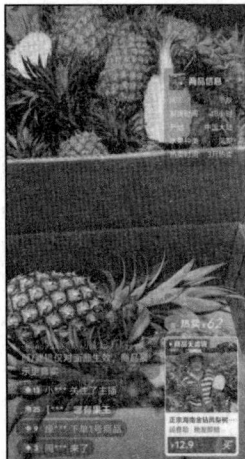

图 6-2 显示热卖信息

二、农产品直播营销的主流平台

《2023 中国农产品电商发展报告》指出，直播电商仍然是我国农产品电商的重要模式之一。手机成为农民的新农具，直播成为农民的新农活，数据成为农民的新农资，文化成为农民的新生活。在这种背景下，各种直播营销平台发展迅速。其中，点淘、抖音、快手是农产品直播营销中使用较多的平台。

（1）点淘

点淘是淘宝孵化的直播平台，属于电商类直播平台，拥有"强电商弱娱乐"属性，旨在为用户提供一个"云购物"消费场景，通过直播形式呈现多样化的产品。点淘依托淘宝，具有完善的电商产业链（包括强大的产品供应链、用户数据分析能力、支付保障和售后服务体系），且能充分利用淘宝的庞大用户基础，坐拥巨大流量。

（2）抖音

抖音的直播营销能力非常强，宝山蓝莓、寿光羊角蜜瓜、靖宇松子和榛子等都在抖音直播的带动下成为热门农产品。在抖音中，直播营销的门槛较低，无须投入大量资金，只要开通相应的带货权限，就可以在直播间添加农产品，用户点击相应的按钮就可以查看并购买直播间销售的农产品。

近年来，抖音不断优化自身的电商功能，并逐渐降低直播门槛，以前开通抖音直播需要粉丝数超过 1 万人，但现在只需要用户完成实名认证就可以直播。同时，抖音小店的出现也为农产品的销售提供便利。农产品商家还可以认证抖音企业号，开通抖音小店同步添加店内产品，通过短视频和直播的形式引导用户下单，降低人工成本。

（3）快手

随着直播的火热，快手作为短视频平台，也顺应时代潮流开发了直播功能。目前，快手已成为直播电商领域的主流平台之一，根据《2023 快手三农生态数据报告》，2022 年 9 月—2023 年 8月，快手三农直播年度累计观看人次达 1165 亿。对于农产品商家而言，在快手中开展直播营销，不仅门槛较低，农产品的带货转化率也较高。

素养课堂

近年来，快手将直播电商和乡村振兴结合在一起，既帮助农户走进快手助农直播间带货，又让快手助农直播进入大众视野，受到国家和地方各级政府领导的普遍关注，吸引更多用户走进快手助农直播间。这都体现了快手的社会责任感。

任务实施

任务演练：选择直播营销平台并开通直播间

【任务目标】

为晴妹鲜果选择一个直播营销平台，并开通直播间，为后续的直播做好准备。

【任务要求】

本次任务的具体要求如表 6-2 所示。

表 6-2　　　　　　　　　　　　　　　　任务要求

任务编号	任务名称	任务指导
（1）	选择直播营销平台	对比分析主流直播营销平台，结合晴妹鲜果的实际情况进行选择
（2）	开通直播间	在选定的直播营销平台完成身份认证等操作

【操作过程】

1. 选择直播营销平台

小张在网上搜索了关于抖音、快手、点淘的相关信息，以表格的形式整合信息并做对比分析，结果如表 6-3 所示。

表 6-3　　　　　　　　　　　　　直播营销平台对比分析

平台	用户特点	带货模式	平台优势	流量来源
抖音	潜在用户主要为抖音的用户，用户年轻化，以娱乐为主，购物次之，用户活跃度高、黏性强	产品价格与转化率保持中等水平，带货模式以"短视频+直播"为主，内容运营和主播个人品牌效应是影响产品转化的核心因素	抖音的日活跃用户超过了 7 亿人，因此抖音的直播潜在用户较多；推送精准；投入成本低，非常适合新手入驻	倾向于从公域流量中获取流量
快手	潜在用户主要为快手的用户，以娱乐为主，购物次之，主播粉丝黏性强	高性价比产品多，均价较低，产品转化率较高，带货模式以达人直播带货、打榜和连麦为主，主播粉丝黏性和忠诚度是影响产品转化的核心因素	平台用户忠诚度高，带货简单且主播带货能力强；零食、农副产品等的转化率较高	倾向于从私域流量中获取流量
点淘	潜在用户主要为淘宝的用户，购物目的和需求明确，用户使用平台的频率高	产品品类广，以网店自播和达人导购模式为主，产品转化主要依赖于产品品牌、质量和营销推广	用户规模和市场规模大，直播转化率很高；品类多、有保障；直播形式多样	倾向于从公域流量中获取流量

> **⏰ 行业点拨**
>
> 　　公域流量指公共平台或开放网络上的流量。对于直播营销而言，主要是指直播营销平台的直播广场、直播推荐中的流量等；私域流量则指品牌或商家自己拥有的、能直接触达并反复利用的目标用户带来的流量。对于抖音、快手、点淘而言，主要指账号粉丝带来的流量。

　　从以上结果来看，晴妹鲜果在快手没有基础，而快手流量的主要来源是私域，因此不适合晴妹鲜果。晴妹鲜果在抖音上已注册账号、发布过短视频，并积累了一定粉丝，对于内容运营已有经验；而在点淘上虽开设了网店，但网店等级不高。因此，小张认为晴妹鲜果更适合在抖音上开展直播营销，采用"短视频+直播"的形式，将二者的长处结合起来，以取得更好的营销效果。

2. 开通直播间

　　（1）开通准备。进入抖音 App 主界面，点击下方的"+"按钮。

　　（2）开启视频直播。在打开的界面下方点击"开直播"选项卡，在打开的界面中点击"开始视频直播"按钮。

　　（3）实名认证。打开"实名认证"界面，输入主播的真实姓名和身份证号，点击选中下方的单选项表示同意协议，点击"开始直播"按钮，开通抖音直播间。

> 微课视频
>
>
>
> 开通直播间

任务二　农产品直播准备

> **🖥 任务描述**

　　开通直播间后，小张打算在 6 月 20 日开启第一场直播。老李提醒小张直播不能匆忙进行，需要做好准备。为此，小张梳理了直播团队要完成的准备工作（见表 6-4）。

表 6-4　　　　　　　　　　　　　　　　　　　任务单

任务名称	做好直播准备工作	
任务背景	团队此前没有开展过直播，需要从零开始准备，涉及人（主播）、货（选品）、场（直播场景）等	
任务类别	☐ 选择直播营销平台　■ 做好直播准备　☐ 开展直播营销　☐ 直播数据分析与复盘	
工作任务		
任务内容	任务说明	
任务演练 1：为晴妹打造主播人设	根据晴妹本人的个人情况打造符合其特质的人设	
任务演练 2：为直播选品	确定选品范围→查询市场需求→确定直播产品数量→确定选品结果	
任务演练 3：选择直播场景并准备直播设备	根据直播产品选择直播场景并据此准备直播设备	
任务演练 4：写作整场直播脚本	先规划直播流程，再写作整场直播脚本	
任务演练 5：发布直播预告	在抖音平台设置直播预告	

　　任务总结：

知识准备

一、主播人设类型

鲜明的主播人设有助于加深用户对直播间的印象，与同类直播间形成差异。常见的农产品直播主播人设类型有以下5种。

（1）亲民农夫/农家妹子型。这种类型主播的人设特点是接地气，通常以真实的农户或新农人的形象出现，穿着干净整洁的农作服装，展示自己种植或养殖农产品的过程，强调农产品的绿色自然和健康安全，让用户感觉十分真实、淳朴。

（2）产品专家型。该类型主播具有丰富的农产品知识，他们能够详细解说各类农产品的特点、营养价值、生长环境以及加工过程等专业知识，树立专业、权威的形象，通过教育和指导帮助用户识别和选择优质农产品。

（3）生活体验者/品鉴师型。主播以分享者的身份出现，通过品尝、烹饪农产品等方式展示农产品的口感、香味及应用场景，将农产品融入日常生活场景中，传递积极的人生态度，引起用户对农产品的兴趣和购买欲望。

（4）公益助农型。此类主播往往热心公益事业，他们本身具有一定社会影响力，借助自身的号召力推广优质农产品，助力农产品销售，为农户创收。

（5）娱乐互动型。这类主播擅长运用幽默、轻松的方式介绍农产品，与用户进行互动游戏或抽奖活动，营造愉快的购物氛围，让人在娱乐中接受农产品信息并促成购买。

知识拓展

1. 通过5W维度确定主播定位

农产品商家可以通过5W维度确定主播人设定位，包括我是谁（Who）——主播的身份、个人特点；面对谁（Whom）——主播人设面向的目标用户；通过什么渠道（Which Channel）——直播平台；提供什么（What）——主播能提供的价值；解决什么问题（With What Problem）——主播能给用户带来的利益或好处。

2. 虚拟数字人主播

当前，虚拟数字人主播兴起，其在外貌、声音、表情和动作等方面与真人非常相似，具有适应性强、标准化、可定制等特征，可以实现全天候直播，能大大降低直播成本。

二、直播选品要点

在开展农产品直播营销时，选择合适的农产品至关重要。通过提供优质的农产品，农产品商家更容易赢得用户的信任和喜爱，从而实现更好的直播营销效果。

（一）直播间产品数量

直播间上架的产品数量没有固定标准，从一两款到几十款不等，不同类型的直播间应根据自身特点及产品特性灵活确定，如表 6-5 所示。

表 6-5　　　　　　　　　　　　不同类型直播间的产品数量

直播间类型	产品数量	适用情况	运营建议
单品聚焦型直播间	一两款产品	适用于自产自销、原产地直销或有单品优势的情况	可以通过细分产品类别（如按大小、品质分类）、提供赠品等方式丰富产品表现形式
起步阶段直播间	五六款产品	适用于起步运营阶段，方便收集数据和引流	可以设计促停留、促转化的产品销售策略，如买一送一、套装搭配销售等策略
多元化产品直播间	几十款产品	三农领域助农专场或大型农产品代理销售团队；主播具有较高影响力或专业度，能够驾驭多种产品	合理规划产品结构，安排不同层次的产品

🕐 行业点拨

　　一般来说，在产品数量较多的直播间，可以安排以下 4 类产品：引流款，通过优惠吸引大量用户进入直播间，提高活跃度和用户黏性；畅销款，凭借良好的口碑和稳定的销量，有效维持直播间热度和购买转化率；利润款，具有较大利润空间，能保证直播盈利；特色款，聚焦于创新设计、地域文化元素的产品，旨在塑造直播间的特色。

（二）直播选品依据

对于农产品商家而言，直播选品可以参考以下依据。

（1）品牌与产品特性。农产品商家的直播通常围绕自家品牌或网店进行，选品应紧密贴合品牌的整体形象、价值观以及主打产品线，确保直播产品与品牌定位高度一致，有助于强化品牌形象，提升用户对品牌的认知度和忠诚度。

🕐 行业点拨

　　除了符合品牌定位的产品外，农产品商家还可以选择在镜头前容易展示特点的农产品，如新鲜果蔬、特色小吃等，通过直观的颜色、形状、大小以及加工过程来吸引用户。

（2）库存控制与供应链管理。直播有时会在短时间内产生大量订单，农产品商家在选品时需要考虑库存量多少、供应链响应能力等因素。优先选择库存充足、供应链稳定的农产品，确保直播期间能够快速响应订单需求，避免断货风险。

（3）直播主题与活动策划。自家网店的产品种类有限，为丰富直播内容、提升直播的趣味性，农产品商家可以灵活规划直播主题和促销活动。此时，选品应配合特定的主题（如季节性农产品推广、节日特惠等）和活动策略（如新品首发、套装优惠等）。

（4）成本控制与利润预期。农产品直播的主要目标是盈利，因此农产品商家在选品时需要关注产品的利润空间（低价引流款除外），选择具有较高利润率、能承受一定折扣力度的农产品，同时考虑物流成本、包装成本等运营成本，确保整体盈利水平。

（5）市场热度。选择热度高的农产品意味着紧跟市场需求，有助于吸引用户关注，激发其购买欲望，打造热卖款。同时，这类农产品自带话题性，有助于主播创作丰富多元的直播内容，增强直播观赏性和互动性，全面提升直播带货效果。农产品商家可以借助直播数据分析工具了解农产品相关信息，掌握销售情况较好的农产品和近期热销农产品的数据信息。常见的直播数据分析工具包括飞瓜数据、蝉妈妈、灰豚数据等。

（6）主播人设。根据主播的人设定位选择与其形象相符的农产品。例如，亲民农夫型主播选择自家农田的新鲜果蔬、散养家禽，或者传统手工制作的地方特产；产品专家型主播则适合讲解具有高科技含量的现代农业成果，如经过科学育种和标准化种植的有机蔬菜。

> **知识拓展**
>
> 除了农产品商家自播外，还有一种达人直播的形式，即农产品商家与达人合作，让达人在直播间为农产品带货。达人直播选品有以下原则：迎合粉丝群体喜好，确保产品高接纳度；追求话题性和热卖潜力，选择独特、新颖、稀缺或视觉冲击力强的产品；关注佣金比例、预估销售额及合作条件，偏好高佣金、高单价且易售罄产品；严选具有良好口碑与品质保障的农产品品牌合作。

三、直播间打造

一个精心打造的直播间能够显著提升直播的质量和用户体验，有助于塑造品牌形象和提升产品认知度。直播间打造的主要工作包括准备直播设备和布置直播场景。

（一）准备直播设备

直播活动离不开直播硬件设备的支持，直播硬件设备的性能直接影响直播内容的输出效果，从而影响用户的视觉和听觉感受。常用的直播设备包括计算机、智能手机、支架、话筒、补光灯等，商家可以根据直播预算以及实际的需求进行选择。

（1）计算机。计算机是直播的常用设备，主播可以使用计算机配合摄像头和专业直播软件进行高清、稳定的直播，并通过后台管理系统实时监控直播间数据、与用户互动以及管理产品列表等。

（2）智能手机。智能手机作为移动直播的主要工具，特别是对于户外直播而言，智能手机结合各类直播 App 可以直接发起直播，具有便携性强、操作简单的特点。智能手机的摄像头和麦克风质量也直接影响着直播的画质和音质。因此，选择一款性能优良的智能手机至关重要。

（3）支架。支架用于固定智能手机、摄像头、话筒等设备，确保画面稳定不抖动，同时也可以调整不同的角度和高度以获得最佳拍摄视角。

（4）话筒。农产品商家可选择一款较专业的话筒，用于直播收音，使声音更有层次、更饱满圆润。目前，农产品直播中一般使用无线领夹话筒（见图 6-3）。无线领夹话筒小巧轻便，方便主播携带走动，能提供清晰无噪的声音，即插即用，适用于各种直播场景。

（5）补光灯。在光线不足的情况下，补光灯可以帮助主播改善面部照明（见图6-4），消除阴影，保证直播画面明亮且色彩还原度高，提升整体视觉效果。

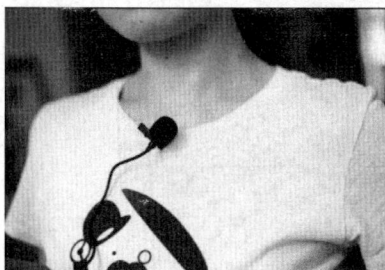

图6-3 无线领夹话筒

图6-4 补光灯

知识拓展

除了直播设备外，直播间还需要准备一些直播道具，包括用于展示产品的货架与陈列架；展示产品营销信息的黑板、宣传海报、广告贴纸；计时器、计算器等炒热气氛的道具，如使用计时器显示产品下架时间、使用计算器展示用户购买产品获得的优惠。如果直播间空间较大，还可以放置一些玩偶、壁画等装饰物，以丰富直播场景。

（二）布置直播场景

用户进入直播间后，一眼就能看到直播场景，从而产生对直播间的第一印象。直播间的视觉效果影响着用户观看直播的体验，关系直播营销的效果。因此，布置一个合适的直播场景尤为重要。一般来说，直播场景一般分为室内场景和室外场景两种。

（1）室内场景

室内场景的场地包括办公室、直播室等，适合农产品体验、种植培训等直播主题。室内场景的背景墙分为两种，一种是实体背景，另一种是虚拟背景。布置实体背景时，可直接利用墙面本身的颜色，或张贴贴纸，或重新搭建背景。图6-5所示的直播采用的就是由农产品包装盒搭建的室内场景。

布置虚拟背景时，需准备蓝幕或绿幕（一般采用绿幕）作为直播的背景，将绿幕替换成想要的背景。在布置室内场景时，其背景墙应当尽量保证简洁，颜色以浅色、纯色为主，以突出主播和农产品。除此之外，所摆放的农产品应当保证摆放整齐且不拥挤。另外，为保证直播的收音效果，直播现场应保持较安静的状态。

（2）室外场景

农产品直播室外场景主要有农产品生产基地、农田与果园、养殖场，以及农产品采摘、打包或加工现场等。图6-6所示的直播室外场景即为菠萝采摘现场。在这些场景中，主播可以带领用户直观感受农产品的生长环境、种植养殖过程，以及加工工艺，从而增强用户的购物乐趣及对产品的信任感和购买意愿。当然，在选择室外场景时，还需考虑场地的安全性、交通便利性和天气状况等因素，从而确保直播顺利进行。

图 6-5　室内场景　　　　　　　图 6-6　室外场景

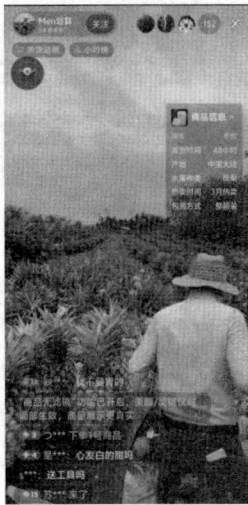

四、直播流程规划

直播过程通常较长，要想让直播保持对用户的吸引力，农产品商家就需要做好直播流程规划，妥善安排直播的各个环节。具体来说，一场完整的直播包括热场、正式直播、互动、收尾 4 个环节。

（1）热场

开播前几分钟，可以通过轻松愉快的背景音乐、简短有趣的开场白或视频来吸引用户进入直播间。农产品商家在规划时可以安排主播先进行简单的自我介绍，并预告即将展示的产品，制造期待感。此外，还可以设计一些互动环节。例如，让用户在弹幕中打招呼或者回答简单问题赢取小礼品，以此活跃气氛。

（2）正式直播

正式直播环节主要是按照预先设定的产品讲解顺序和节奏，逐一详细介绍每款产品，包括但不限于产品特点、功效、使用方法、优惠活动等信息，并结合实物展示、试吃试用、故事分享等多种方式呈现产品，让用户深入了解产品的价值。还可以定时进行抽奖或折扣等活动，刺激用户的购买欲望，提升产品转化率。

（3）互动

在直播一段时间后，用户会感到疲惫，因此要适时穿插互动环节。互动的形式很多，既可以是关注弹幕评论，积极回应用户提问，解答他们关于产品的疑惑，增强用户参与度和信任感；还可以开展游戏互动，如猜价格、竞答、投票选择下一款推荐产品等，增加趣味性并保持用户的关注度；或者鼓励用户分享直播间至社交平台，邀请更多人观看，从而扩大直播间影响力。

（4）收尾

在直播接近尾声时，农产品商家应安排主播向用户表达感谢，感谢他们的参与和支持。同时也可以对本次直播进行总结和评价，或让主播邀请用户在直播结束后继续关注网店或社交平台账号，以便获取更多优惠信息和产品动态。此外，还可以安排主播简要预告下一场直播的主题和时间，为下一场直播预热。

五、直播脚本

拓展阅读

整场直播脚本和单品直播脚本示例

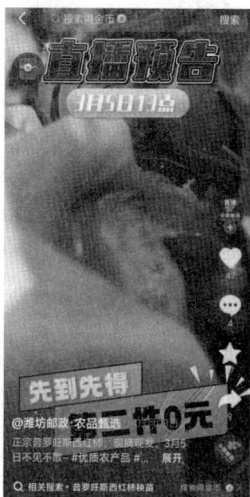

直播脚本是把控直播节奏、规范直播流程的重要保障，在直播营销中起着非常重要的作用。直播脚本通常包含以下两种。

（1）整场直播脚本。整场直播脚本是对整场直播活动的规划和安排，包括流程规划、时间安排、人员安排等，其重点是直播顺序、玩法，以及直播节奏的把控。整场直播脚本中的直播时间、直播地点、直播主题、产品数量等应按实际的直播情况填写，直播流程应详细具体，以便主播把控直播节奏。直播流程是整场直播脚本的重点部分，其设计一般是先规划好时间节点，然后规划不同时间节点的主要工作、人员安排、产品等。

（2）单品直播脚本。单品即单个产品，单品直播脚本以单个产品为单位，介绍产品的卖点、品牌、折扣等。在介绍单品时，主播除了要依照整场直播脚本的顺序介绍产品，还要熟悉单品直播脚本，掌握产品的特点和促销策略，以便更清楚地将产品的亮点和优惠活动告知用户，进而刺激用户购买。

六、直播预热

为保证直播时能够有足够的人气，农产品商家应该在直播前通过各种方式为直播预热，具体可以使用以下方式。

（1）账号主页更新。在账号主页的简介处添加直播预告信息，以宣传直播，如"今晚 19:00 ××专场""每周三/四/五 19:00 直播间定时发放福利"。

（2）直播间预告。在直播收尾阶段为下次的直播活动做预告。

（3）发布直播预告短视频。借短视频的形式告知用户直播时间、直播主题、直播内容和直播福利等（见图6-7）。拍摄直播预告短视频有两种思路，一种是采用真人或产品出镜直接进行直播预告，告知用户直播时间和直播内容等；另一种是先拍摄与平时风格相同的日常内容，然后公布直播信息。

（4）其他平台宣传。在企业官方网站、微博、微信公众号等平台上宣传直播（见图6-8），扩大直播的曝光范围。这种方式特别适合有一定粉丝基础的主播或品牌。

图 6-7　发布直播预告短视频

图 6-8　通过其他平台宣传直播

（5）直播营销平台设置预告。利用直播营销平台的直播预告功能设置开播信息。

（6）在粉丝群中发布预告。在微信群或直播营销平台的粉丝群中发布直播预告信息。

（7）线下宣传。在线下门店、体验店等发放海报、宣传单宣传直播。

（8）使用付费工具推广直播间。借助直播营销平台的付费推广工具（如抖音 DOU+），将直播预告短视频或直播间精准推送给潜在的目标用户群体。

任务实施

任务演练 1：为晴妹打造主播人设

【任务目标】

为晴妹鲜果直播团队的主播——晴妹打造人设，争取形成独特的直播风格。

【任务要求】

本次任务要求借助 5W 维度明确晴妹的主播人设。

【操作过程】

（1）5W 维度分析。小张对晴妹进行了 5W 维度分析，具体如表 6-6 所示。

表 6-6   5W 维度分析

维度	具体分析
我是谁	晴妹鲜果的创始人，自小接触水果种植的农家妹子，熟悉乡村生活和水果种植，性格外向开朗，有亲和力
面对谁	需要购买优质、新鲜水果的用户，他们追求高品质的生活
通过什么渠道	抖音
提供什么	天然水果、有趣的水果科普知识
解决什么问题	让用户能够便捷地购买优质水果，并了解水果种植、采摘的相关知识

（2）确定人设定位。结合上述分析结果，小张将晴妹定位为一位具有专业知识背景、真实可信的"亲民农家妹子"，凭借自己深厚的农业背景和对水果产业的热情，通过抖音为用户提供优质的水果产品和实用的水果科普知识，致力于解决现代都市人群追求健康、便捷生活方式下的生鲜购物需求，并建立用户与源头产地之间的直接联系。

任务演练 2：为直播选品

【任务目标】

为 6 月 20 日的直播选品，以确保产品对用户有吸引力，且具有一定的利润。

【任务要求】

本次任务的具体要求如表 6-7 所示。

表 6-7 任务要求

任务编号	任务名称	任务指导
（1）	确定选品范围	根据当前水果供应链情况确定
（2）	查询市场需求	使用蝉妈妈搜索水果名称，查看销量
（3）	确定直播产品数量	根据当前营销情况确定
（4）	确定选品结果	综合考虑选品的各方面因素，包括季节性、用户喜好、品质特点、利润空间等

【操作过程】

（1）确定选品范围。从晴妹鲜果的供应链情况看，该场直播只能销售广西当地的水果，主要包括香蕉、芒果、龙眼、火龙果、荔枝、百香果、杨梅、菠萝、葡萄、黄皮果、西瓜、菠萝蜜、李子、油桃。

（2）使用蝉妈妈查询产品销量。进入蝉妈妈官方网站，将鼠标指针移到页面上方的"商品"选项上，在打开的下拉列表中选择"商品库"选项。在打开的页面中搜索"香蕉"，在"商品分类"栏中选择"生鲜蔬果/水果及水果制品/水果/香蕉"选项，在打开的页面中查看香蕉近 30 天的销量，为 10 万~25 万，如图 6-9 所示。按照相同的方法，得出其他水果近 30 天的销量，最终选出 8 款销量高的水果：香蕉、芒果、龙眼、杨梅、西瓜、葡萄、荔枝、菠萝。

图 6-9 查询香蕉市场热度

（3）确定直播产品数量。晴妹鲜果的直播处于起步阶段，选择太多直播产品容易增加营销难度，因此将产品数量确定为 5 到 6 款较为适合。

（4）确定选品结果。综合考虑了产品的季节性、用户喜好、品质特点、利润空间等因素后，小张最终确定了 5 款直播产品以及每款产品的直播营销策略，如表 6-8 所示。

表 6-8 直播选品结果

水果	选品理由及营销策略
荔枝	作为广西夏季的特色水果，荔枝具有很高的知名度和市场需求，如灵山荔枝等品种深受用户喜爱。主播可以讲述荔枝种植、采摘背后的故事，强调新鲜直采和产地直销的优势，使其符合亲民农家妹子这一人设定位
芒果	百色芒果是广西的品牌特产之一，因其丰富的口感和高营养价值而广受欢迎。在直播中展示不同品种芒果的特点与食用方法，既能满足用户对高品质水果的需求，也能借助其热度提升直播间人气

水果	选品理由及营销策略
西瓜	西瓜作为夏季消暑必备水果，市场基础广泛。选取本地优质西瓜品种，在直播中演示如何挑选优质西瓜以及创意吃法，能够吸引大量关注并促进快速购买决策
香蕉	作为日常消耗量大的水果，可作为直播间的基础产品提供，搭配其他产品组合出售，形成套餐，提高客单价；同时，还可以宣传香蕉易于消化吸收、富含钾元素等特点，符合健康生活理念
菠萝	菠萝具备一定的地域特色，且制作成各类美食如菠萝饭、菠萝鸡等，具有广泛的应用场景。主播可通过演示菠萝的切法、吃法，以及加工后的美味成品，吸引美食爱好者和家庭主妇群体的关注

任务演练 3：选择直播场景并准备直播设备

【任务目标】

根据实际情况，为 6 月 20 日的直播选择并布置直播场景，然后准备必需的直播设备，以确保直播质量。

【任务要求】

本次任务的具体要求如表 6-9 所示。

表 6-9   任务要求

任务编号	任务名称	任务指导
（1）	选择并布置直播场景	考虑直播主题、便利性等因素
（2）	准备直播设备	根据直播场景、直播需要以及资金情况选择设备

【操作过程】

（1）选择并布置直播场景。由于晴妹鲜果主要销售的是新鲜水果，因此优先考虑室外场景，如果园进行现场直播。这样可以让用户直观感受到水果的新鲜程度、生长环境，以及采摘过程，增强产品的可信度与吸引力。具体可选择园内光线充足、背景自然美观的区域，最好后方可以展现水果生长茂盛或果农工作的场景。设置一个小型展示台，用于摆放已采摘并准备展示的新鲜水果，便于主播实时讲解和展示。同时，搭建简易背景板，以展示品牌标志和产品促销信息。

（2）准备直播设备。考虑到成本问题，本次直播使用具有高清摄像功能、性能较好的智能手机来进行直播，配合便携式手机支架以确保画面稳定。此外，还需要准备一个用于后台操作的智能手机和充电宝。

技能练习

假设晴妹鲜果在室内直播，请为其设计直播场景布置方案，并选择直播设备。

任务演练 4：写作整场直播脚本

【任务目标】

为 6 月 20 日的直播写作整场直播脚本，以便更好地把控直播节奏，确保直播顺利进行。

【任务要求】

本次任务的具体要求如表 6-10 所示。

表6-10 任务要求

任务编号	任务名称	任务指导
（1）	规划直播流程	明确总时长、每个产品讲解时长以及互动时长
（2）	完成脚本	包含各时间段流程规划、人员分工等内容

【操作过程】

（1）规划直播流程。为确保直播能够有序开展，小张先明确直播时长为1.5小时，每款产品的讲解时长为10分钟（共50分钟），讲解中穿插两轮红包发放、两次抽奖（一次5分钟，共20分钟）。整场直播流程为：热场10分钟、中间（正式直播+互动）70分钟、收尾10分钟。

（2）完成脚本。规划好直播流程后，小张根据此前明确的时间、地点、主题等信息，结合5款产品以及直播策划中的互动方式，补充并细化了一些关于直播的内容，完成了对整场直播脚本的撰写，如表6-11所示。

表6-11 整场直播脚本

晴妹鲜果整场直播脚本	
直播时间	2024年6月20日，20:00—21:30
直播地点	晴妹的果园
直播主题	6月水果上新
产品数量	5款
直播团队	主播：晴妹　　　助理：欣欣　　　场控：小张

直播流程				
时间段	流程规划	人员分工		
		主播	助理	场控
20:00—20:10	开场预热	自我介绍，与先进入直播间的用户打招呼，简单介绍本场直播所有产品，说明直播间的优惠力度	回答用户在直播间的问题	向各平台分享直播链接
20:10—20:20	产品推荐	讲解荔枝，全方位展示产品外观，详细介绍其口感、营养价值、食用方法，回复用户问题，引导用户下单	与主播完成画外音互动，协助主播回复用户问题	发布产品的链接，回复用户订单咨询
20:20—20:25	红包发放	与用户互动，发送红包	提示发送红包时间节点，介绍红包活动规则	发送红包，收集互动信息
20:25—20:35	产品推荐	讲解芒果，全方位展示产品外观，详细介绍其口感、营养价值、食用方法，回复用户问题，引导用户下单	与主播完成画外音互动，协助主播回复用户问题	发布产品的链接，回复用户订单咨询
20:35—20:40	抽奖	点赞满××个即抽奖，中奖者获得芒果一箱	提示发送福利的时间节点，介绍抽奖规则	收集中奖者信息，与中奖者取得联系
20:40—20:50	产品推荐	讲解西瓜，全方位展示产品外观，详细介绍其口感、营养价值、食用方法，回复用户问题，引导用户下单	与主播完成画外音互动，协助主播回复用户问题	发布产品的链接，回复用户订单咨询
20:50—20:55	抽奖	点赞满××即抽奖，中奖者获得优惠券30元	提示发送福利的时间节点，介绍抽奖规则	收集中奖者信息，与中奖者取得联系
20:55—21:05	产品推荐	讲解香蕉，全方位展示产品外观，详细介绍其口感、营养价值、食用方法，回复用户问题，引导用户下单	与主播完成画外音互动，协助主播回复用户问题	发布产品的链接，回复用户订单咨询

续表

时间段	流程规划	人员分工		
		主播	助理	场控
21:05—21:10	红包发放	与用户互动，发送红包	提示发送红包的时间节点，介绍红包活动规则	发送红包，收集互动信息
21:10—21:20	产品推荐	讲解菠萝，全方位展示产品外观，详细介绍其口感、营养价值、食用方法，回复用户问题，引导用户下单	与主播完成画外音互动，协助主播回复用户问题	发布产品的链接，回复用户订单咨询
21:20—21:30	直播收尾	介绍明日主推产品，引导用户关注直播间，强调明日开播的时间和直播福利	协助主播引导用户关注直播间	播放欢快音乐

任务演练 5：发布直播预告

【任务目标】

为 6 月 20 日的直播发布直播预告，为该场直播预热。

【任务要求】

本次任务要求在抖音中设置直播预告，让直播预告显示在账号主页中。

【操作过程】

（1）进入"开直播"界面。在抖音 App 主界面下方点击"+"按钮，在打开的界面下方点击"开直播"选项。

（2）打开"更多功能"面板。打开"开直播"界面，在上方设置直播封面和标题，然后点击"更多功能"按钮。

（3）设置直播预告。打开"更多功能"面板，点击"直播预告"栏中的"去设置"超链接，如图 6-10 所示。

（4）创建直播预告。打开"选择公告"面板，点击"创建新预告"按钮。在打开的界面中设置直播开播时间，输入预告内容，然后点击"创建预告"按钮，如图 6-11 所示。此时，抖音账号主页中会显示直播的开播时间。

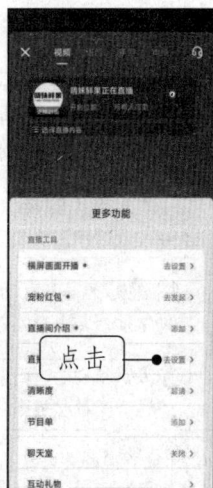

图 6-10　点击"去设置"超链接

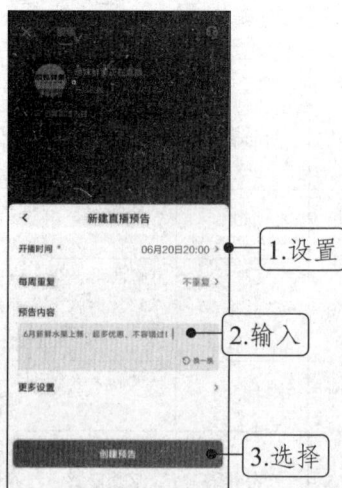

图 6-11　设置直播预告

微课视频

发布直播预告

任务三　开展直播营销

任务描述

经过充分的准备，6月20日当天，小张和直播团队开启了晴妹鲜果的首场直播。按照直播脚本，直播过程中，作为主播的晴妹需要讲解直播间上架的各个农产品，并通过发放红包、福袋等手段与用户充分互动，调动用户的参与积极性（见表6-12）。

表6-12　　　　　　　　　　　　　　　　　任务单

任务名称	开展直播营销	
任务背景	按照脚本，小张和直播团队积极配合晴妹的直播，完成发布产品链接、配合营造热闹的直播氛围等工作	
任务类别	□ 选择直播营销平台　□ 做好直播准备　■ 开展直播营销　□ 直播数据分析与复盘	
工作任务		
任务内容	任务说明	
任务演练1：在抖音直播间发放福袋	设置评论口令参与，以增加直播气氛	
任务演练2：上架农产品并讲解	上架农产品并讲解	

任务总结：

知识准备

一、直播互动

直播互动有助于提升用户的参与度和直播间的活跃氛围。其中，红包互动、抽奖互动、游戏互动和问答互动是4种常见的直播互动方式，它们都具有独特的优势，可以根据品牌特点和直播内容灵活选择和应用。

（一）红包互动

红包互动是一种常见的直播互动方式，通过发放红包激发用户的参与热情。在直播过程中，主播可以设定一定的条件或任务，如分享直播、关注账号或参与话题讨论等，用户完成后即可获得红包奖励。这种方式不仅可以增加直播的趣味性，还能有效扩大品牌的传播范围。在直播间中，常见的红包发放形式有以下4种。

（1）普通倒计时红包。设置一定金额的红包，在直播间内设定好领取时间（如3分钟后），用户需在指定时间点等待并点击屏幕上的红包图标领取红包。

（2）整点红包。整点（如20:00、21:00）自动投放的倒计时红包，以此吸引用户在固定时段回到直播间参与活动，从而提高用户的留存率和活跃度。

（3）裂变红包。用户领取红包后需要完成一定的任务，如要将直播间分享到其他社交平台，才能成功领取或者获得更多红包。这种方式能够迅速扩大直播间影响力，吸引更多新用户关注。

（4）口令红包。主播在直播间中公布一个短语或数字作为红包口令，用户需复制并在聊天框输入正确口令才能获得红包。这既能增加用户参与感，也能检验其对直播内容的关注度。

> ⏰ **行业点拨**
>
> 　　不同的直播平台中，红包有不同的形式和名称。抖音中主播可以发放福袋和红包，二者虽有区别，但本质上都属于红包。其中，福袋可以设置为"评论口令参与"，因此采用此种设置的福袋类似于上文提到的口令红包。

（二）抽奖互动

抽奖互动是直播中一种非常直接有效的互动方式。主播可以设定一定的抽奖规则，然后随机抽取幸运用户赠送奖品。奖品可以是品牌产品、优惠券或周边产品等，与品牌紧密相关。通过抽奖互动，用户可以有机会获得实际奖励，从而更加积极地参与直播活动，提高品牌的曝光度和影响力。抽奖互动主要有以下形式。

（1）签到抽奖。用户在进入直播间后完成签到操作，满足一定条件（如连续签到若干天或单次观看时长达到特定要求）即可参与抽奖，这种方式可以鼓励用户保持对直播间的关注。

（2）点赞抽奖。在直播间内设置一个点赞目标。例如，直播间点赞数达到指定数量时进行抽奖，或者随机抽取在规定时间内点赞的用户作为获奖者。通过这种形式，能够快速调动用户的积极性，增加直播间热度。

（三）游戏互动

游戏互动是直播中一种非常受欢迎的互动方式。主播可以设计一些与品牌或直播内容相关的趣味游戏，如猜谜、抽奖转盘、你画我猜等，邀请用户参与。通过游戏互动，用户可以更加深入地了解品牌，同时也能增强用户与主播的互动体验。这种方式有助于提高用户的参与度和忠诚度，增强品牌与用户之间的情感连接。

（四）问答互动

问答互动是一种非常有效的方式，可以增强主播与用户之间的连接，提高直播的参与度和用户的黏性。问答互动的方式有以下两种。

（1）发问式互动。主要是通过向用户提问来与用户互动，答案往往是开放性的，用户可以畅所欲言。例如，"家人们最喜欢吃什么水果呢？来，评论区告诉我"或"大家平时炒菜用什么油啊？能在评论区分享一下吗"等。

（2）选择式互动。给用户抛出一个选择题，用户只需要在给出的选项中进行选择即可参与互动，这样的互动方式简单直接，不需要用户过多思考，且参与门槛低。例如，"耙耙柑，喜欢纯甜口味的刷1、喜欢酸甜口味的刷2""想让主播试吃西瓜的刷1、试吃荔枝的刷2"等。

> 📖 **知识拓展**
>
> 　　在直播中开展促销，能够有效刺激用户的购买欲，常见方式有以下6种。
>
> 　　（1）稀缺性折扣。在特定时间段或特定数量内提供优惠价格，如"开播半小时内专享优惠

价""优惠产品只有 100 件"等。

（2）满减活动。如"满 199 元减 20 元""满 299 元减 50 元"等。

（3）买赠活动。购买指定产品赠送相关或同系列的农产品样品，如"买一送一""下单即赠新鲜蔬菜礼盒"。

（4）拼团优惠。邀请用户组队购买，达到一定人数后激活团购价。

（5）积分兑换活动。观看直播或参与互动可以累积积分，积分可用于兑换产品。

（6）打包销售。将几种农产品组合成套餐，其整体售价低于单品总价。

二、农产品讲解

农产品直播中，农产品讲解环节是重点。在这一环节中，用户可以更好地了解农产品的特点和优势，并做出购买行为。

（一）农产品讲解的内容

主播对农产品的讲解可以由以下部分组成。

（1）农产品介绍

农产品介绍可以围绕农产品的产地、品种、种植或养殖方式、营养价值等展开。例如，某主播讲解五常大米时这样说："来来来，大家看过来！今天给大家推荐的是我们家的五常大米。这大米可不简单，它来自东北黑龙江正宗的稻米产区，那里土肥水美、阳光足，种出的五常大米米粒儿颗颗饱满得跟珍珠似的，看着都诱人！"

（2）视觉展示

讲解过程中，通过高清镜头近距离展示农产品的外观特征。例如，在镜头前清晰展示大米颗粒饱满的程度、色泽是否自然，水果的大小、颜色、表皮光滑程度等。主播还可以将食材从包装袋中取出，或者直接动手剥皮、切割，使用户能感受到农产品的新鲜程度和质量。

（3）现场试吃

通过试吃、品尝让用户直观感受农产品的品质，主播在品尝后，要生动形象地描述农产品的味道、口感，以及食用感受。例如，尝一口五常大米后，可以说："这米饭一入口，满满的米香扑鼻而来，嚼起来软糯而有弹性，回味甘甜，真让人忍不住想多吃一碗。"

（4）价格优势介绍

在讲解过程中，要强调直播间的优惠，具体可以表现为：告知用户农产品的市场售价以及直播间专享优惠价、强调性价比，并适时推出折扣、买赠活动或者满减券等方式刺激用户的购买意愿。例如，某主播在强调大米的价格优势时说："大家好，这款优质大米，市场上每袋 30 元，在我们直播间只要 25 元一袋！现在下单更优惠，满 3 袋送 1 袋，相当于买 4 袋只需 75 元。还可参加满减活动，满 100 元立减 20 元，非常划算！数量只有 100 件，抓紧时间购买吧！"

（5）使用场景介绍

使用场景指农产品可以由何人在何时、何地使用，还有怎么用等。例如，某主播在介绍大米的使用场景时说："这款五常大米真的餐餐少不了，怎么做都好吃。早起一碗热腾腾的大米粥，配上小菜，营养又舒服；晚上回家累得慌，焖上一锅喷香米饭，再配几道家常菜，瞬间满血复活。"

⏰ **行业点拨**

农产品讲解还可以包含关于品牌、购买方式（如领券后下单，备注××信息等）、快递方式（如顺丰包邮）、售后（如7天无理由退货）等内容。

（二）农产品讲解的技巧

除全面讲解农产品外，主播还可以使用以下技巧来打动用户，从而增强自己的说服力，以促使更多用户下单。

（1）运用对比

对比是一种突出产品优势的好办法，通过对比，可以让用户对农产品卖点或使用方法等有一个直观的认识。例如，在介绍一款生态种植的苹果时，主播可以这样说："普通超市卖的苹果虽外表诱人，但可能因化肥农药使用过多导致口感偏硬、果香淡，甚至可能有化学残留问题。而我们的苹果全程生态种植，没使用农药激素，一口咬下，清甜爽脆，满是浓郁果香，真正绿色健康，全家都可以放心吃。"

（2）举证

举证即提供具体的证据和案例来证明农产品的卖点，从而增加讲解的说服力。常见的举证方式如表6-13所示。

表6-13　　　　　　　　　　　　举证方式

方式	具体内容
社交平台上用户的好评	这款五常大米，在抖音、快手等平台上有不少农户和美食博主纷纷晒单好评，让我们一起来看看："煮出的米饭口感Q弹，满屋飘香，孩子都多吃了一碗""用它熬粥，口感醇厚，全家人都说好吃！"
客观的数据、销售业绩	这款土鸡蛋自开播以来，已经累计售出超过50万枚。在我们的淘宝店铺上，这款产品评分高达4.9分，且复购率达到了85%，足以证明它的品质深受大家认可
专业机构的认证证书	现在展示给大家看的是这款有机蔬菜获得的国家有机食品认证证书。这款有机蔬菜经过中国质量认证中心严格检验，确保无农药残留、无激素添加，是真正意义上的绿色健康农产品
名人的推荐或使用情况	在我们当地，这种辣椒是连知名大厨都在选用的食材，前几天还看到××电视台美食节目主持人亲自推荐了这款辣椒。能被专业人士看中，它的品质自然是没问题的
主播本人的亲身体验	我跟大家实话实说，这个季节的菠萝蜜是我每年必吃的，我自己家里就买了十来个，吃起来肉质饱满、甜而不腻，真心推荐给大家！

（3）融入情感

在农产品直播讲解中，可以将农产品与亲情、友情、思乡之情等情感相联结，让用户感受到购买农产品不仅是物质消费，更是情感交流和价值认同的过程。例如，某主播在介绍小番茄时说："小时候每逢夏天，妈妈总会亲手熬制一罐酸甜可口的番茄酱，那是童年的味道，也是家乡的味道。现在，我们将这份熟悉的味道带到直播间，让您无论身处何方，都能回味那份纯真与美好。"

任务实施

任务演练 1：在抖音直播间发放福袋

【任务目标】

在直播间发放福袋，一方面可以增加活跃度，另一方面可以间接为直播间涨粉，并增强晴妹鲜果的品牌曝光度。

【任务要求】

本次任务要求在抖音直播间发放福袋，并设置参与对象为"仅粉丝团"，参与方式设置为"评论口令参与"，口令为"晴妹鲜果大卖"。

【操作过程】

在直播界面下方点击"互动"按钮，在打开的面板中点击"福袋"按钮，如图 6-12 所示。在打开的面板中设置人均可得钻石、可中奖人数、参与对象、参与方式、倒计时，最后点击"发起福袋"按钮，如图 6-13 所示。

图 6-12　点击"福袋"按钮　　　图 6-13　发放福袋

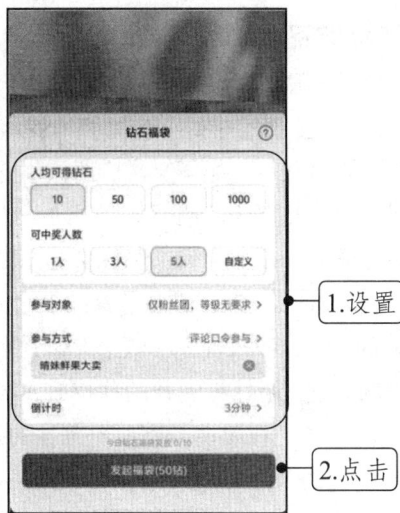

技能练习

开通抖音直播，在直播间发放"宠粉红包"。

任务演练 2：上架农产品并讲解

【任务目标】

在直播过程中上架农产品并进行讲解，让用户全面了解产品，激发用户的购买欲，同时录制讲解片段。

【任务要求】

本次任务的具体要求如表 6-14 所示。

表 6-14　　　　　　　　　　　　　　　　　　任务要求

任务编号	任务名称	任务指导
（1）	上架农产品并开启讲解录制	在"电商经营"界面添加产品，并录制讲解
（2）	讲解农产品	从产地介绍、外观和果肉展示、现场试吃、描述食用场景、价格优势介绍等方面展开

【操作过程】

1. 上架农产品并开启讲解录制

（1）上架农产品。在直播间点击下方的"购物车"按钮。打开"电商经营"界面，点击"添加直播商品"按钮，进入"添加商品"界面。点击要上架的农产品，然后点击"确认添加"按钮。按照相同的方法上架其他农产品。

（2）开启讲解录制。返回"电商经营"界面，在准备讲解这款产品时，点击产品右侧对应的"讲解"按钮即可开启讲解录制。

2. 讲解农产品

按照整场直播脚本，晴妹首先对荔枝进行了全面讲解，具体步骤如下。

（1）介绍荔枝产地。晴妹面带微笑地展示手中的荔枝："家人们，今天第一个给大家介绍的是我们广西钦州的荔枝——妃子笑。广西钦州的气候特别适合种植荔枝，充足的阳光和适宜的雨水让每一颗荔枝都长得又大又甜。"

（2）展示荔枝外观和果肉。晴妹拿起一颗荔枝，将其放在摄像头前，用手指轻轻转动，然后剥开果皮，同时对用户说："瞧瞧这荔枝多水灵啊，外壳上的刺儿尖尖挺立着，一看就知道是刚从树上摘下来的。来，我来剥开一颗给大家看，果肉晶莹透亮，看着就让人忍不住流口水！"

（3）现场试吃。晴妹将剥开的荔枝放入嘴中，咀嚼后，眼睛微微闭上，一脸满足地说："嗯，这味道真是太棒了！我敢说，市面上普通的荔枝跟我们这款荔枝根本不是一个档次的。普通荔枝吃起来干巴巴的，还有点酸涩，而我们的荔枝果肉滑嫩爽口，水分又足，一口下去，心情瞬间变好！"

（4）描述食用场景。晴妹一边模拟回家打开冰箱拿东西的动作，一边带着陶醉的表情说："家人们想想看，大热天回到家，从冰箱里把荔枝拿出来，剥开皮儿，一口咬下，满嘴都是冰冰凉凉的汁水，多爽多解暑啊。"

（5）介绍价格优势。晴妹手里比划着数字，并带着惊喜的表情说："这款荔枝我们日常售价是129 元 3 斤。但今天，在我们直播间，3 斤只要 49.9 块，算下来每斤不到 20 块！你没听错，就是这么划算！这还不够，我们还加送一个价格 15 块的水果篮。数量不多哦，大家赶紧拍！不瞒大家，我妈刚还给我打电话，说一家人都爱吃，让我留几箱呢！"

荔枝讲解结束后，在"电商经营"界面点击"取消讲解"按钮结束录制。然后，晴妹通过类似的思路、风格与叙述方式讲解了直播间的其他农产品。

模仿上面讲解荔枝的方式，在整场直播中另选一种水果进行讲解，可以配合试吃、展示外观和果肉等。

任务四　直播数据分析与复盘

任务描述

直播结束后，老李安排小张分析该场直播的数据，通过直观的数据来了解直播的最终效果，并以此为基础，进行直播复盘，为以后的直播营销积累宝贵的经验（见表6-15）。

表6-15　　　　　　　　　　　　　　　　任务单

任务名称	直播数据分析与复盘	
任务背景	该场直播前半场效果不错，但直播团队成员都感觉后半场有些"泄气"，需要认真总结原因	
任务类别	☐ 选择直播营销平台　☐ 做好直播准备　☐ 开展直播营销　■ 直播数据分析与复盘	
工作任务		
任务内容	**任务说明**	
任务演练：分析专场直播数据并复盘	直播数据分析工具：蝉妈妈 复盘依据：直播数据分析结果	

任务总结：

知识准备

一、直播数据分析指标

直播数据分析是直播营销中不可或缺的一环，它可以通过对直播各项关键指标的量化分析，帮助农产品商家精准洞察用户行为、优化直播策略、提升销售效能。具体来说，以下4类核心指标尤为值得关注。

（一）用户画像数据指标

用户画像数据指标是对直播间用户的关键特征描述，有助于商家更精准地定位目标用户，主要包括性别分布、年龄分布、地域分布、用户来源分布等指标。其中，用户来源分布是指用户进入直播间渠道（如引流短视频、直播平台推荐、付费引流渠道等）的分布情况。

（二）流量数据指标

流量数据指标反映了直播间的曝光度和吸引用户的能力，主要包括表6-16所示的指标。

表 6–16 流量数据指标

指标	含义	意义
新增粉丝数	本场直播新增加的粉丝数量	体现直播的吸引力和内容质量，以及主播的魅力和互动能力
在线人数	直播时同时在线用户数	体现直播的实时吸引力和内容的即时反响
进场人数	进入直播间的用户数	体现直播的曝光度和流量规模。进场人数多说明直播的推广效果好
累计观看人次	直播间被访问的次数	反映直播的整体曝光度和观众规模
人气峰值	同时在线人数的最大值	体现直播的受欢迎程度和用户的集中关注时段
平均停留时长	用户在直播间的平均停留时长	反映直播内容的吸引力和用户的参与度。平均停留时长长意味着直播内容能够留住用户

（三）互动数据指标

互动数据反映了用户对直播内容的参与度和反馈情况，主要包括表 6-17 所示的指标。

表 6–17 互动数据指标

指标	含义	意义
评论数	用户在直播过程中发表的评论总数	体现用户参与度和对内容的关注程度
点赞数	直播内容收到的点赞数量	衡量内容受欢迎程度的一个标准
累计弹幕数	用户发送弹幕的累计数量	反映直播间活跃程度和互动氛围
互动率	累计弹幕数与累计观看人数的比值	反映用户的参与度及直播间的热闹情况
弹幕热词	用户评论中出现次数较多的关键词，如"福利""想要""优惠券"	反映用户的关注重点，有助于后续开展针对性更强的直播

（四）转化数据指标

转化数据是评估直播销售效果的关键指标，主要包括表 6-18 所示的指标。

表 6–18 转化数据指标

指标	含义	意义
产品点击次数	用户点击产品进入产品详情页的次数	衡量主播讲解效果和用户购买意愿的重要指标
产品点击转化率	产品点击次数÷累计观看人次	
产品销量	在直播过程中实际售出的产品数量	直接反映直播的转化能力和销售成果
产品购买转化率	产品销量÷产品点击次数	反映直播销售的效率
UV 价值	本场销售额÷独立访客数	衡量平均每个进入直播间的用户所产生的价值，反映了直播间用户的质量和购买能力

⏰**行业点拨**

直播数据的获取渠道包括移动端直播软件（如抖音 App、点淘 App 等）、PC 端直播管理后台（抖音的巨量百应、快手直播伴侣、淘宝直播中控台）和第三方直播数据分析工具（灰豚数据、飞瓜数据、蝉妈妈等）。

二、直播复盘的流程

直播复盘可遵循发现问题、分析问题、解决问题、调整落地的基本思路，并按以下 4 个步骤来实施。

（一）发现直播活动存在的问题

直播复盘的第一步是发现直播营销中存在的问题，可将直播团队成员主观发现问题和通过数据分析客观发现问题这两种方式相结合，以便全面、准确地发现过程中存在的问题。

（1）直播团队成员主观发现问题。直播团队成员能够凭借自身的经验和参与直播活动的经历，快速地发现整场直播活动中哪个环节或哪个方面存在不足。

（2）通过数据分析客观发现问题。直播团队成员的主观判断能够快速找到直播营销问题的方向，但不足以准确地发现问题。此时，农产品商家可以借助数据分析将直播活动中存在的问题具体化、量化。例如，某款农产品的销量没有达到预期，只完成了目标的 60%。再如，在整场直播中，抽奖环节用户的积极性高，但农产品讲解环节缺乏好的互动，可据此分析农产品讲解环节互动效果不佳的原因。

（二）分析各类问题产生的原因

农产品商家在发现直播活动中存在的问题后，就要分析问题产生的原因。例如，整场直播的流量主要来源于直播平台推荐（如直播推荐、短视频推荐），说明直播预热效果较好，获得了充分的公域流量；但是直播新增粉丝少，说明陌生用户没有被直播内容吸引。因此，农产品商家就要分析直播场景是否合理、产品是否具有吸引力、主播带货是否专业、直播互动是否存在不足等，通过排除法找到问题产生的原因。

（三）找到解决问题的方案

农产品商家在分析了问题产生的原因后，就可以有针对性地提出解决问题的方案。

（1）针对直播间场景布置不妥当的问题。调整直播间的场景布置。将物料摆放整齐，直播间的设计风格与主播个人形象相匹配，直播间应陈列所推产品和周边产品。

（2）针对主播经验欠缺的问题。提升主播的产品讲解能力、口头表达的感染力和亲和力，并提前演练。

（3）针对互动不足的问题。丰富直播间的互动玩法，开展抽奖活动，上架更多引流款产品，提高用户参与直播互动的积极性。

（4）针对产品转化率低的问题。根据目标用户挑选合适的产品，提高产品的性价比，采用营造稀缺感等策略促进用户下单。

（四）直播调整

直播复盘是为下一场直播提供参考，那么在发现问题、分析问题并找到解决方案后，就需要将改善后的方案应用到下一场直播中，不断提高直播质量和直播效果。同时，直播团队也可以检验解决方案是否有效，并对方案进行进一步优化。

📠 **任务实施**

☕ **任务演练：分析专场直播数据并复盘**

【任务目标】

在蝉妈妈中查看并分析 6 月 20 日的直播数据，并进行直播复盘。

【任务要求】

本次任务的具体要求如表 6-19 所示。

表 6-19   任务要求

任务编号	任务名称	任务指导
（1）	分析直播数据	包括概览数据、流量数据、互动数据和转化数据
（2）	复盘直播	发现问题→分析问题→解决问题

【操作过程】

1. 分析直播数据

（1）进入账号数据分析页面。进入并登录蝉妈妈官方网站，在上方选择"抖音分析平台"选项。在打开的页面搜索"晴妹鲜果"。在打开的页面中单击头像，进入晴妹鲜果账号页面。

（2）打开专场直播数据页面。在数据分析页面左侧列表中选择"直播分析"选项，在"直播分析"页面单击"直播记录"选项卡，切换至"直播记录"页面，选择 6 月 20 日的单场直播，单击"操作"栏下的"详情"超链接。

（3）查看概览数据。在打开的页面上方查看单场直播的概览数据，如图 6-14 所示。可知，该场直播的观看人次突破 4 万，销售额突破 2 万元，平均在线用户数达到了 151 人，对于新手主播来说，已经是十分不错的成绩。其中，带货转化率 1.25%属于正常范围（正常范围为 1%~3%），但 UV 价值偏低，仅为 0.46（合格水平为 1）。

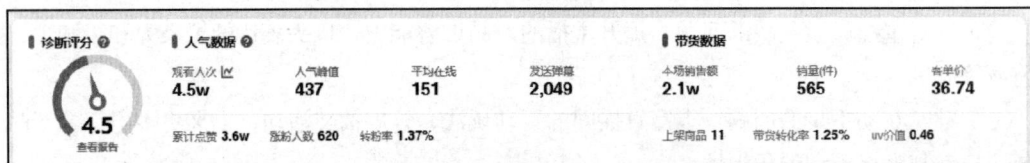

ⓘ 诊断评分 ⓘ	ⓘ 人气数据 ⓘ				ⓘ 带货数据		
	观看人次 ∿	人气峰值	平均在线	发送弹幕	本场销售额	销量(件)	客单价
4.5 查看报告	4.5w	437	151	2,049	2.1w	565	36.74
	累计点赞 3.6w	涨粉人数 620	转粉率 1.37%		上架商品 11	带货转化率 1.25%	uv价值 0.46

图 6-14   直播概览数据

（4）查看在线流量分析。下滑页面，在下方可以查看直播的在线流量分析数据，如图 6-15 所示。可以看出，该场直播的累计观看人次达到了 4.5 万，整体人气不错；人气峰值出现在开播后一小时左右，说明此时的直播内容较有吸引力；本场直播进场人数的峰值出现在直播开场，这说明开场暖场效果比较好。但用户平均停留时长仅为 46 秒，后半场直播人气下滑，说明直播存在用户停留时间短、在线人数不稳定的问题。

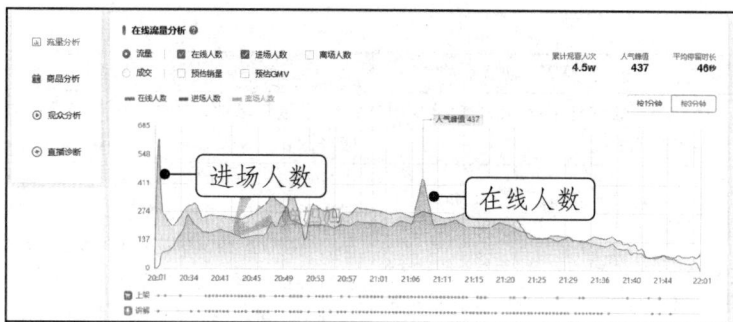

图 6-15　在线流量分析

（5）查看观众分析。在左侧列表中选择"观众分析"选项，可以查看该场直播的互动情况和弹幕热词，如图 6-16 所示。通过互动情况可以看出，该场直播的累计点赞数达到 3.6 万，累计评论数为 2049，直播前半场点赞、评论数增长速度较快，后半场的逐渐放缓，这说明前半场主播在引导用户点赞、评论方面做得不错，后半场的互动出现了问题，需要进一步总结。通过弹幕热词数据可以看出，该场直播发送弹幕的人数为 436 人，观众互动率为 0.97%，这说明本场直播的互动情况不容乐观，需要总结原因和寻找解决方案。

（6）查看转化漏斗。下滑页面，可以查看该场直播的转化漏斗，如图 6-17 所示。可以看出，本场直播观看→点击转化率达到 20.05%，点击→购买转化率为 6.26%，整体转化率为 1.26%。这说明本场直播有较多用户在主播讲解产品后有购买意向，但点击并了解产品后，很多用户并未购买产品，这可能是因为产品的吸引力和主播的引导下单存在不足。

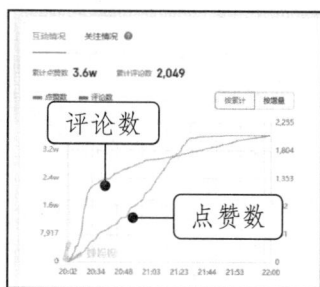

图 6-16　互动情况和弹幕热词

图 6-17　转化漏斗

2. 复盘直播

经过总结，6 月 20 日的直播表现总体良好，主播已展现了初步的带货能力，在一定程度上能引导用户下单购买。在直播数据分析结果的基础上，直播团队结合自身主观感受对该场直播主要存在的问题进行了总结，并分析成因，提出了有针对性的解决方案，如表 6-20 所示。

表 6-20　　　　　　　　　　　　　　　　　直播复盘

问题	原因	解决方案
后半场直播人气明显下滑	后半场内容趋于平淡或重复，缺乏新颖有趣的看点	合理规划直播流程，确保后半场同样包含亮点内容，如新品发布、特邀嘉宾、惊喜优惠等，以避免内容单调重复
	主播状态下滑，表现力、激情有所下降	合理分配主播工作负荷，让主播可适时休息，保持直播全程的活力与专业度

续表

问题	原因	解决方案
互动情况欠佳	主播未能有效调动用户情绪，缺乏与用户实时交流的技巧	对主播进行培训，增强其引导用户互动的能力，如适时回应评论、主动发起话题讨论等
	直播互动环节不够有新意，互动奖品不够有吸引力	设计新颖、富有创意的互动环节，如连麦PK、直播挑战等，激发用户参与热情；设置更具吸引力的互动奖品，如热销商品、高额优惠券、专属定制礼品等，刺激用户积极参与互动
用户了解产品信息后，实际下单购买的比例较低	用户对不熟悉品牌的信誉、售后服务等方面缺乏信心	通过分享品牌故事、展示资质证明、公开用户好评等方式，增强用户对品牌的信任感；明确、透明地展示退换货政策和售后支持等信息，打消用户购买顾虑
	直播间价格与网店日常价格差距不大，用户下单缺乏下单冲动	确保在直播期间所提供的产品价格、赠品或优惠力度明显优于日常销售，激发用户的下单冲动

综合实训

实训一　为绿植主播打造人设

实训目的：练习打造主播人设，以巩固主播人设的相关知识。

实训要求：某绿植网店打算在点淘开设直播，选择了一位年轻女主播，现需要为其打造人设，要求人设定位贴合主播特点。该主播是绿植爱好者，拥有多年绿植养护经验，并储备有较多绿植养护知识；外形清爽干净，有文艺气质，个性踏实、沉稳，容易获取他人的信任。

实训思路：本次实训的具体操作思路可参考图6-18。

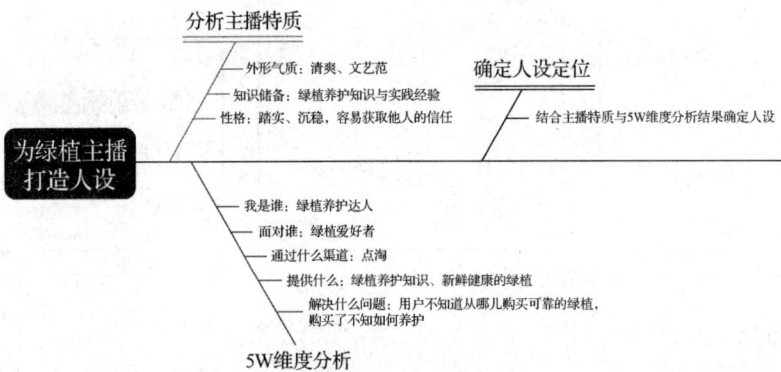

图6-18　人设打造实训思路

实训结果：最终确定的主播人设为一个绿植养护达人，属于产品专家型主播，拥有丰富的绿植养护经验和扎实的专业知识。主播以真诚、稳重的形象出现在直播中，一方面教大家如何挑选绿植并推荐优质的绿植产品，另一方面向大家科普实用的绿植养护技巧。

实训二　为绿植直播打造直播间

实训目的：练习打造直播间，以巩固直播场景、直播设备等的相关知识。

实训要求：为绿植直播确定直播场景，既可以是室内场景，也可以是室外场景，并确定场景的布置思路，然后选择直播设备。

实训思路： 本次实训的具体操作思路可参考图 6-19。

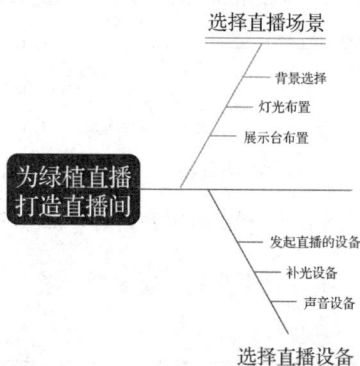

图 6-19　直播间打造实训思路

实训结果： 直播场景可以选在一个明亮温馨的房间，背景采用纯色墙纸或窗帘等，配备补光灯，还可以设置一些绿植应用场景展示区，如书架上的小型盆栽、窗台的垂吊植物等。还可布置写有价格、下单方式等信息的纸板或黑板，凸显重要信息，参考效果如图 6-20 所示。

图 6-20　实训参考效果

直播设备包括直播用计算机、后台操作用计算机、高清摄像头、补光灯和环形灯、无线领夹话筒。

实训三　开展模拟直播营销

实训目的： 模拟直播营销，以加深对直播营销的理解，提升直播营销实践能力。

实训要求： 2 人为一组，模拟直播营销，在蝉妈妈上调查产品销量，选择 3 款单价不高的热销绿植作为直播产品，规划直播流程并写作整场直播脚本，然后深入讲解、展示绿植并与假想的用户互动，促使用户下单。

实训思路： 本次实训的具体操作思路可参考图 6-21。

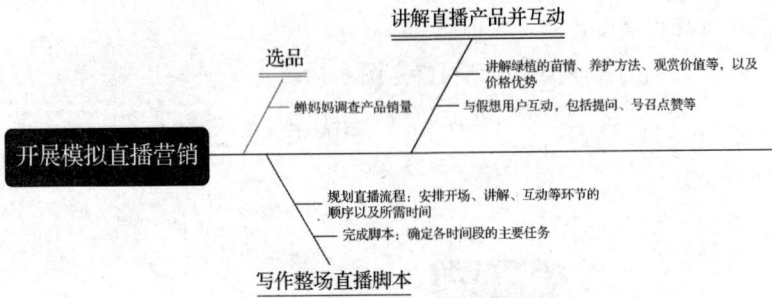

图 6-21　模拟直播营销的实训思路

实训结果：参考选品结果为栀子花、天堂鸟、富贵竹；参考直播脚本如图 6-22 所示；讲解与互动自由发挥即可。

图 6-22　实训参考直播脚本

巩固提高

1. 直播营销的优势有哪些？

2. 农产品直播选品需要考虑哪些因素？

3. 常用的直播设备有哪些？

4. 直播预热可以采取哪些方式？

5. 直播互动有哪些方式？

6. 农产品讲解可以包含哪些内容？

7. 常用的直播数据指标有哪些？

8. 某粮油网店打算开展一场直播营销，主要出售菜籽油、大豆油和玉米油，请规划直播流程，设计互动方式，并撰写整场直播脚本。

9. 在点淘上观看农产品直播，分析热门直播间的场景布置以及主播讲解技巧，总结直播受欢迎的原因。

农产品客户服务

✎ 学习目标

【知识目标】

1. 熟悉客户服务的内容以及发展趋势。
2. 熟悉常见的农产品售前咨询问题及其解答策略，以及促成交易的方法。
3. 熟悉产生交易纠纷的原因及处理交易纠纷的流程。

【技能目标】

1. 能够自如地回答客户售前咨询问题。
2. 能够使用各种方法促成交易。
3. 能够具体分析交易纠纷产生的原因并按流程规范处理交易纠纷。

【素养目标】

1. 提升服务意识，热情、积极地接待客户，如实向客户介绍产品，尊重客户的意见。
2. 学会从交易纠纷中总结经验教训，养成从容面对纠纷的良好心态。

✎ 项目导读

随着人们生活水平的提高和健康意识的增强，农产品的消费需求日益增长。客户不仅关注农产品的质量、新鲜度和营养价值，而且对购买过程中的服务体验也有更高的期望。优质的客户服务不但能够提升客户的满意度，还能树立良好的品牌形象，帮助农产品商家赢得更多市场份额，从而在竞争激烈的市场中脱颖而出。在一系列营销工作后，晴妹鲜果淘宝网店的流量越来越大，客服人员的工作压力也随之增大，不仅接待人数直线上升，而且需要处理的交易纠纷也越来越复杂。于是，网店接待效率、客户满意度都有所降低。面对这些问题，老李决定带着小张一起找出解决问题的方法，并为网店客户服务工作提供示范，以提升后续客户服务工作的效率和规范性。

任务一　认识农产品客户服务

任务描述

　　针对晴妹鲜果淘宝网店的问题，老李先让小张认真研究农产品客户服务的相关知识。小张梳理客户服务的内容以及发展趋势后，认为针对接待压力大这个问题，可以借助智能客服来解决（见表 7-1）。

表 7-1　　　　　　　　　　　　　　　　　　　　　任务单

任务名称	解决网店接待问题	
任务背景	晴妹鲜果客户咨询的很多问题是重复的，可以利用智能客服自动回复这些问题	
任务类别	■ 提升网店接待能力　　□ 回答客户咨询并促成交易　　□ 处理售后交易纠纷	
工作任务		
任务内容	**任务说明**	
任务演练：开启并配置智能客服	开启智能客服→配置高频问题自动回复→配置热门问题自动回复→设置人工介入策略	

任务总结：

知识准备

一、客户服务的内容

　　客户服务是农产品商家在适当的时间和地点，以适当的方式和价格为目标客户提供适当的产品或服务，满足客户的合理需求，使商家和客户的价值都得到提升的活动过程。客户在线上购买农产品时，由于无法实际接触农产品，且农产品易腐烂、在运输途中易损耗等，以致收到农产品时可能产生各种不满，因此需要通过良好的客户服务保证客户的消费体验。客户服务主要存在售前和售后环节，因此需要提供售前服务和售后服务。

（一）售前服务

　　售前服务是在客户未接触农产品之前所开展的刺激客户购买欲望的一系列服务。售前服务主要包括以下 5 个方面。

　　（1）迎接问好。当客户发出信息时，客服人员要及时回应客户，先欢迎客户光临网店，再引导客户说出自己的诉求。

　　（2）回答咨询问题。客服人员对客户提出的问题和疑虑进行解答，并提供相关的农产品信息，帮助客户更好地了解农产品。例如,在客户咨询应该买哪一部位的猪肉时,客服人员向其介绍猪各个部位的特点和适宜的烹饪方法。

(3)产品推荐。在了解客户的具体需求和购买意向后,客服人员可以结合产品的优势、客户的口味偏好、预算等为客户推荐合适的农产品。例如,客服人员根据客户咨询的问题以及历次的购买记录得知,客户的消费能力较强,追求高品质的农产品,因此为其推荐店铺内的特色农产品,如地理标志产品、获奖农产品等,并强调这些农产品的独特性和高品质。

(4)促成交易。客户听了客服人员的推荐,并不一定会下单,有可能还会有顾虑,此时客服人员应该通过专业知识、销售技巧来处理。例如,客户担心鸡蛋在运输中碎掉,客服人员可以向客户解释鸡蛋采用的是防震包装,而且破损包赔。又如,客户觉得价格太高,客服人员表示可以为客户申请 8 折优惠,以促使客户下单。

(5)礼貌告别。交易完成后,客服人员需要向客户表达感谢,并礼貌告别。同时,客服人员还可提醒客户关注网店的上新动态和优惠活动,以便客户下次再来购买。

(二)售后服务

售后服务就是在农产品出售以后所进行的各种服务活动,主要是对客户下单后的售后问题进行跟进和处理。农产品由于保鲜期短、标准化程度不高、运输途中易损耗等,容易产生一些售后问题。因此,提供良好的售后服务有助于妥善解决农产品在销售中所遇到的各种交易纠纷,并给客户一种细致贴心、服务周到的感觉,有助于提升客户对品牌的好感度。售后服务具体包括如下工作内容。

(1)提醒客户及时收货。当货物运输到客户所在城市并完成配送后,通过短信或聊天软件消息提醒客户及时收货,防止货物遗失。

(2)定期回访客户。定期回访客户可以维护客户关系。常用的回访方式有发短信或微信消息,回访内容可以是告知促销活动信息或邀请客户参加农产品质量调查等。

(3)解决交易纠纷。解决交易纠纷是售后服务中比较有难度的、技巧性较高的工作,具体的交易纠纷包括农产品质量纠纷、物流纠纷等。

二、客户服务的发展趋势

随着各种新兴技术的成熟,客户服务正朝着智能化、个性化、专业化的方向发展,具体包括以下发展趋势。

(1)智能化服务。企业可以通过智能客服系统实现全天候、无间断的客户服务,依托 AI 和大数据技术,提供快速、准确的问题解答(见图 7-1),提升客户咨询体验,减轻人工客服负担。此外,智能客服系统可以收集客户反馈,通过设定触发条件(如客户完成一次购物、使用产品一段时间后等),自动发起询问或邀请客户提供反馈,并利用自然语言处理技术分析客户提供的文字信息,识别客户对产品或服务的评价。

(2)个性化服务。当前,客户服务趋向于通过精准分析客户行为和需求,向客户提供个性化、有针对性的产品推荐和解决方案,以提升产品转化率和客户满意度。例如,某客户之前经常购买绿色食品,并且表现了对绿色、健康生活方式的关注,客服人员可以适时推荐相关产品,如杂粮礼盒或者绿色蔬菜套餐，并着重介绍这些产品的营养价值，从而有效激发用户的购买欲望。

（3）全渠道融合。客户服务不再局限于单一渠道，而是通过多渠道整合，包括电商平台、新媒体平台（图 7-2 所示为接入微信的客服系统）、电话、短信、电子邮件等，从而实现无缝对接和一体化管理。

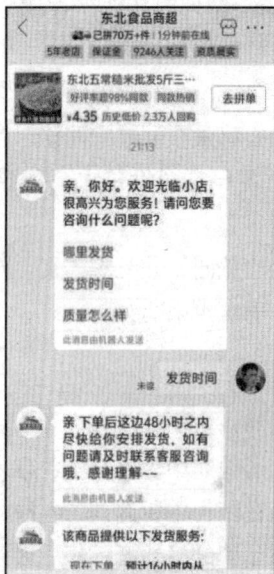

图 7-1　智能客服回答问题

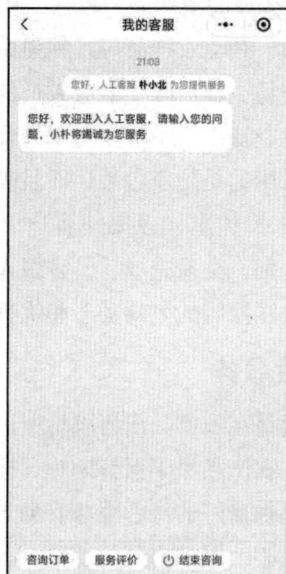

图 7-2　接入微信的客服系统

任务实施

任务演练：开启并配置智能客服

【任务目标】

为晴妹鲜果淘宝网店开启并配置智能客服，提升客户接待效率。

【任务要求】

本次任务的具体要求如表 7-2 所示。

微课视频

开启并配置智能客服

表 7-2　　　　　　　　　　　　　　　　　任务要求

任务编号	任务名称	任务指导
（1）	开启智能客服	在"我的机器人"页面单击"立即免费使用"按钮
（2）	配置高频问题自动回复	问题涉及发货时间、合作快递以及发货地点
（3）	配置热门问题自动回复	根据网店实际情况选择经常容易碰到的客户问题
（4）	设置人工介入策略	设置"买家命中关键词"

【操作过程】

（1）开启智能客服。登录千牛工作台首页后，在页面左侧列表中选择"客服/接待管理/机器人"选项，然后在打开的页面中单击"官方机器人"对应的"立即免费使用"按钮，如图 7-3 所示。在打开的页面中单击选中"我已阅读并同意……"单选项，单击下方的"启用官方机器人"按钮。

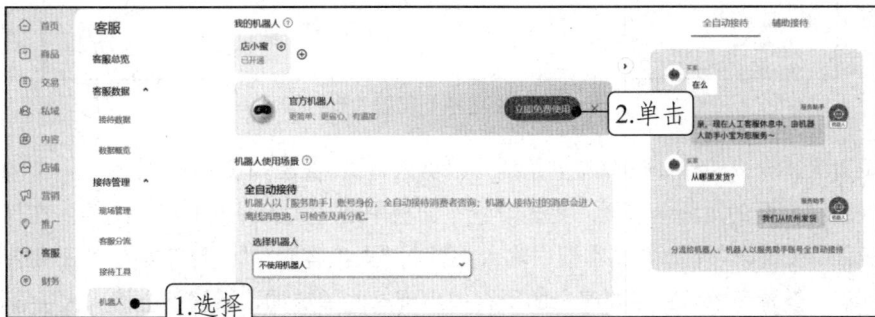

图 7-3 开启智能客服

（2）配置高频问题自动回复。在打开的页面中设置高频问题"下单后什么时候发货？"的自动回复，这里选择第二条回复选项，然后单击"下一个问题"按钮，如图 7-4 所示。

（3）继续配置高频问题自动回复。在打开的页面中设置高频问题"发什么快递？"的自动回复。这里选择"圆通快递""中通快递""韵达快递"选项，然后单击"下一个问题"按钮，如图 7-5 所示。

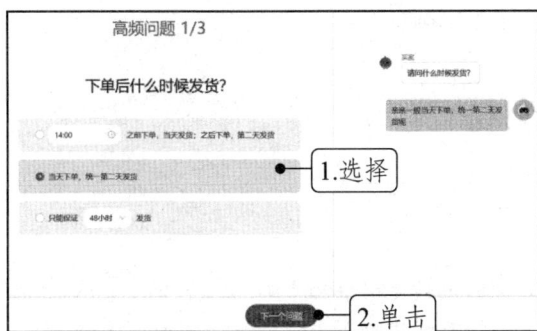

图 7-4 配置高频问题自动回复

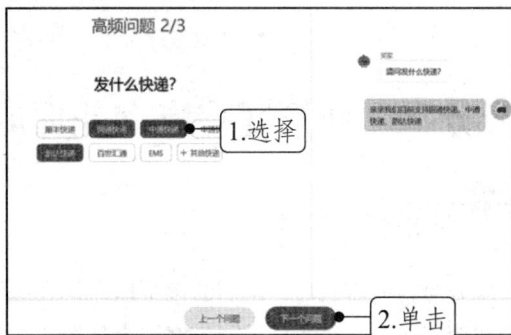

图 7-5 继续配置高频问题自动回复

（4）完成高频问题自动回复配置。在打开的页面中设置高频问题"从哪里发货？"的自动回复，这里从下方的列表中选择"广西壮族自治区钦州市"选项，然后单击"回答完毕，进入机器人的使用"按钮。在打开的对话框中将提示"开通成功"，单击"下一步"按钮。在打开的"店小蜜知识迁移"界面中单击选中"知识库答案""关键词答案"复选框，单击"迁移答案"按钮，在打开的界面中单击"立即使用官方机器人"按钮。

（5）配置热门问题自动回复。在打开页面中选择"店铺基础问答"面板中的"商品热门问题"选项，在打开页面中单击需要配置问题自动回复产品对应的"配置答案"按钮。在打开的页面中单击需要设置自动回复的问题对应的"添加回复内容"按钮，在出现的文本框中输入回复内容，单击"保存"按钮，如图 7-6 所示。按照相同的方法为其他问题设置回复内容。

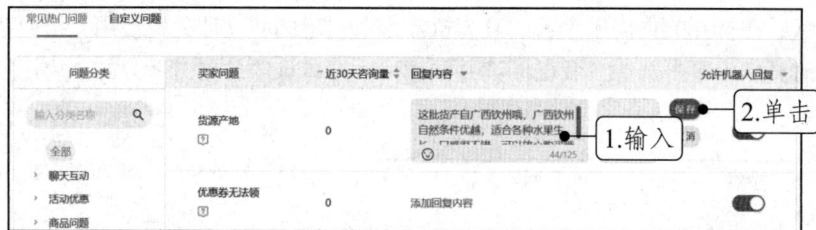

图 7-6　配置热门问题自动回复

（6）设置人工介入策略。选择左上角的"机器人首页>商品知识库>配置答案"中的"机器人首页"选项，在打开的页面中选择"更多设置"面板中的"人工介入策略"选项。在打开的页面中的"买家命中关键词"下方的文本框中输入关键词"人工客服""不要机器人""不要智能客服"，如图 7-7 所示。设置完成后，只要客户的留言中出现这些关键词，系统就会接入人工客服。

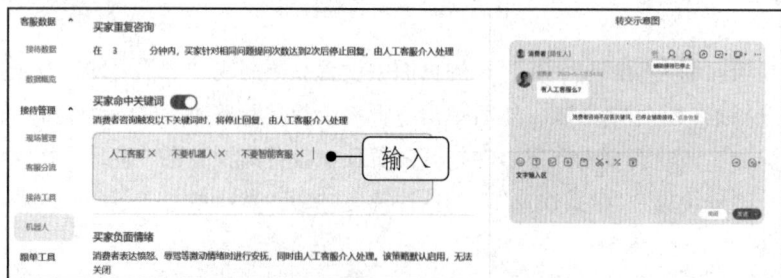

图 7-7　设置人工介入策略

任务二　回答客户咨询并促成交易

任务描述

开启智能客服后，网店的接待压力得到缓解，但咨询转化率依然不高。老李安排小张跟进售前客服工作，让小张指导网店客服人员接待客户，以提升网店客服人员的接待能力与接待技巧，从而提升咨询转化率（见表 7-3）。

表 7-3　　　　　　　　　　　　　　　　　任务单

任务名称	接待客户并促使其下单	
任务背景	网店客服人员难以应对挑剔的客户，因此小张重点指导如何接待挑剔型客户	
任务类别	☐ 提升网店接待能力　　■ 回答客户咨询并促成交易　　☐ 处理售后交易纠纷	
工作任务		
任务内容		任务说明
任务演练：接待某挑剔客户并促使其下单		通过专业、耐心的解答与恰当的销售策略，消除客户疑虑，最终促使客户下单

任务总结：

知识准备

一、农产品售前咨询问题

在售前客户服务中，回答客户咨询问题是十分关键的工作，会直接影响客户的购买决策。农产品因其特殊的生鲜属性和品质差异性，导致客户在购买前通常会比较担忧，表 7-4 所示为常见农产品售前咨询问题及其解答策略。

表 7-4　　　　　　　　　常见农产品售前咨询问题及其解答策略

售前咨询问题类别	具体问题举例	解答策略
产品来源和品质保证	这个农产品是哪儿产的？	提供具体产地信息，可附加产地实景图片或视频，增强信任感
	栽种时用化肥或者催熟剂之类的东西没？	准备相关认证资料截图或链接，向客户证实是否有机或绿色种植，并简述环保种植过程
	会不会有农药残留？	传达农产品已通过国家质检机构检测，并提供检测报告链接，强调品质保证
产品营养价值	农产品的营养价值如何？	提供产品营养成分表，包括热量、蛋白质、脂肪、维生素含量等，强调其对人体健康的益处，可通过科学数据或研究成果说明
	孕妇、老人、小孩儿能不能吃？	根据产品特点，给出是否适合特定人群食用的建议，如某食品含有孕妇适宜摄入的营养元素、某食品易消化老人和小孩儿皆可食用等，确保提供的信息准确且符合科学营养学知识
产品价格优惠	能不能便宜点？现在有没有优惠活动？多买几件，能打折吗？	告知常规及临时性的优惠活动信息，如满减、团购价、会员专享价等，并提供简洁明了的购买指引
产品的保存方法和保质期	买回去怎么储存啊？	详细解释适宜的储存条件，提供文字或图片版的保存指南，并强调按指南操作的重要性
	这东西能放多久？	在产品详情页明确标注保质期，并在客户咨询时再次强调，提醒客户注意收货后尽早食用
产品的重量和包装	确定是足斤足两吗？	明确告知客户发货重量严格遵守产品规格，可提供过往发货记录或实物称重照片佐证
	包装是什么材质的？容易破吗？	描述包装材料和结构，突出防损特点，附上包装实物照片或视频，打消客户疑虑
退换货政策	要是收到后觉得不好或者坏了，怎么处理？	详细介绍退换货政策，包括允许退换货的情形、时限，以及对质量问题的零容忍态度，提供无忧售后保障
	可以退换货吗？怎么操作？	提前准备退换货流程图文教程或链接，详细解释每个步骤，确保客户清楚地了解该如何操作
	发什么快递？	告知客户使用的物流公司名称及服务特点，如速度快、覆盖面广等，并提供物流公司的客服联系方式以便查询
物流配送和时效	大概多久能到？	明确告知正常情况下的配送时效，如遇特殊情况可提前说明可能的延误原因
	能指定送货时间吗？	若有定时配送服务，务必详细介绍如何选择和操作

素养课堂

　　面对客户的各种问题，要有足够的耐心，始终保持友好亲切的态度，细致入微地进行解答，在解答关于产品产地、品质、价格、优惠政策等问题时，坚持公开透明的原则，不隐瞒、不误导，让客户了解完整、真实的产品信息。如果客户有不同意见，应尊重客户的想法，认真倾听客户的声音，站在客户的角度思考问题，为客户提供个性化的解决方案。

二、促成交易的方法

　　在农产品售前客服中，促成交易是十分关键的环节。此时，客户可能已经对产品有了一定兴趣，但还下不了购买决心，客服人员应该采用一些的方法来促成交易。

　　（1）提供优惠

　　在客户对价格敏感、犹豫不决或临近促销活动结束时，可以通过提供各种形式的优惠措施（如打折、赠送优惠券、送赠品等）降低客户的实际购买成本，刺激其购买欲望。例如，客服人员在自己的权限范围内适当给予优惠，如立减 5 元、承诺赠送小礼品等，鼓励客户抓住优惠机会下单。

　　（2）提供保障

　　提供保障侧重于向客户提供有力的保障措施，如无理由退换货、品质保证、专业售后支持等，以满足客户对产品安全和可靠性的需求。尤其在客户对农产品质量、新鲜度、安全性存疑，或考虑购买高价值、非标准化产品时，提供保障能有效打消购买顾虑，为客户增强购买信心。例如，针对客户对有机大米品质的担忧，客服人员可以强调农产品已取得有机认证，并承诺 30 天无理由退换货，让客户买得放心。

　　（3）提供样品

　　针对新客户首次购买、新产品推广、客户对产品口感或效果有疑问时，通过提供小规格样品或试吃装，让客户在购买前先体验产品，降低客户初次购买的门槛。例如，客户对新型五谷杂粮品种不太了解，客服人员可以建议客户先购买一小包试吃装，满意后再回购整箱。

　　（4）简化决策

　　简化决策指客服人员根据客户的需求提供两种选项，让客户在有限的选择范围内做出决定。这种方法有助于客户拿定主意，进而促成交易，适用于客户在多个产品之间犹豫不决的情况。例如，客户不知道该购买哪种水果，客服人员根据客户喜欢榨果汁的需求，直接建议客户在橙子和石榴之间做出选择，从而降低其决策难度。

　　（5）制造紧迫感

　　制造紧迫感利用人们的"损失厌恶"心理和"紧迫感"，通过强调产品或优惠活动的稀缺性，给客户传递一种现在不买将会错过良机的信息，促使客户尽快下单。例如，客服人员告知客户，某款当季热销的水果因为产量有限，现已库存告急，或者本周的满减活动仅剩最后一天，鼓励客户立即下单，以免错过优惠。

任务实施

任务演练：接待某挑剔客户并促使其下单

【任务目标】

接待一位对水果品质、产地、新鲜度、安全性等方面有较高要求的挑剔客户，促使其下单。

【任务要求】

本次任务的具体要求如表7-5所示。

表7-5　　　　　　　　　　　　　　　任务要求

任务编号	任务名称	任务指导
（1）	接待客户	以热情、友好的态度接待客户，耐心倾听其需求与疑虑，给予其充分尊重
（2）	专业解答咨询	准确、详尽地解答客户所提出的关于农产品的产地、新鲜程度、安全性、保质期等方面的问题
（3）	促成交易	灵活运用提供保障、提供样品、制造紧迫感等策略
（4）	跟进下单与感谢	协助客户完成购买，最后表示感谢

【操作过程】

（1）主动迎接与问候。客服人员（小张）在客户进入网店或发起咨询时迅速响应，以亲切的话语主动问候，如图7-8所示。

（2）倾听客户需求与疑虑并做出专业解答。耐心倾听客户对农产品的具体需求，记录客户关注的关键点并依次进行专业解答，如图7-9、图7-10、图7-11、图7-12所示。

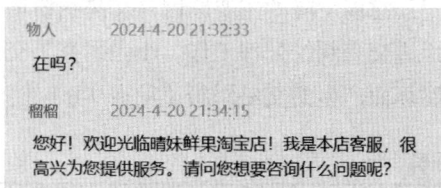

图7-8　主动迎接与问候

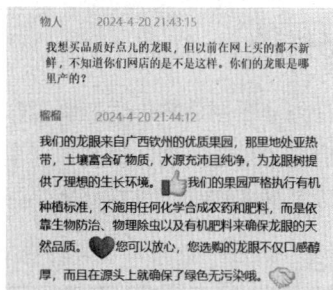

图7-9　解答产地的疑问

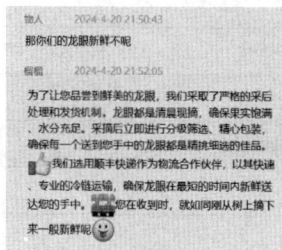

图7-10　解答新鲜程度的疑问

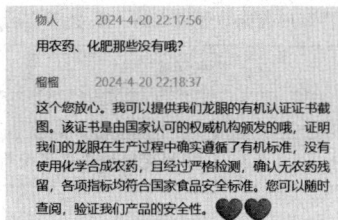

图7-11　解答安全性的疑问

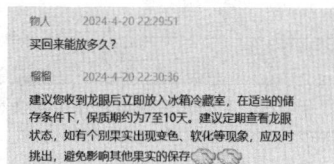

图7-12　解答保质期的疑问

（3）促成交易。解答完问题后，客户表示自己对龙眼的品质、口感仍有顾虑，并且认为价格不便宜，客服人员可以灵活地采用以下方法促成交易。

① 提供保障。强调网店的品质保障及完善的售后服务，如图 7-13 所示。

② 提供样品。建议购买小份试吃装，如图 7-14 所示。

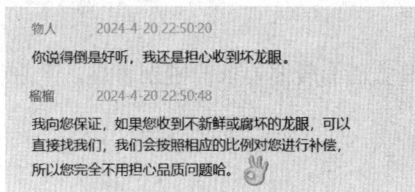

图 7-13　提供保障

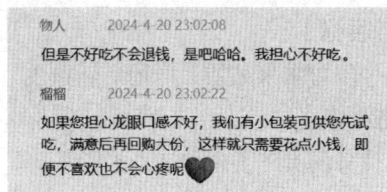

图 7-14　提供样品

③ 制造紧迫感。提醒客户当前的优惠活动即将结束或库存有限，如图 7-15 所示。

（4）跟进下单与感谢。最终，客户表示愿意下单，客服人员协助其完成下单操作，并在交易完成后向客户表达感谢，如图 7-16 所示。

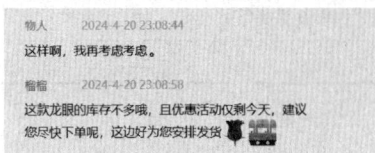

图 7-15　制造紧迫感

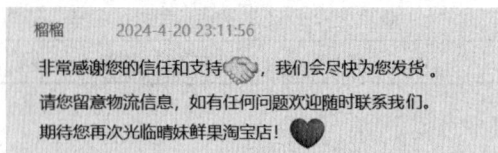

图 7-16　表达感谢

任务三　处理售后交易纠纷

任务描述

老李仔细分析网店的售后客服工作，发现客户满意度下降的主要原因是交易纠纷增多，而客服人员没有能力妥善处理。因此，老李安排小张跟进交易纠纷处理工作。小张研究了交易纠纷产生的原因以及处理流程，成功处理了一个因香蕉腐坏而产生的交易纠纷（见表 7-6）。

表 7-6　　　　　　　　　　　　　　　　　　任务单

任务名称	处理售后交易纠纷	
任务背景	一天，网店收到一位老客户王先生的投诉，反映收到的香蕉已经部分腐坏，无法食用	
任务类别	☐ 提升网店接待能力　　☐ 回答客户咨询并促成交易　　■ 处理售后交易纠纷	
工作任务		
任务内容		**任务说明**
任务演练：处理因香蕉腐坏产生的交易纠纷		按照交易纠纷处理流程处理

任务总结：

一、产生交易纠纷的原因

当网店出现交易纠纷时，客服人员首先要确认产生纠纷的原因，并根据具体原因与客户协商解决，尽自己最大的努力去化解危机。具体来说，客户与网店产生交易纠纷的原因主要有以下 8 种。

（1）产品质量问题。农产品不新鲜，或存在虫蛀、病害、腐烂等情况。例如，客户订购了一批声称刚采摘的鲜桃，但收到后发现个别桃子上有明显的腐烂斑点，且内部已开始变质。

（2）重量不符。实际收到的农产品重量与描述或约定的重量存在出入，导致客户感觉受到欺骗。

（3）包装破损。在运输过程中，由于包装不当或物流暴力导致农产品受损，影响正常食用。例如，客户购买了玻璃瓶装蜂蜜，但收到时发现玻璃瓶破碎、蜂蜜泄漏。

（4）配送延迟。未能按照承诺的时间及时配送，造成农产品因延误而变质或错过最佳食用时间。

（5）虚假宣传。商家在产品宣传时夸大其词，导致实际产品与描述不相符，如蔬菜宣称有机、绿色、无公害，实际上却使用了农药。

（6）售后服务不到位。客户在收到农产品后发现问题，申请退换货或赔偿时，农产品商家处理不及时，或者拒绝履行退换货承诺。

（7）价格争议。客户在购买前后发现价格波动较大，感觉自己购买时价格偏高，或者参加了优惠活动，但实际并未享受到相应的优惠。

（8）客户预期过高。客户可能基于农产品商家的产品描述、图片展示，以及他人的评价，形成了对该农产品品质、口感、新鲜程度等方面的高度期待。然而，当实际收到的农产品未能完全符合这些预期时（如实际上收到的水果不如预想的甜），可能因心理落差而导致客户产生不满情绪，从而引发交易纠纷。

二、处理交易纠纷的流程

交易纠纷处理是一个技巧性比较强的工作，在处理与客户之间的纠纷时，客服人员应坚持有理、有节、有情的原则，然后按照以下流程进行处理。

（一）快速响应与沟通

一旦收到客户的纠纷反馈，客服人员应立即响应，通过在线聊天、电话联系等方式与客户取得联系，仔细听取客户的诉求和不满，从而确保自己能理解问题的全貌。使用友善和专业的语言与客户沟通，避免情绪化地回应客户。

（二）详细调查与核实

听取客户陈述后，客服人员要对客户所反映的问题进行详细的调查，包括查看订单信息、交易记录、物流信息等，必要时要与物流公司进行沟通，了解具体情况。客服人员需核实客户反映的问题是否属实，以判断责任方。

（三）提供解决方案

明确责任归属后，应根据责任判定结果，参照《中华人民共和国消费者权益保护法》、电商平台规则等的规定，拟定解决方案。通常来说，交易纠纷责任方可能是网店、物流公司、客户，针对不同责任归属的情况，应提供不同的解决方案。

（1）网店的责任。由于网店在产品销售或客户服务环节的疏忽而造成客户精神与财产损失的，网店应该承担主要责任，让纠纷得到妥善解决。解决纠纷的方法：主动承担责任、诚挚地道歉；主动退换货，并承担来回的运费；给予客户一定的补偿，如赠送优惠券、升级 VIP 等。

（2）物流公司的责任。物流公司的任务就是将客户在网店购买的产品安全地运送到客户手中。物流在运输过程中无法被买卖双方监管，而途中出现的意外将影响客户的购买体验，如丢件、产品受损等。当客户向客服人员反映这些问题时，客服人员要主动联系物流公司，弄清快递在运输过程中出现的问题，并要求物流公司进行赔偿，向客户赔礼道歉并补发产品。

（3）客户的责任。在产品交易过程中，不可避免地会因为客户操作不当、客户恶意损坏、客户心理期望值过高等引起交易纠纷。在面对上述几种情况时，客服人员应从网店的利益出发，让客户承担纠纷中的主要责任，而不能一味地忍让和纵容。

⏰ **行业点拨**

《中华人民共和国消费者权益保护法》规定，经营者采用网络、电视、电话、邮购等方式销售商品，消费者有权自收到商品之日起七日内退货，且无需说明理由，但下列商品除外。

（一）消费者定做的。

（二）鲜活易腐的……

因此，生鲜农产品不支持七天无理由退换。对于生鲜农产品，客服人员不应该无原则地同意客户的不合理退货要求。

（四）记录纠纷

与客户就纠纷事宜的解决方案达成一致后，客服人员要及时对其进行记录，总结客户抱怨的原因、纠纷的严重性、纠纷的解决方案等。这些记录不仅可以为客服人员积累处理纠纷的经验，还可以帮助网店的各个部门反省，检查自己的工作是否到位。

（五）跟踪纠纷处理进度

一名优秀的客服除了要能顺利解决纠纷并提出客户认可的解决方案，还需要对纠纷处理的情况进行跟踪调查，如告知客户纠纷处理的进度、了解客户对纠纷处理的满意度（如对此次的解决方案是否满意、对执行方案的速度是否满意）等。

素养课堂

客服人员在处理交易纠纷时，要有意识地增强自身的忧患意识与危机意识，做到透彻地分析客户对所提供产品或服务产生抱怨或质疑的原因，力求从客户的不满中获得更多改善意见，从而做到未雨绸缪、防微杜渐、化纠纷为动力，化危机为契机。

任务实施

任务演练：处理因香蕉腐坏产生的交易纠纷

【任务目标】

处理因香蕉腐坏产生的交易纠纷，通过妥善处理纠纷，获取客户的谅解，挽回失望客户。

【任务要求】

本次任务要求客服人员在接到投诉后先安抚客户情绪，表示歉意，然后调查清楚问题，找出责任方，再给出解决方案，最后记录纠纷处理情况。

【操作过程】

（1）快速响应。收到客户投诉，及时回复客户，安抚客户情绪，确认订单编号和具体问题细节，请求客户提供香蕉腐坏的图片或视频证据，如图 7-17 所示。

（2）问题记录与初步评估。记录客户反馈的问题，登记订单编号，并立即查看订单后台，确认发货时间、包装方式、物流信息等。根据客户提供的图片（见图 7-18），客服人员初步评估该交易纠纷属于由产品质量问题导致的，纠纷并不严重，但应向客户承认问题，并承诺尽快查明原因，给出解决方案（见图 7-19）。

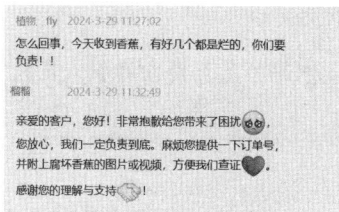

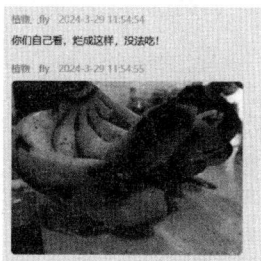

图 7-17 快速响应　　图 7-18 客户提供的图片　　图 7-19 承认问题并承诺尽快解决

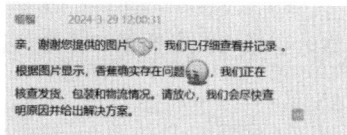

（3）问题核查。将问题反馈给仓库部门，核实发货前香蕉质量和包装情况。同时，联系物流公司，了解运输过程中是否存在可能造成香蕉损坏的因素。经过核查，香蕉在发货打包时已经相当成熟，再加上运输花费了 4 天时间，因此客户收货时香蕉由于过熟，而出现了腐烂。

（4）提供解决方案。根据调查结果，确认香蕉确实存在质量问题，且网店属于责任方，因此客服人员应再次向客户道歉，并提出两种解决方案供客户选择：一是全额退款，二是重新补发新鲜的香蕉，如图 7-20 所示。

（5）执行解决方案。根据客户的选择，安排补发香蕉，确保补发的香蕉尚未成熟（预计 5～6 天后）才成熟，且包装更为稳固。补发的香蕉寄出后，主动通知客户物流单号，再次向客户表示歉意和感谢（见图 7-21）。

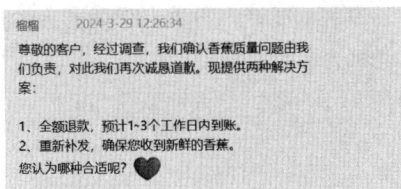

图 7-20 提供解决方案　　　　　　　　　　图 7-21 通知客户

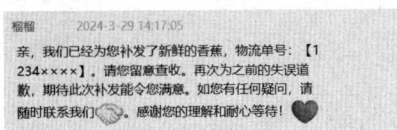

（6）记录交易纠纷。完成纠纷处理后，对事件进行记录、总结，查找问题的根源，优化内部流程，预防类似问题再次发生，如表 7-7 所示。

表 7-7　　　　　　　　　　　　　　　记录交易纠纷

交易纠纷处理环节	具体内容
问题概述	客户投诉收到腐烂香蕉
问题原因	（1）发货时香蕉成熟度过高
	（2）物流运输耗时较长
责任归属	主要责任是店铺发货前质量把控不严，次要责任是物流公司配送不及时
解决方案	（1）提供全额退款选项
	（2）为客户补发新鲜的香蕉，并加强包装（实际执行方案）
预防措施	（1）强化发货前的产品质量检查，尤其是香蕉的成熟度把控
	（2）选择与配送时效有保障的物流公司合作
	（3）完善售后服务体系，提升问题处理效率，防止类似问题重现

技能练习

找一个同学模拟客户与客服人员的对话。其中，客户因收到水果不足斤两向客服人员投诉；客服人员安抚客户情绪，查清责任并提供合理的解决方案。

综合实训

实训一　回答客户咨询的鸡蛋相关问题并促成交易

实训目的：练习售前接待，以提升售前服务能力。

实训要求：两人一组模拟客户与客服人员的对话。其中，客户咨询鸡蛋的产地、新鲜程度以及运输安全性；客服人员回答客户的问题，并通过特定方法促使其下单。

实训思路：本次实训的具体操作思路可参考图 7-22。

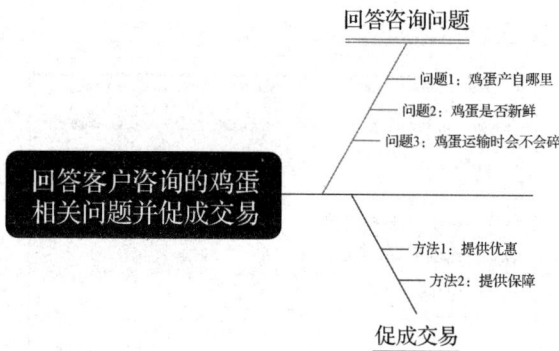

图 7-22　实训思路

实训结果： 本次实训参考的对话如图 7-23 所示。

图 7-23　实训参考效果

实训二　处理鸡蛋的售后交易纠纷

实训目的： 练习售后交易纠纷处理，以提升售后服务能力。

实训要求： 两人一组模拟客户与客服人员的对话。其中，客户反映鸡蛋个头太小，与宣传所描述的尺寸不符；客服人员按照既定流程处理该交易纠纷。

实训思路： 本次实训的具体操作思路可参考图 7-24。

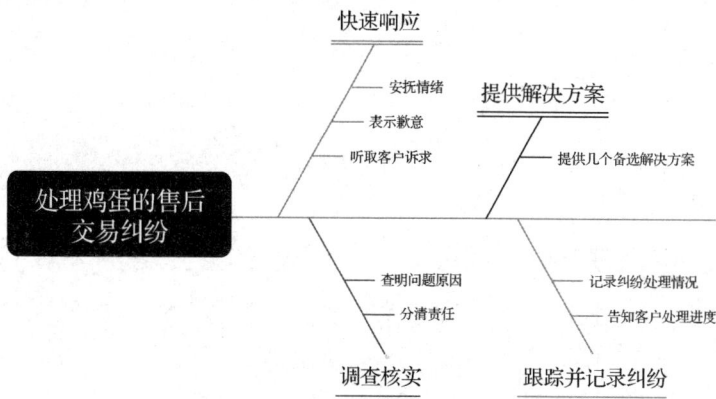

图 7-24　实训思路

实训结果：本次实训参考的对话如图 7-25 所示。

> **客户：** 你好，我昨天收到了你们店铺的鸡蛋，感觉鸡蛋的个头比你们页面上描述的尺寸要小很多，这是怎么回事？
>
> **客服人员：** 您好，首先对您表示歉意。请您先别着急，我帮您核查一下。能否告诉我您的订单编号以及详细问题。
>
> **客户：** 订单号是 12345××，我记得你们页面上写的鸡蛋平均大小是约 60 克一颗，但我收到的好像只有 40 克左右。
>
> **客服人员：** 确实我们的产品页面上注明了鸡蛋的平均重量是大约 60 克。对于您收到的鸡蛋尺寸较小的情况，我们会立即与仓库核对发货记录，并再次确认。
>
> **客服人员（稍后回复）：** 经过核查，我们发现近期有一批鸡蛋可能由于个别批次的误差，导致部分鸡蛋的重量低于平均标准。对于给您带来的不便，我们深表歉意。鉴于此情况，我们愿意为您提供以下解决方案：
> （1）选择无条件退货退款，我们会承担运费。
> （2）为您补发一批符合标准的鸡蛋，同时赠送您一些小礼品作为补偿。
>
> **客户：** 那我还是希望你们能补发一批合格的鸡蛋，同时也希望以后能对产品质量把关更严格。
>
> **客服人员：** 好的，我们会立即安排补发，预计明天发出。为表示歉意，我们将附赠一个鸡蛋篮。再次感谢您的理解和信任，我们会尽快改善工作，提升服务品质。
>
> **客服人员（补发后跟进）：** 您好，您补发的鸡蛋已于昨日发出，预计后天送达，请您注意查收。如有任何其他问题，请随时与我们联系，希望这次补发的鸡蛋能满足您的期待，再次感谢您的支持与理解。

图 7-25　实训参考效果

巩固提高

1. 客户服务的内容有哪些？

2. 客户服务呈现怎样的发展趋势？

3. 农产品售前咨询问题主要有哪些？

4. 如果客户咨询农产品的营养价值如何，客服人员应该如何回答？

5. 就农产品而言，产生交易纠纷的原因有哪些？

6. 如何处理交易纠纷？

7. 如果交易纠纷由网店承担责任，客服人员可以提供怎样的解决方案？

8. 假设你是客服人员，某客户想要购买纯牛奶，但分不清低脂牛奶、高钙牛奶等的特点和适用对象，请你解答客户的问题并促使其下单。

9. 假设你是客服人员，某客户收到苹果后认为没有自己预想的好吃，因此要求全额退款，请安抚其情绪，并妥善处理该交易纠纷。